청소년을 위한
융복합 특강

청소년을 위한
융복합 특강

최재천 · 한기호 · 박민관 · 최훈 · 지혜인 · 이지언 · 임병갑 · 홍지호 · 김효은 · 김종규 지음

사람의무늬

차례

들어가는 말

2016년 3월 19일부터 있었던 알파고와 이세돌 9단의 바둑시합은 어찌 보면 대한민국에 큰 축복이었을지 모릅니다. 우리가 살고 있는 지금, 그것도 대한민국의 한복판에서 벌어진 인공지능과 인간의 바둑 대전에서 우리가 그렇게 믿고 싶었던 이세돌 9단은 참혹할 만큼 처절하게 패배하고 맙니다. 물론 1승을 거두긴 했지만, 그 1승마저도 무서운 건 그 승리가 알파고와 싸워서 이긴 인간의 유일한 승리가 되었기 때문입니다. 그 암담한 패배를 우리는 생생하게 지켜보아야 했습니다. 그리고 사람들은 인공지능에 대해, 그리고 인공지능을 기반으로 하는 제4차 산업혁명의 시대에 대해 진지하게 고민하기 시작했죠.

아직까지 그 정체에 대해 감을 잡기는 힘들지만 제4차 산업혁명 시대는 분명 융복합의 시대라 할 수 있습니다. '통섭', '융합'을 필두로, '통합', '하이브리드', '간학문', '학제간 연구', '컨버전스', 하다못해 '잡학'까지, '융복합'과 다른 듯 비슷하게 사용되는 용어들은 많습니다. 하지만 그것들이 정확히 어떤 의미를 갖는지, 그리고 어떤 차이가 있는지를 말해주는 글들은 많지 않습니다. 더구나 바로 그러한 융복합의 시대, 제4차 산업혁명의 시대를 살아가야 할 당사자인 우리 청소년과 젊은이를 위한 안내서는 시중에 찾아보기 힘든 상황입니다.

융복합적 사고는 인간의 기본적인 창의성과 밀접한 관련을 맺고 있습니다. 그래서 우리에게 더욱 중요한 것이죠. 문제와 대안을 새롭게 바라보는 눈은 융복합적 사고의 핵심이며, 바로 거기에 문제 해결의 창의성이 나오기 때문입니다. 사람들은 청소년에게 꿈을 크게 가지라고들 합니다. 창의적인 생각을 해야 한다고 말합니다. 참 좋은 말입니다. 누구나 그렇게 하고 싶습니다. 하지만 어디에서 어떻게 시작해야 할지 말해주는 사람은 많지 않습니다. 융복합적 사고는 바로 창의성의 중요한 토대가 되며, 다양한 사례들을 통해 이러한 창의성의 구조를 이해하고 체화함으로써 창의성을 기르는 데 도움을 줄 것이라 생각합니다.

한국과학창의재단에서는 '민간과학문화활동 육성·지원사업'을 통해 다양한 교육활동을 지원하고 있습니다. 우리는 2015년도 연구비 지원을 받아 '과학–인문–문화의 융복합을 통한 창의성 함양 프로그램 운영'이라는 프로젝트를 수행하며, 청소년의 융복합적 창의성 교육 프로그램을 발굴 및 운영하였습니다. 2015년 6월부터 2016년 3월까지 진행된 융복합 특강은 서울 경기 지역 청소년 1,819명을 대상으로 총 49회에 걸쳐 진행되었습니다. 이 연구 프로젝트에는 손동현(대전대학교), 이지애(이화여자대학교), 장기혁(이우중학교), 김종규, 박민관, 한기호(연구책임자)가 공동연구원으로 참여했으며, 최재천, 최훈, 지혜인, 임병갑, 이지언, 김효은, 홍지호가 특강 진행자로 함께 하였습니다. 이 책은 그동안의 강연 내용을 토대로 쓴 글들을 엮어 낸 것이며, 그 대강의 내용은 다음과 같습니다.

• 통합, 융합, 그리고 통섭 / 최재천

'통섭'은 학문적 유래를 가지고 있지만 단지 거기에만 머무는 것은 아니다. 저자는 자신이 직접 걸어온 '통섭적' 인생을 보여줌으로써 통섭이 우리 삶에서도 중요한 태도임을 역설한다. 생물학의 권위 있는 연구자이면서 동시에 대중적 저술가이기도 하고, 환경문제에 대해 적극적인 관심을 갖고 동강 댐 건설을 백지화하고, 동물원에 갇혀 있던 돌고래 제돌이를 바다로 돌려보냈을 뿐만 아니라 호주제의 불합리함을 지적함으로써 호주제 폐지에 중요한 역할을 한 저자의 삶의 모습은 그 자체로 통섭적 인생의 전형을 보여준다. 이러한 태도는 어찌 보면 통섭적 사고의 결과이기도 하지만 그 원동력이기도 한데, 이러한 통섭적 태도가 요즘 같은 복잡한 시대를 살아가는 힘을 제공해 줄 것이다.

• 융복합, 통섭과 융합의 기묘한 동거 / 한기호

사실 '융복합'이라는 개념은 시쳇말로 족보도 없는 이상한 개념이다. 이게 얼마나 이상한 개념인가 하면, 이 책의 저자들조차도 그 개념에 대해 서로 다르게 이해하고 있으며, 심지어 그 개념을 사용하는 것 자체를 거부하기도 한다. 그런데 이러한 사정은 융복합이라는 정체불명의 개념 속에 담겨 있는 두 개의 주요 개념인 '통섭'과 '융합'의 이질성 때문일 것이다. 그래서 우리가 융복합 개념을 보다 정확히 이해하려면 통섭과 융합 개념의 의미를 좀 더 자세히 살펴볼 필요가 있다. 그리고 이러한 이해에 바탕을 두고 '융복합'을 이해한다면 '더불어 넘나듦'을 읽어 낼 수 있을 것이다.

• 과학과 인문학, 만남과 이별 / 박민관

과학과 인문학이 출발부터 다른 것은 아니었다. 고대 동서양 모두에서 과학과 인문학은 현인(또는 선비)이라 불리는 특수한 사람들이 구분하지 않고 하는 일이었는데, 중세에 이르러 인문학이 과학을 압도하고 지배하면서 구별되고 갈라서게 되었다. 과학의 독립운동, 곧 과학혁명이 만든 세계인 오늘날을 살고 있는 우리는 과학과 인문학의 분리로 고통 받고 있다. 이 질병을 치유하기 위해서는 과학과 인문학 각자도생의 이기적인 홀로서기보다는 윈-윈(win-win)할 수 있는 전략이 필요하며, 무엇보다 서로 많이 어색하고 힘들겠지만 만남을 위한 자리를 억지로라도 자주 마련하는 것이 필요하다.

• 21세기에 왜 사람들은 여전히 비과학적으로 생각하는가? : 과학적 사고와 사이비 과학 / 최훈

과학이 눈부시게 발전한 21세기에 원시인이나 믿을 만한 비과학적인 사이비 과학을 믿는 사람들이 아직도 많다. 과학을 배우는 것은 단순히 과학지식을 습득하는 것이 아니라 과학적 · 합리적 사고를 배우는 것이다. 그런데 그런 사고를 일상생활에 적용하지 못하는 것은 사고의 융복합을 못하는 것이다. 이 장에서는 사이비 과학의 정체를 파헤쳐 보고, 융복합적 사고, 곧 과학적 · 합리적 사고가 무엇이고 왜 사람들이 과학적 · 합리적으로 생각하지 못하는지 설명하려고 한다.

• 세계를 규정하고자 하는 힘과 확장하고자 하는 힘 / 지혜인

고대 그리스에서 무리수를 어떻게 다뤘는지 살펴보면서 세계를 규정하고자 하는 노력과 세계를 확장하고자 하는 노력이 동시에 존재함을 깨닫는다. 진공이라는 개념을 다룰 때도 마찬가지다. 누군가가 "진공이 있다"라고 말한다면 그 사람은 없는 것을 있다고 말하고 있는 것인지, 아니면 진공이 존재한다고 보는 것인지 가려낼 필요가 있는 것이다. 이러한 과정 속에서 우리는 현실 세계와 상상 세계를 모두 탐구하게 되며, 이렇게 세계를 탐구하는 존재로서의 인간의 사유는 무한한 가능성을 가질 수 있게 된다.

• 인문학이 바뀌면 과학도 바뀐다 / 박민관

과학의 변화가 인문학의 변화를 만들어낸다는 것은 잘 알려져 있다. 하지만 동시에 인문학의 변화가 과학의 변화를 이끌어내는 것은, 혹은 과학의 변화를 위해서는 인문학의 변화가 필요하다는 것은 잘 알려져 있지 않다. 다가올 AI 시대의 미래에 기술적 변화는 중요하지만 그것만으로 장밋빛 미래가 열리는 것은 아니다. AI 시대를 유토피아로 만들 수 있는 인문학은 무엇일까?

• 사이보그와 예술 : 포스트휴먼 시대 어디까지가 나인가? / 이지언

디지털 기술과학시대를 의미하는 포스트휴먼 시대에 인간의 모습과 삶은 매우 달라질 것이다. 특히 우리는 생물학적, 사회적, 예술적 영역에서 과거와는 다른 존재적 변화를 경험하게 될 것이며 유기체와 기계의 합성어인 사이보그는 새로운 존재로서 새로운 정체성에 대한 논의를 가능하게 할 것이다.

• 도덕적으로 존경받는 로봇, 만들 수 있을까? / 임병갑

'자율주행' 자동차처럼 언젠가 '자율판단' 로봇도 등장할까? 만약 등장할 거라고 가정하면, 어떤 도덕적 문제들이 발생할까? 혹시 바둑 실력에서 인간을 압도한 알파고처럼, 자율판단 로봇이 우리보다 더 도덕적으로 존경받는 존재가 되지 않을까? 그렇게 되면 지금보다 훨씬 더 살기 좋은 세상이 될 수도 있지 않을까? 이러한 문제들을 다양한 사례들과 함께 고민해 본다.

• 우리와 더불어 살아갈 인공지능 로봇 / 홍지호

이 글은 인간과 더불어 살아가는 인공지능 로봇을 만들기 위해 반성해 보아야 할 윤리학적 물음에 관해 논의하고 있다. 인공지능 로봇은 단순한 도구라기보다는 우리와 유사한 행위자일 수 있다. 따라서 인공지능 로봇이 인간과 마찬가지로 도덕적 책임과 권리의 주체일 수 있을지 반성해 보는 것은 중요한 일이다.

• 신경윤리의 문제 : 내 탓인가? 뇌 탓인가? / 김효은

극악무도한 살인범의 뇌에서 행동을 제어하는 부분이 손상되었다면, 그의 살인은 무죄인가, 유죄인가? 만약 무죄라면, 우리의 자유의지는 없는 것이나 마찬가지이고 우리 마음과 행동은 모두 뇌의 상태로 해석될 수 있는가? 아니면, 그 외 다른 요소들도 역할을 하는가? 다양한 사례들을 통해 인간 행동의 '주체'에 대해 고민해본다.

• 아름다움을 보는 새로운 눈, 진화 / 한기호

아름다움은 전통적으로 철학이나 미학과 같은 정통 인문학의 주제였으며, 인류의 문명과 함께 시작된 예술의 목표이기도 하다. 하지만 그렇게 오랜 역사를 가졌음에도 불구하고 아름다움에 대한 논의는 딱히 그럴듯한 결론을 내놓은 것 같지 않다. 물론 이건 인문학이 원래 그런 것을 목표로 하지 않기 때문일 것이다. 그런데 진화론에 기반한 생물학적 논의는 아름다움과 예술을 바라보면 새로운 시각을 제공해주고 있다. 그리고 그 연구 결과들은 기존의 인문학과는 확연히 다른 경험적 특징들을 보여주고 있다. 그러한 연구들의 옳고 그름을 떠나 아름다움에 대한 진화론적 접근은 분명 우리에게 새로운 눈을 제공하고 있다.

• 신화는 어떻게 게임과 만나는가? / 김종규

이글은 융합을 다양성의 차원에서 조망하고 있다. 이 글은 융합이 다양성과 양립되어야 한다고 주장한다. 이 글에 따르면, 이 양립이 성립하지 않을 경우 융합은 융합되는 것들의 고유성을 저해하게 되며, 이것을 결국 획일화의 길을 향하게 될 뿐이다. 신화가 게임과 결합되는 것은 융합이 다양성과 양립되는 대표적인 사례이며, 이 같은 융합의 이해와 방식 속에서 비로소 놀이 문화의 회복과 같은 미래 사회의 건전성이 확보될 수 있다고 이 글은 강조하고 있다.

통합, 융합, 그리고 통섭

:

최재천

강연에 앞서 시비를 걸고 넘어갈 게 하나 있습니다. 이번 연속 강연에서 여러분에게 주어진 큰 주제가 "내 삶에서의 융복합"[1]인데요, 사실 저는 '융복합'이라는 단어를 별로 좋아하지 않습니다. 뭐라고 해야 될지 몰라서 이것저것 막 섞어 놓은 것 같은 조금 어정쩡한 단어라고 할까요. 융합도 아니고 복합도 아니고 어딘지 잘 모르겠는데 대충 섞어놓으면 되겠지 하고 만들어낸, 조금 비겁한 단어라는 생각이 들어서 평소에 융복합이라는 말을 잘 쓰지 않습니다. 그런데 오늘 제가 여러분에게 얘기해 드리려고 하는 통합, 융합 그리고 통섭, 어쩌면 그것을 다 버무려놓은 게 '융복합'이라는 뜻이겠죠. 그래서 방금 말한 중요한 개념들을 쪼개어 그 의미를 여러분과 함께 고민해보도록 하겠습니다.

여러분에게 주어진 주제가 "내 삶에서의 융복합"이죠. 제가 쓴 책 중에 『통섭적 인생의 권유』라는 것이 있습니다. 제가 평소 그런 삶을 살아보는 게 어떠냐는 말을 자주 했었는데요, 그걸 오늘 한번 잘 풀어내면 여러분의 고민에 도움이 될 것 같다는 생각이 듭니다. 한편 제가 오늘 이런 얘기를 하다 보면 여러분 중에 불편함을 느끼는 분도 있을 것 같다는 생각도 해봅니다. 엄청 자기 자랑만 떠벌리다 간다고 말이죠. 그래서 고민을 좀 해봤는데요. 그 위험 감수하기로 했습니다. 욕 조금 먹겠습니다. 제 얘기를 섞지 않고서는 의미를 전달하기 어려울 것 같았습니다. 그래서 욕먹을 것을 각오하고 여러분들에게 이야기하겠습니다.

1. 큰길 또는 샛길

제가 책을 좀 많이 썼습니다. 1999년부터 책을 쓰기 시작했는데, 영어로 된 책을 제외하고 우리말로 된 책만 60권 정도 썼죠. 12년 동안 60권을 내려면 한 해에 약 5권씩 써야 되는데, 그 때문에 제가 욕을 좀 먹습니다. 연구나 하지 쓸데없는 짓 한다고 말이죠. 그렇게 욕을 먹고는 있지만, 그렇다고 해서 제가 연구를 안 하는 것은 절대 아닙니다. 우리나라에는 이상한 기준이 하나 있습니다. 논문이면 논문이지, 왜 SCI 논문[2]만 논문이어야 할까요. SCI라는 기준은 미국의 사설 회사가 정한 기준입니다. 그런데 우리나라 국가 전체가 그 미국의 작은 사설 회사가 정해 놓은 기준에 목을 매고 있는 것이죠. 지금 빅데이터 시대에는 오히려《네이처》나《사이언스》에 나온 논문보다 전혀 알려지지 않은 저널에 나온 논문들을 뒤집니다. 왜냐하면《네이처》,《사이언스》에 나온 논문은 서로 다 알고 있기 때문에 거기서 새로운 트렌드를 찾는 것은 거의 불가능하기 때문입니다. 이미 잘 나가는 사람들 뒤를 따라가는 것밖에는 안 되는 것이죠.

그림 1〉 10여 년 연구의 결과물인 책들

　그런데 이제는 전혀 알아주지 않는 학술지에 실린, 아무도 읽어주지 않는 논문에서 기가 막히는 생각이 나올 수 있다는 것입니다. 옛날에는 그런 학술지들을 찾아보기가 아주 힘들었지만, 이제는 데이터가 모두 내 손에 들어올 수 있는 시대가 되니 오히려 남들이 안 보는 것들을 골라보는 것이 가능한 것입니다.

　하지만 그러거나 말거나 이 이상한 나라에서 살아남으려면 시키는 대로 안 할 수가 없습니다. 저도 SCI 논문을 100편 넘게 썼습니다. 그런데 제 분야에서는 연구 논문을 쓰기 위해서 평소에는 까치를 쫓아 다녀야 되고, 인도네시아 정글에 가서 긴팔원숭이를 쫓아 다녀야 합니다. 실험실에서 실험하는 연구자들과는 차원이 다릅니다. 실험실에서 실험하는 연구자들은 어느 날 밤 실험이 성공하면 그 데이터로 논문을 쓸 수도 있습니다. 그런데 저는 어느 날 학교에 출근하다가 까치를 보고, "이야, 신기하다. 이제껏 못 보던 행동을 하네? 어유, 논문 써야지" 이럴까요? 그 특이한 행동 하나 보고 절대 논문 못 씁니다. 그 까치의 행동이 평소에도 늘 하는 행동인지 적어도 4~5년은 확인하고 데이터를 축적해야 합니다. 시간적으로만 보자면 실험실에서 연구하는 다른 연구자들은 논문쓰기가 저에 비해 상대적으로 쉽습니다. 그래서 제 분야에서 논문 한 편 쓸 때 대개 실험실에서 생화학과 같은 분야를 연구하는 분들은 평균적으로 대여섯 편씩을 써야 서로 맞는 겁니다. 제가 100편을 썼으면 그분들은 500편 정도 써야 하는 것이죠. 그런데도 제가 연구재단에 큰 프로젝트를 하겠다고 연구계획서를 제출하면, 150-160편 쓴 분들이 제게 "논문 많이 안 쓰셨네"라고 말합니다. 정말 너무 말도 안 되는 것 같고, 그래서 조금 억울하게 살고 있습니다.

그렇지만 그런 일을 하면서 제 나름대로 세계적인 학술지 한 여섯 군데에 편집위원으로 활동하며 굉장히 활발하게 연구의 최전선에서 일하고 있습니다. 그러면서 전문적인 과학 저술 외에 과학을 일반에게 알려야겠다는 차원에서 열심히 자투리 시간을 쪼개어 책도 쓰고 여러 미디어에 글을 쓰고 삽니다. 그러다 보니 신문에도 글을 많이 쓰게 되었습니다. 대한민국에서 신문에 글을 쓰는 분들 절대 다수가 인문사회 분야 전공자들이기 때문에 과학자로서 과학을 알려야 하는 의무감을 느낍니다. 그렇게 거의 20년 가까이 신문에 글을 써오면서 살고 있습니다. 그러다 보니 어쩔수 없이 사회 문제에 자꾸 발언을 하게 되고 각종 사회 문제에 뛰어들 수밖에 없었습니다. 예전에 동강에 댐을 만드는 계획이 다 확정됐다고 했는데, 제가 김대중 대통령님 앞으로 보내는 편지 형식으로 신문에 글을 써서마지막 순간에 동강 댐 건설 계획이 백지화되는 데 기여했습니다. 그러다가 환경운동에 끌려들어가 환경운동연합의 공동대표도 하게 되었고, 그러다 또 4대강사업 때는 제가 아주 힘들었습니다. 누군가가 늘 제 뒤를 조사하고 다니고 그랬었죠.

그런데 우리 사회가 겪게 될, 아마 여러분이 겪게 될 가장 큰 이슈 중에하나가 고령화 문제일 것입니다. 제가 10여 년 전 고령화 문제가 심각해지고 있는데 우리 정부는 너무 아무것도 안 하는 것 같아서 『당신의 인생을 이모작하라』라는 제목으로 고령화에 대한 책까지 썼습니다. 제가 연구하는 분야 중에서도 가장 중요하게 관심을 갖는 분야가 성 선택(sexual selection)입니다. 성 선택에 관한 연구를 하고 제가 학자가 된 사람이다 보니까여성 문제에 대해 자연스럽게 발언을 하기 시작했습니다. 그리고 우연찮게 TV에도 출연하여 호주제에 관해 말하길, "자연계를 아무리 관찰해 봐도 다른 동물에는 그런 제도가 없다. 만약에 호주제가 다른 동물에도 있다면 호주는 당연히 암컷이다"라는 얘기를 했다가 그 다음날부터 엄청난 전화 테러를 당했습니다. 그러다가 급기야는 헌법재판소에 불려가서 증언을 해야 했죠. 제가 마지막 증언을 하고 한 달이 안 되어 호주제가 폐지되는 일이 벌어지는 바람에 졸지에 제가 대한민국에서 남자로서는 최초로

"올해의 여성운동상"[3]을 받게 되었습니다.

이 모든 일을 하면서 줄기차게 문과와 이과의 장벽을 없애달라는 얘기를 20년 동안 신문에 떠들어댔습니다. 다행히 이제는 진짜 없어진다고 하죠. 이런 과정 속에서 '통섭'에 대한 얘기를 하기 시작했고 그게 벌써 10년이 넘었습니다. 이런 일들을 나름대로 연구도 하고 사회 문제들에도 적극적으로 참여하며 살아왔습니다. 그게 과연 잘못된 일인가 오늘 한번 펼쳐보려 합니다. 어떤 의미에서는 여러분이 오늘 하고자 하는 주제, "내 삶에서의 융복합"과 관련이 있을 것이며, 또 어떤 의미에서는 앞으로의 시대에 여러분들이 어떻게 살아가야 할지에 대한 저의 개인적인 생각을 보여드리는 것이라 생각하면 될 것입니다.

2. 바다로 돌아간 제돌이

2013년에는 침팬지 연구의 세계적인 권위자이신 제인 구달 박사님과 함께 "생명다양성재단"(The Biodiversity Foundation)을 만들었습니다. 아마도 저는 은퇴 이후에도 이 재단과 함께 우리 사회의 생명 경시 풍조를 바로잡는 일을 계속하며 살게 될 것 같습니다. 또 서울대공원에 불법으로 잡혀와 쇼를 하던 '제돌이'라는 남방큰돌고래를 제주 바다로 돌려보내는 일을 우연찮게 하게 되었는데, 2013년부터 1년 반 동안 위원장으로 일했습니다. 제가 태어나서 한 일 중에 아마 가장 자랑스러운 일이 아니었나 싶습니다. 하루에 100킬로미터를 달리는 동물을 작은 수조 안에 가둬놓고 관중들은 돈 몇 푼 내고 들어왔다고 무슨 큰 권리라도 가진 것처럼, "야! 좀 뛰어봐"라고 말하는 건 안 된다고 생각합니다. 봄에 웅덩이에서 올챙이를 잡아다 어항에 집어넣고 뒷다리가 나오면 다시 보내주는 정도라면, 그건 제가 용서하겠습니다. 올챙이는 원래 야생에서도 그리 크지 않은 웅덩이에서도 잘 살아요. 그래서 내 어항에 넣었다고 해서 "아, 내 자유!"를 부르짖을 만큼 지능이 높은 동물은 아닐지도 모르겠다고 생각합니다. 물론 100퍼센트 확신은 없습니다. 하지만 돌고래에 대해서는 충분히 압니다. 굉장히 영리한 동물이고, 자기가 잡혀왔다는 것도 분명히 알고 있습니다. 더 심한 건, 저들은 초음파를 통해 서로 신호를 보내고 의사소통을 하는 동물인데 콘크리트 수조에 가둬놓으면 내보낸 초음파가 끊임없이 반사되면서 자

그림 2〉 2012년 저자(오른쪽)와 함께 생명다양성재단을 만든 세계적인 영장류학자 제인 구달 박사(왼쪽)

기한테 돌아오는 겁니다. 사람이 겪으면서 제일 힘든 병 중의 하나가 이명이라고 하죠. 귀에서 계속 소리가 나는 병. 시설에 잡혀있는 돌고래들은 계속 이명에 시달리며 사는 겁니다. 절대로 해서는 안 되는 일이죠. 오늘 강의와 별로 상관은 없지만 말 나온 김에 하나 수확을 얻어 가려합니다. 제 강의를 들으신 여러분 모두는 앞으로 저와 약속해주셔야 됩니다. 돌고래가 있는 수족관에는 절대로 가지 않겠다고 말입니다. 그래서 그 수족관들이 망해야 제가 돌고래들을 바다로 돌려보낼 수 있을 것 같아요. 저는 죽을 때까지 시설에 있는 모든 고래를 바다로 돌려보내는 일을 할 겁니다.

지금 제주 바다에 가면 제돌이랑 친구들 몇 마리를 만날 수 있는데 정말 잘 살고 있습니다. 제주 앞바다에 돌고래가 110마리 정도 살고 있습니다. 그리고 그들 모두 개체 식별이 가능합니다. 등지느러미의 찢어진 모습이나 돌출된 모양 등을 보면 조금씩 다 다르거든요. 그런데 그런 식별은 야외에서 할 수 있는 건 아니고, 사진을 찍어 연구실로 돌아와서 "아, 아까 그 놈이 그 놈이구나" 정도로 파악할 수 있을 뿐입니다. 그런데 제가 제돌이를 돌려보내면서 제돌이 등지느러미에 번호 1번을 새겨줬습니다. 드라이아이스를 이용해서 탈색을 조금 시키는 방식인데, 전혀 통증도 없습니다. 그런데 별 것 아닌 것 같은 이 일이 꽤 큰 차이를 만들어냈습니다. 지금 생태관광이 제주도에서 활성화되어 있는데, 배를 타고 바다로 나가서 돌고래들을 직접 만나는 것입니다. 그런데 만일 저 1번 표시가 없다면 돌고래와 만나는 곳에서 해설사는 이렇게 말해야 할 것입니다. "저기 뛰어 오르는 수십 마리 돌고래 중에 아마 제돌이가 있을 것입니다"라고 말이죠.

그림 3〉 바다로 돌아간 제돌이와 친구들

그런데 지금 실제로 나가보면 70~80미터 떨어진 곳에서도 몇십 마리 돌고래가 물 위로 동시에 튀어오를 때 저 1번이 딱 보입니다. 그러면 선상에서 그야말로 남녀노소 다 상관없이 모든 사람들이 한꺼번에 소리를 지릅니다. "제돌이다! 제돌이다! 만세! 만세!" 심지어 어떤 분은 눈물도 흘리시고요. 제돌이가 굉장한 역할을 하고 있는 것이죠. 저는 이 일이야말로 정말 잘 한 일이라고 생각합니다. 저는 이런 일을 계속할 것입니다.

3. 생태적 전환과 호모 심비우스

사회학자들이나 또 철학을 하시는 분들, 역사학을 하시는 분들이 인류의 역사를 보면서 전환(turn)이라는 표현을 자주 씁니다. 언어적 전환(Linguistic turn)을 거쳤다, 문화적 전환(Cultural turn)을 거쳤다, 이런 식으로 주요 시대를 정리하는데, 저는 그동안 21세기에 '생태적 전환'(Ecological turn)을 거치게 될 것이라고 자주 얘기해왔습니다. 왜냐하면 우리의 존재 자체가 위협받는 시기가 왔기 때문입니다. 그보다 더 큰 문제가 있을까요? 그동안 인간은 스스로를 '호모 사피엔스'(Homo sapiens)라는 학명으로 불렀는데, 참기가 막힌 자화자찬입니다. 사피엔스란 말이 영어로 'wise'라는 뜻입니다. 좀 일어섰다고 해서 호모 에렉투스(Homo erectus)가 있었고요, 도구 만든다 해서 호모 하빌리스(Homo habilis)가 있었고요. 네안데르탈인까지 있다가 그들도 다 사라지고 지금 호모 속(屬)에서는 딱 한 종이 살아있습니다. 지극히 배타적인 호모 사피엔스라는, 자기랑 비슷하게 생긴 놈들이 근처에 얼쩡거리는 꼬락서니를 못 봐주는 아주 배타적인 동물이 비슷한 동물들 다 밀어내고 혼자 살아남아서는 결국 자기를 가리켜서 하는 말이 "현명한 인간" 이렇게 이름을 붙인 겁니다.

저는 진짜 동의할 수 없습니다. 두뇌 구조나 이러저러한 것들을 들여다보면 분명히 가장 똑똑한 동물임에 틀림없습니다. 하지만 헛똑똑하다는 생각이 듭니다. 진짜 현명하면 우리가 스스로 이렇게 미세먼지를 많이 만들고 숨도 제대로 못 쉬고 이러고 살아야 되는 겁니까? 옛날 우리 할아버지들은 길 가다가 개울에서 그냥 물을 떠먹었습니다. 우리는 페트병 안에 물을 담아서 이걸 돈을 주고 사먹어야 되는데 이게 현명한 사람입니까? 한마디 더할까요? 이 병 안에 들어 있는 물이 지금 여러분 저 수도를 틀면 나오는 물보다 더 더럽습니다. 수돗물은 맛이 없어서 안 먹는다 하는데, 블라인드 테스트하면 수돗물을 더 좋아합니다. 블라인드 테스트할 때마다 거의 똑같은 결과가 나옵니다. 어떻게 보면 당연한 겁니다. 우리가 마시는 생수를 언제 통에 담았는지 아무도 모릅니다. 물은 흐르지 않으면 썩습니다. 이 썩은 물을 돈을 주고 사먹는 동물이 현명하다고요? 저는 도저히 동의할 수 없습니다.

이제 겸허하게 자연과 다른 동물들과 지구를 공유하겠다는 마음으로 거듭나지 않으면 안 된다는 것입니다. 그래서 저는 우리 인간의 학명을 '호모 심비우스'(*Homo symbious*) 즉 "공생인"으로 바꿔보자고 10여 년째 떠들고 삽니다. 그래서 제가 여러분에게 "두 동굴 이야기"를 들려드리고 싶습니다.

성경을 제외하고 인류 역사에서 가장 많이 팔린 책이 찰스 디킨즈의 『두 도시 이야기』라는데, 제가 그 제목을 좀 패러디했습니다. 제가 학위과정 중이던 때 지도교수이신 하버드대학의 에드워드 윌슨(Edward Osborne Wilson, 1929~) 교수님께서 『바이오필리아(Biophilia)』라는 책을 내셨습니다. 제목에서 'bio'는 생명을, 'philia'는 애착, 사랑을 뜻하는데, 합치면 "생명 사랑" 정도가 될 겁니다. 책을 출간하신 후 여럿이 모여 있을 때 책에 대해서 한 말씀하시더라고요. 디즈니 만화영화에 나오는 아기사슴 밤비를 보

고 사랑스럽게 느끼지 않는 사람이 어디 있냐는 것이었죠. 우리의 유전자 안에는 생명을 사랑하게끔 만드는 그런 속성이 이미 프로그래밍되어 있다는 것이었죠. 제자를 잘 두셔야 되는데 저같이 반골 제자를 두면 이럴 때 문제가 생깁니다. 거기서 제가 가만히 있었

그림 4〉 1990년대 어느 날, 하버드대 교정에서 『바이오필리아』를 펴내신 윌슨 교수님과 함께

어야 했는데 좋은 분위기를 파악 못하고 "선생님, 저는 좀 생각이 다른데요" 하며 좀 까불었습니다. 오히려 저는 인간에게 자연 파괴의 본성이 있다고 생각합니다. 그때 제가 한 이야기입니다.

"두 동굴이 있다고 하자. 한쪽 동굴에는 생명철학이 투철한 사람들이 살고 있다. 주변 환경도 늘 깨끗하게 유지하고 더럽히지 않으려고 애쓰고, 자연에서 너무 많은 동물을 잡아먹으면 그들이 어떻게 될까 걱정해서 가급적 안 잡아먹고 이러다 보니까 동굴은 늘 깨끗하고 주변 환경은 좋지만 사는 게 상당히 빈곤하다. 그 동굴에는 유난히 새벽잠이 없는 할머니가 살고 있었다. 밤중에 용변을 보러 동굴 깊숙한 곳으로 들어가려는 손주에게 할머니는 단호히 밖에 나가서 보라 이르신다. 그날 밤 손주는 끝내 돌아오지 않았다. 또한 허구한 날 사냥을 나가려는 식구들에게 할

머니는 동굴이 더러우니 대청소를 하자고 불러 세우신다. 그러니 빈곤함은 날로 더해 간다. 한 일주일 후에는 엄마가 나가서 못 돌아왔다. 먹는 것도 부실한 데다가 계속 주변을 살펴야 하지만 생명사랑의 정신만큼은 참 투철하고 고귀한 철학을 가진 아주 훌륭한 사람들이 사는 동굴이다. 그에 비하면 또 다른 동굴의 가족은 훨씬 분방하게 살았다. 부어라마셔라 막 즐기며 산다. 그런데 그들도 지저분한 것을 견디지 못하는 건마찬가지이다. 그래서 동굴이 좀 지저분해지고 견디지 못할 때쯤 되면다른 동굴을 찾아서 이사를 간다."

자, 과연 어느 집안이 더 잘 먹고 잘 살았을까요? 늘 주변 환경을 보살피며 산 가족일까, 아니면 맘 편히 먹고 싼 가족일까요? 저는 단연코 후자였다고 생각합니다. 그 옛날 인간은 살던 동굴이 참기 어려울 정도로 더러워지면 그냥 새 동굴로 옮겨가면 그만이었습니다. 우리 인간은 그 누구보다도 자연을 잘 이용해 먹었기 때문에 '만물의 영장'이 된 것입니다. 다만이제 우리에게는 더 이상 옮겨갈 동굴이 없을 뿐입니다.

우리가 이렇게 성공한 이유는 지구상에 그 어느 동물보다 자연을 기가막히게 잘 이용할 줄 알았기 때문이며 자연을 착취하는 능력이 누구보다도 탁월했기 때문이지, 자연을 보호하는 정신으로 살았기 때문이 아닙니다. 제가 그걸 어떻게 아냐고요? 여기에 앉아 계신 여러분 모두는 저 첫 번째 동굴의 자손이 아닙니다. 저 집안은 자손을 많이 못 남겼습니다. 계속죽어나가고 먹을 것도 없었죠. 대단히 죄송하지만, 여러분 모두는 지저분한 두 번째 동굴의 자손들입니다. 제가 보기에 우리의 유전자 안에는 가능하면 악랄하게 자연을 착취하라는 성향이 적혀 있지, 자연을 보호하라는 성향이 적혀 있을 것 같지 않습니다. 그러한 성향이 유전자 안에 없다는 얘기는 그냥 내버려두면 우리가 본능적으로 알아서 자연을 보호하는 일은 결코 벌어지지 않을 거라는 말입니다. 자연을 보호해야 한다는 것은 철저하게 배우고 깨달은 후 행동에 옮겨야 한다는 것입니다. 우리는 바로 그런 시대에 살고 있습니다. 생태적 전환이 필요한 이유가 바로 이것입니다.

4. 국립생태원에서

제가 한 10여 년 전부터 주변 분들을 만나면 자꾸 이상한 소리를 했습니다. 귀양을 좀 보내달라고 말이죠. 우리 옛 학자들은 거의 전부 유배지에서 업적을 남겼습니다. 그렇지 않은 분이 거의 없을 지경이죠. 대표적인 인물이 바로 다산 정약용(丁若鏞, 1762~1836) 선생입니다. 만일 정약용 선생이 유배당하지 않았다면, 아마도 당파 싸움이나 하던 누군가로 기억될 뿐 지금 우리가 알고 있는 정약용은 아닐 것입니다. 저도 대학교수로 살아왔는데 세계적인 위대한 학자, 과학자들은 우리나라에선 대학교수 못 합니다. 제 분야에 가장 위대한 생물학자로 살다 몇 해 전에 돌아가신 윌리엄 해밀턴(William Donald Hamilton, 1936~2000)이라는 분이 있습니다. 여러분 중에 분명히 읽으셨을 『이기적 유전자』에서 바로 그 '이기적 유전자'라는 개념을 처음 밝혀낸 분입니다. 리처드 도킨스(Richard Dawkins, 1941~)는 윌리엄 해밀턴이 쓴 논문을 읽기 쉬운 책으로 옮겨 쓴 분입니다. 만일 그 윌리엄 해밀턴이 우리나라에 와서 성균관대에서 3년 정도 계셨으면 그냥 쫓겨났을 거예요. 평생 논문을 스물 몇 편밖에 쓰지 않았거든요. 그런데 쓰는 논문마다 작은 학문 분야를 하나씩 새로이 만들어내는 어마어마한 일들이 벌어졌습니다. 다윈(Charles Robert Darwin, 1809~1882)은 책을 한 권 쓸 때마다 30년씩 준비했습니다. 그런데 우리는 좋은 논문을 준비하다가도, "아, 이러다가 밥줄 끊기겠다" 싶어 그 논문을 쪼갭니다. 작게 쪼개서 가능한 한 많은 곳에 발표하여 숫자를 늘려야 되니까요. 뭐 이러다 보니 위대한 업적을 내는 게 쉽지 않습니다. 그래서 비록 교수로 있지만 별로 한 일도 없는 것 같아 귀양이라도 가면 뭔가 좀 할 수 있지 않을까 해서 보내달라고 자꾸 그랬죠. 그랬더니 정말로 저를 귀양을 보내주시네요.

제가 지금 충남 서천에 있습니다. 서울에서 3시간 반 걸립니다. 지금 대한민국에 3시간 반이나 걸려서 가는 곳이 뭐 그렇게 많습니까? 부산이나 제주도도 1시간이면 가는데, 3시간 반이나 걸리는 곳에 환경부가 만든 국립생태원이 있고, 그 곳에서 제가 초대 원장으로 일하고 있습니다. 제가 안 갈 수 없었던 게 2008년에 환경부에서 저한테 생태원 디자인을 요청해서 제가 총괄기획 용역을 한 게 인연이 되었죠. 그런데 저는 대학에서 보직을 한 번도 안 해본 사람이라 난생 처음 행정 일을 하느라 정말 고생이 이만저만 아니었습니다. 초기에는 웬만한 행정 용어도 못 알아듣고 자꾸 묻기만 하니까 일을 어떻게 할 수 있을지 직원들도 걱정이 많은 눈치였습니다. 그런 과정을 거쳐 지금은 2년이 조금 넘었는데, 마지막 한 해를 남긴 요즘엔 좀 달라졌습니다. 2년 열심히 공부하면서 해봤더니 못할 짓은 아닌가 봐요. 요즘은 오히려 "저 양반이 저러다가 그냥 주저앉는 것 아니냐" 할 정도로 일을 제법 잘 하고 있습니다.

실제로 서울에서 3시간 반을 달려야 도착하는 저 촌구석에 첫 해 무려 100만 명의 관람객이 다녀갔습니다. 환경부에서는 저희한테 30만 명을 목표로 줬는데, 세 배 넘게 달성한 거죠. 게다가 그 사이 두 달 반 동안 AI 때문에 강제로 문을 닫았던 것을 생각하면 아주 놀라운 성과입니다. 그러다 보니 유사 이래 교통체증이라는 말을 모르고 살았던 충남 서천에 주말마다 교통 대란이 벌어지는 부작용도 있긴 합니다.

국립생태원의 전시 분야와 관련한 이러한 성공과 더불어 연구 분야에서도, 적어도 국제무대에서는 상당한 성공을 거뒀습니다. 기후문제에 관심 있는 분들은 IPCC(Intergovernmental Panel on Climate Change, 기후변화에 관한 정부 간 협의체)라는 기구를 들어봤을 것입니다. 기후변화에 관한 국제기구인데 IPCC에서 보고서가 나오면 모든 국가에서 그 보고서를 분석하고 정책을 만들곤 하죠. IPCC는 기후변화 관련 연구를 하던 사람들이 세계적인 주목을 받으면서 얼마 전에 노벨평화상까지 받는 쾌거를 이루었습니다. 그런데 생물다양성을 연구하는 저와 같은 생물학자들은 그보다 훨씬 오래전부터 연구하고 있었거든요. IPCC가 노벨상을 받고 나니 우리가 되게 아쉬웠습니다. 그래서 우리도 의기투합하여 2013년에 생물다양성과학기구(Intergovernmental science-policy Platform on Biodiversity & Ecosystem Services, 생태계다양성 및 생태계서비스에 대한 정부 간 과학정책기반, IPBES)라는 기구를 만들었습니다. 사실은 우리 환경부가 이 기구의 본부를 우리나라에 유치하려고 굉장히 애썼는데, 막판에 독일한테 밀려 지금 본부는 독일 본에 있습니다.

IPCC도 마찬가지지만 IPBES도 몇 개의 태스크 포스(task force)가 그 안에 만들어졌습니다. 그 태스크 포스에서 기술지원국(TSU: Technical Support Unit)을 유치하는 공고가 2014년 초 제가 초대원장이 되자마자 났는데 도전해보자고 했죠. 그런데 그때는 직원이 몇십 명밖에 없을 때라서 100쪽에 가까운 지원서를 영어로 쓰려니까 쉽지 않았습니다. 지원서를 쓸 만큼 영어에 능통한 사람이 저밖에 없었기에 어쩔 수 없이 3일 동안 밤을 새며 상당 부분 직접 쓰게 되었습니다. 그렇게 써서 보낸 지원서로 우리가 선정된 것입니다. IPBES에 태스크 포스가 세 개 있는데, 그 중에 가장 중요한 것이 지식과 데이터(knowledge and data)를 총괄하는 태스크 포스입니다. 이게 가장 기본적인 태스크 포스입니다. 다른 분야는 사회와 관련된 연구를 하거나 교육 관련 일을 하는 곳이죠. 그 기술지원국을 우리가 따낸 것입니다.

본에서 열린 회의에 갔더니 회의석상에 계속해서 NIE(National Institute of Ecology) 얘기가 나올 수밖에 없는 겁니다. 계속 그런 얘기들을 하다가 티타임에 나가서 차 한 잔 마시려는데 외국 친구들이 NIE가 언제 만들어졌냐고 하더라고요. 좀 대답하기가 민망했습니다. 작년에 만들어졌다고 얘기할 수 없어서 얼마 안 됐다고. 그 중에 또 한 친구가 얼마 안 됐다는 게 얼마나 얼마 안 됐다는 거냐 캐묻길래 할 수 없이 답변을 했어요. "Last year." 그랬더니 당황한 표정들을 지으면서 어떤 친구는 우리도 경합을 했는데 자기들은 150년이나 되는 연구소인데 왜 안 됐는지 모르겠다는 표정을 짓지 뭡니까. 서양 사람들은 그럴 때 유머로 풀어내잖아요. "그러길래 제 안서를 잘 쓰지 그랬어"라고 말하고 그냥 지나갔어요.

참 말이 안 되는 일이 벌어진 거죠. 생긴지 1년도 안 된 연구소가 이런 엄청난 걸 따냈으니까요. 이런 과정에서 또 신기하게도 2014년 10월에 유엔기구인 생명다양성협약(Convention on Biological Diversity, CBD)의 당사국 총회를 우리나라가 유치했습니다. 그 총회가 평창에서 있었는데, 우리나라가 유치를 하면 그때부터 다음 당사국 총회가 열리는 2년 동안 우리나라가 의장국이 됩니다. 그래서 우리나라의 누군가가 의장을 해야 되고, 당연히 환경부 장관이 의장을 하는 게 자연스러운데, 당시 환경부 장관님이 제 등을 떠밀어서 할 수 없이 평창에서 몇 주 동안 집에도 못가고 대체 의장을 했습니다. 2016년 12월에 멕시코에서 13차 당사국총회가 열리는데 제가 그 총회까지 의장직을 수행하게 됩니다. 거의 뭐 1년에 서너 차례씩 회의를 주재하러 돌아다니고 있습니다. 제가 의장이라는 것은 국립생태원이 의장기관이 된다는 뜻입니다. 저야 뭐 그냥 입으로 몇 마디 하고 오면 그만이지만, 국립생태원이 그 일을 다 하는 것입니다. 지금 국제적으로 생물다양성에 대한 이슈를 이 두 기구가 다 전담하고 있습니다. 그런데 그 두 기구 모두에서 상당히 중심적인 일을 하고 있는 곳이 바로 우리 국립생태원이라는 말입니다. 그래서 환경 관련 국제무대에 나가 보면 국립생태원이라는 단어가 오랫동안 자연스럽게 써온 것처럼 막 돌아다니고 있습니다. 생긴 지 얼마 안 되는 신설 기관에서 이렇게 많은 일들을 하게 된 것은 정말 운이 좋았다고 생각합니다.

거기다가 제가 지금 엄청난 일을 꾸미고 있는 게 하나 있습니다. 여러분 중에 혹시 분자생물학이나 분자유전학 쪽에 공부를 하고 계시거나 그런 분야에 관심이 많은 분들은 '유전자은행'(GenBank)이라는 곳을 알고 계실 겁니다. 미국 국립보건원에서 27년쯤 전에 유전자은행이라는 걸 만들었습니다. DNA 연구를 하는 사람이면 누구나 다 DNA 정보를 밝히면 유전자은행에 올리게 되어 있습니다. 그래서 DNA 정보가 다 한곳에 모이게 된 것입니다. 그런데 기가 막힌 건 그 유전자은행이 정보를 숨기고 움켜쥔 게 아니라 완전히 공개해 버린 것입니다. 그래서 아무런 기여도 안 한 사람들조차 그 정보를 이용할 수 있게 그냥 열어준 것입니다. 그랬더니 무슨 일이 벌어졌을까요? 엄청나게 많은 사람들이 들어와서 그 데이터를 가지고 논문을 쓰기 시작한 겁니다. 그래서 분자유전학이 과학에서 가장 엄청난 발전을 하게 된 겁니다.

여러분 모두가 다 잘 알고 있는 가수 싸이가 말춤으로 전 세계를 강타했죠. 몇몇 아이돌 가수들은 외국에 나가서 초상권 문제까지 따지면서 사진도 못 찍게 하고 뭔가를 챙기려 하고 있을 때, 싸이는 "나는 2류 가수다. 다 가져가라"고 하는 바람에 누구나 싸이의 자료들을 가져가고 유포하게 되니 전 세계적으로 확 번진 겁니다. 정보를 공유하는 것의 힘이 이렇게 막강한 겁니다.

15년 전에 어느 국제학회에서 제가 이런 제안을 한 적이 있습니다. 왜 DNA 정보만 모으냐, 이제 생태계 정보를 모을 때가 되었다. 생태은행

(EcoBank)을 만들자고 말이죠. 당시 학회에서 호응은 나쁘지 않았지만 제가 돈이 있는 것도 아니고 그냥 말로만 떠든 셈이었죠. 그러다 국립생태원장이 되자마자 제일 먼저 시작한 게 전 세계 생태계 모든 데이터를 모으고, 모든 DNA 정보가 필요하면 무조건 미국의 NIH(국립보건원) 데이터베이스에 들어가야 되는 것처럼 그래서 그곳이 분자유전학의 중심이 된 것처럼, 생태학과 환경 관련 모든 데이터가 대한민국 국립생태원을 거치도록 하면, 자연스럽게 국립생태원이 세계 최고의 생태연구기관이 되는 것이라 생각해서 생태은행을 구축하기 시작했습니다. 그런데 막상 시작하고 보니 우리가 일찍 시작한 게 아니었습니다.

생태계 데이터는 지금 전 세계 거의 모든 나라에서 나름대로 다 만들고 있습니다. 다만 그것들이 서로 호환이 안 된다는 게 문제일 뿐이죠. 그런데 거기에는 다 이유가 있습니다. 유전자은행의 데이터는 아주 간단합니다. AGTC 영어 알파벳 4개만 계속 배열되어 있는 지극히 단순한 데이터이기 때문에 그것들을 저장하는 것이나 사용하는 게 아주 단순한 구조를 갖는 것이죠. 하지만 생태계 데이터는 그렇지 않습니다. 심지어 그 안에 무엇이 들어갈지도 통일이 안 되어 있는 상태이니까요. 종 자료만 집어넣을 것인지, 아니면 다른 것들도 집어넣어야 할지 그런 것도 협의되지 않은 채 각 나라들의 데이터 구조가 모조리 제 각각입니다.

그럼 이제 어떻게 해야 할까요? 바로 지금 포털이 필요한 때입니다. 그래서 저는 지금 에코 구글(Eco Google)을 만들려고 합니다. 환경과 생태에 관해 뭔가 필요하다면 무조건 에코 뱅크로 들어오게끔 하는 것이죠. 이게 진짜 우리나라에서 할 만한 일이라는 생각이 듭니다. 우리나라는 세계 최고의 IT강국이지요. 그래서 미국의 큰 회사들도 일본이 아닌 우리나라에 데이터 센터를 세우는 추세입니다. 세계적인 MS사도 우리나라에 데이터 센터를 만들고 있습니다. 후보로 거론되던 일본이 지진 문제로 불안하기도 했지만 한국의 IT 인력이 풍부하다는 것도 굉장히 중요한 요인으로 작용했습니다. 그리고 한국에는 삼성이나 LG 같은 이미 탁월한 IT기업도 있으니 할 만한 일이겠죠. 국립생태원은 지금 이런 연구들을 추진하고 있습니다.

5. 정약용의 시대와 잡스의 시대

이제 나라 얘기를 좀 해보겠습니다. 많은 사람들이 우리는 아직 선진국이 아니라고 겸손하게 생각하는 것 같습니다. 물론 저도 우리나라가 여전히 선진국의 문턱에서 머뭇거리고 있다고 생각합니다. 그런데 다른 많은 나라는 우리나라를 이미 상당히 발전한 나라로 보고 있습니다. 그래서 이제는 도움을 받는 게 아니라 주는 나라가 되었다고 생각합니다. 그런데 우리는 어떻게 여기까지 왔을까요?

　요즘 우리나라 자동차를 보면 정말 뿌듯합니다. 제가 1970년대 말 미국 유학을 갔는데 그때 미국에서 처음 만난 미국 친구가 우리나라에도 차가 있냐고 물었습니다. 그때만 해도 우리나라에서 포니가 다니던 시대니까 그럴 수도 있겠죠. 그러던 나라가 이제 전 세계로 팔려나가는 자동차를 만들게 되었습니다. 성능도 테스트 기관에서 거의 최고 수준이라고 평가할 정도입니다. 우리나라 사람들에게 "자동차를 잘 만들어 봐라", 이런 숙제가 내려오면 제법 잘합니다. "반도체 만들어 봐라"는 숙제도 잘 해내 지금은 최고 수준의 반도체를 만들고 있습니다. 또 "TV를 만들어 봐라" 이러면 세계에서 최고로 잘 만듭니다. 제가 미국에서 돌아올 때 돈이 없어서 뭘 사 올 형편이 아니었지만 주변에서 그거 하나는 꼭 사와야 한다고 해서 사온 게 바로 소니 TV입니다. 그때만 해도 삼성이 소니를 앞지르는 일은 죽었다 깨어나도 없을 것이라고 생각했었죠. 또 배도 잘 만들죠. 그런데 한번 생각해 보세요. 우리가 잘 하는 모든 게 다 숙제입니다. 우리가 출제한 게 아니라 다른 나라가 시작한 것을 우리가 가져다가 그 사람들은 삶을 즐기면서 휴가도 가는데 우리는 밤잠 안 자고 죽어라고 일해서 하고 있는 겁니다.

그렇게 우리는 숙제는 제법 잘 하는데 출제는 여전히 못 합니다. 스티브 잡스(Steve Jobs, 1955~2011)가 뭔가를 내놔야 LG, 삼성에서 비슷한 걸 만들고 쫓아가는 식이죠. 우리가 먼저 한 게 거의 없습니다. 물론 잡스는 지금 땅 밑에서 통곡을 하고 있을 겁니다. 아이폰보다 갤럭시가 더 많이 팔리는 현실을 보면 잡스가 받아들이기 힘들 것 같습니다. 우리는 그걸 보고 참 자랑스러워합니다. 그런데 생각해 보면 그게 그렇게 자랑스러워 할 일이 아닙니다. 선진국이 얻는 만큼 결과를 내기 위해 우리는 몇 곱절 더 죽어라 고생해야 얻어낼 수 있는 성과이기 때문입니다. 우리가 선진국이 되려면 이제 출제를 해야 한다고 생각합니다. 이제는 창의성의 시대입니다. 남들이 다 해 놓은 것을 뒤따라가면서 남들이 5시간 일할 때 우리는 15시간 일해서 할 수 있는 그런 상황이 아니라는 것입니다.

자, 잡스가 처음 아이폰이라는 것을 만들어서 세상에 알리던 모습을 보죠. 잡스가 참 못된 전통을 하나 만들고 갔죠. 그냥 물건 팔면 될 걸, 왜 제품 설명회라는 걸 시작해서 요즘 다른 회사 사장님들이 고생하고 있죠. 잡스가 아이폰을 소개하던 무대 한가운데에 이정표가 있습니다. 그리고 이렇게 말합니다. 'Technology'는 과학기술이고 'Liberal art'는 인문학, 또는 교양학 정도를 의미하는데, 그 둘이 교차하는 이정표를 만들어 놓고 그 곁을 걸어가면서 아이폰을 꺼내 들고는 "이 기계는 인문학과 과학기술이 교차하는 지점에서 탄생했다"는 식으로 말합니다. 저는 그 말을 듣고는 "이야, 세상에 저런 구라를 들어봤나" 하는 생각이 들었습니다. 제가 태어나서 들어본 말장난 중에서도 가장 강력한 말장난이었죠. 아니, 인문학이 거기서 왜 나옵니까? 그래서 제가 아이폰을 뜯어봤어요. 인문학이 어디 들었나. 아무리 봐도 인문학은 안 보였습니다. 그런데 지금 돌이켜보면 그 말은 그냥 말장난이 아니었다는 걸 이제는 우리가 다 알고 있습니다. 과학기술이 인문사회를 품어냈습니다. 여러분이 살고 있는 세상보다 아이폰 안에 들어 있는 세상이 훨씬 엄청나게 광활합니다. 여러분은 지금 학교에서 집으로, 집에서 학교로, 왔다갔다 하는 것밖에 없지만, 아이폰 안에는 우주가 담겨 있습니다. 실로 엄청난 일이 벌어진 것이었죠. 그래서 우리가

그림 5〉 잡스는 자신의 아이폰에 인문학을 담았다고 말한다.

잡스를 천재라고 칭송하는 겁니다.

그런데 저는 잡스를 보고 있자면 자꾸 떠오르는 사람들이 있습니다. 아리스토텔레스(Aristoteles, BC 384~322)라든가, 레오나르도 다빈치(Leonardo da Vinci, 1452~1519), 다산 정약용, 연암 박지원(朴趾源, 1737~1805) 이런 분들 말이죠. 그분들은 모두 어느 한 분야에 매몰된 게 아니라 다양한 분야를 자유롭게 섭렵했던 분들입니다. 그런데 생각해 보면 또 이상한 게 있습니다. 이런 분들이 요즘엔 왜 우리 주변에 없을까요? 학교에 혹시 다빈치처럼 과학과 예술 모두를 완벽하게 통달한 친구가 있나요? 없습니다. 이런 분들은 역사책 안에만 존재합니다. 지금 우리 현대 사회에서는 찾아 볼 수 없는 사람들입니다. 사정이 이렇다 보니 이분들을 조금 흉내냈을 뿐인 잡스를 보고 사람들이 그렇게 열광하는 것일 겁니다. 그런데 요즘은 왜 이런 사람들이 없을까요? 여기에는 너무 단순한 이유가 하나 있습니다. 저 분들이 활동하던 그 옛날에는 우리 인류가 가지고 있던 지식의 총량이 그리 대단하던 시절이 아니었어요. 그저 얄팍한 지식을 갖고 살던 때라 그냥 아무데나 골라서 조금만 파다 보면 바로 바닥이 드러나는 식이었죠.

정조(正祖, 조선 22대 왕, 1752~1800)가 이룩한 업적 중 하나가 수원에 화성을 축조한 일입니다. 그리고 그 일을 수행한 이가 바로 정약용 선생이죠. 요즘 말로 하면 신도시를 개발하는 대규모 프로젝트인데, 당시 상황이 요즘과 같지 않아서 외국에서 그에 걸맞은 인재를 영입해 올 수 있는 상황도 아니니 그 전날까지 글 쓰던 양반이 하루아침에 공사 현장에 투입되었던 것입니다. 그랬음에도 불구하고 세계 건축사에 빛나는 화성을 축조하게 되는데, 이게 말이 되나요? 또 현장에 갔다가 무거운 돌을 들어 올려야 하는 문제에 부딪히니 거중기를 발명합니다. 요즘 눈으로 보면 이게 말이 안 되는 일이지만, 그 때는 그게 가능했습니다. 제가 좀 거칠게 말하자면 그냥 여기저기 기웃거리다 한 군데 대충 파면 그 분야의 전문가가 되는 시대였습니다.

19세기와 20세기의 가장 큰 특징은 바로 과학의 발전입니다. 과학 덕분에 지금 우리는 지구상에 그 어느 동물도 감히 상상할 수 없는 어마어마한 양의 지식을 축적했습니다. 17세기 사람들은 감히 상상할 수도 없는 지식의 세계에 살고 있는 겁니다. 정약용 선생이 만약 무덤에서 부활하여 우리 곁에 온다면 그 분이 진정 '정약용'이 되실까요? 아마 스마트폰만 보여드려도 기절할 겁니다. 그분은 아마 스마트폰 같은 건 상상도 못 해 봤을 것입니다. 이처럼 예전에는 상상도 못했던 어마어마한 세상에서 살고 있는 것입니다. 그래서 우리는 한 영역을 깊게 파는 전략을 채택한 것입니다. 우리는 그걸 '전문화'라고 부르죠. 대학에서 우리가 전공이라 부르는 전문 분야를 공부하는 것이 바로 그것입니다.

지금은 한 사람이 한 전공을 할 수밖에 없는 시대가 되었습니다. 그런데 이게 웬일인가요. 최근 들어 참 얄궂은 얘기가 여러분을 괴롭힙니다. "한 분야에 목을 매다가는 쪽박 찬다." "다양한 분야에 소양을 갖춘 멀티플레이어가 되어야 한다." 또 누구는 '융합'을 얘기하고, 누구는 '통섭'이 중요하다고 말합니다. 참, 미칠 노릇이죠. 이게 말이 되나요? 전공 하나 하기도 벅찬데 이것저것 어찌 다 공부할 수 있을까요? 그런데 가야금의 명인 황병기(黃秉冀, 1936~2018) 선생님이 첼로 연주자 장한나(1982~) 씨에게 우리 옛 말을 들려주며 이런 덕담을 한 적이 있습니다. "우물을 깊게 파려면 넓게 파라."

실제로 삽과 곡괭이를 들고 땅을 파는 것을 생각해보면 넓게 파지 않고서는 깊게 파는 데 한계가 있다는 것을 알 수 있습니다. 마찬가지로 진리의 심연에 도달하려면 폭넓은 학문의 영역을 거쳐야 된다는 겁니다. 아마 여러분은 이게 말이 되냐고 탄식할 것 같습니다. 복수 전공도 아니고 전 학문 영역을 골고루 섭렵하라는 건가요? 과연 그게 가능한 일일까요? 실제로 복수 전공하는 학생들을 보면, 그 두 분야를 완벽하게 통달하는 경우는 보기 힘듭니다.

그래서 나올 수밖에 없었던 개념이 '통섭'(統攝, consilience)이라고 생각합니다. '통섭'은 모든 학문을 다 하라는 게 아닙니다. 우리 시대에 더 이상 정약용 선생님은 나타나지 않습니다. 오히려 자기 분야를 확실하게 해야하며, 자기 우물 하나라도 확실하게 파야하는 것입니다. 하지만 옛날 우리 할아버지들처럼 그냥 한 우물만 파다가 죽는 시대는 지났습니다. 자기 우물 하나는 확실하게 파면서도 옆에서 다른 우물을 파는 사람과 만나면 언제든지 함께 일하는 것이 가능할 정도의 소양을 두루두루 갖춰야 한다는 것이죠.

6. 통섭

제가 통섭을 꺼내놓으니까 많은 분들이 "그렇지 않아도 뭐가 많은데, 통합도 있고 융합도 있고, 왜 또 통섭까지 꺼내가지고 도무지 헷갈리게 이게 뭐냐"고 말합니다. 그래서 제가 한번 정리해 보겠습니다. '통합'(統合, unification, integration)은 우리말 사전에 보면 "구성원이 공통된 사회규범과 가치를 지니며 공통된 권위에 대해 충성하는 상태" 하향식 방식(top-down)의 냄새가 좀 납니다. MB정부에서는 '사회통합위원회'가 대통령 직속으로 있었고, 박근혜정부에는 '국민대통합위원회'라는 게 또 대통령직속으로 있었습니다. 이것들은 아마도 우리 사회가 갈등이 너무 심하니까 사회의 중요한 분들이 모여서 한번 논의해보라는 의미로 만들어졌을 것입니다. 저는 어쩌다 보니 두 위원회에 다 불려갔는데 해보니 잘 되지 않았습니다. 통합의 문제가 하향식 방식으로 해결될 수 있는 문제는 아닌 것 같습니다. 억지로 묶는다고 해서 자연스럽게 섞이지는 않는 것이죠. 제가 보기에 통합은 바로 그런 것입니다.

'융합'(融合, syncretism, convergence)이 재밌는 말인데, '융'의 한자(融)를 보면 '다리가 셋 달린 솥(鬲)'자에 '곤충(虫)'자가 붙어 있죠. 중국 사람들은 여러 가지 재료를 솥에다 넣고 오래 고아서 먹는 걸 좋아합니다. 그런데 그렇게 오래 끓이다 보면 애초에 집어넣었던 것들이 다 녹아서 형체를 알아볼 수 없게 흐물흐물 하나가 되고, 그때 김이 솥뚜껑을 밀고 빠져 나가는데 그게 벌레 모양 같다고 해서 솥뚜껑 옆에 벌레 한 마리를 붙인 글자가 되었습니다. 상상력이 기가 막힙니다.

만일 제가 물 한 모금 마시면서 "어휴, 수소 분자가 씹히네"라고 말하면 말도 안 되는 소리가 됩니다. 수소 분자 둘과 산소 분자 하나가 융합하면 수소 분자의 형태와 산소 분자의 형태는 어디로 갔는지 사라져버리고 물이라는 전혀 새로운 물질로 재탄생하게 됩니다. 이게 바로 융합입니다. 그래서 우리가 하고자 하는 많은 일에 목표가 융합이 될 수 있습니다. 전혀 새로운 일을 만들어 내자는 목표인 것이죠. 저는 그 목표를 이루는 과정에서 통섭을 제안하고 싶습니다. '통합'이 물리적인 합침이라면 그것은 물리적으로는 합쳐놨지만 잘 안 섞일 수도 있을 것입니다. 그와 비교하여 '융합'은 핵융합이나 수소와 산소가 결합되어 물이 되는 것처럼 상당히 화학적인 합체로 이해할 수 있습니다. 그 경우 그 물질 자체가 진짜로 변하게 되죠.

'통섭'은 비유적으로 말하자면 '생물학적 합침' 정도로 보면 될 것 같습니다. 통섭을 한다고 해서 하나로 합쳐지는 게 아닐 겁니다. 또 서로 다른 분야가 만나서 한 분야로 융합되는 건 흔하게 일어나는 일은 아니라고 생각합니다. 마치 암수가 만나 짝짓기를 해서 새로운 새끼를 낳는 것처럼, 두 분야가 자주 만나고 교류하다 보면 생물학적 재생산을 통해 새로운 분야가 창출될 수 있다는 것이죠. 그리고 이런 일들은 실제로 우리 사회에서 벌어지고 있습니다. 인지과학이 대표적인 사례일 것입니다. 인지과학은 아리스토텔레스 시대에 있었던 학문이 아닙니다. 최근에 생긴 학문이죠. 인간의 사고가 어떻게 작동하는지를 연구하기 위해 철학자, 기계공학자, 컴퓨터공학자, 생물학자 등이 한데 모여 계속 토론하다 보니 어느 순간 인지과학이라는 새로운 학문이 탄생한 것이죠. 그런데 인지과학이라는 새로운 학문이 생겨난 후 심리학이 사라졌나요? 컴퓨터공학이 사라졌나요? 그렇지 않습니다. 그 학문들은 모두 온전히 잘 살아 있습니다. 다만 그 틈새에서 부모 학문의 DNA를 잘 섞은 자식 학문이 태어난 것이죠. 실제로 둘러보십시오. 우리 사회에 이런 일들이 얼마나 많이 벌어지고 있는가. 계속 새끼치기를 하는 일이 엄청나게 벌어지고 있습니다.

제 생각에 융합은 마구잡이로도 할 수 있다고 생각합니다. 전혀 상관도 없는 분야가 모여서 융합을 하기는 해야겠는데, 어떻게 해야 할지는 몰라서 그냥 마구잡이로 한번 섞어 보자는 식으로 융합을 할 수도 있을 겁니다. 그러다 보면 운 좋게도 기가 막힌 새로운 것이 나올 수도 있겠죠. 그런데 그런 마구잡이식 융합보다 통섭적 융합은 서로를 충분히 알아가는 과정의 중요성을 강조하는 표현이라고 할 수 있을 것입니다.

7. 기초학문, 인생 2모작 시대의 만능키

위대한 경영학자 피터 드러커(Peter Ferdinand Drucker, 1909 ~ 2005)는 "21세기는 지식의 시대이며 지식의 시대에는 배움에 끝이 없을 것이다"고 예언했습니다. 공익광고 대상을 받았던 이 사진(그림 6)이 대한민국 미래의 모습입니다. 고령화 사회에는 65세 노인 인구가 15세 미만 어린이보다 많아지는 인구 역전 현상이 나타나는데, 그렇게 되면 지금의 경로석은 비좁으니 넓은 곳으로 옮겨야 하겠죠. 실제로 전 세계에서 가장 빠른 속도로 고령화하고 있는 나라가 우리나라입니다. 정부가 이 문제를 해결해야 되는데 참 안타깝습니다. 그런데 저는 정부 탓을 하기보다 여러분에게 문제 하나를 제기하고 싶습니다.

제가 10여 년 전에 『당신의 인생을 이모작하라』는 책을 쓴 적이 있다고 했습니다. 거기서 정년제도를 없애라는 제안을 했었죠. 그때는 제가 욕을 많이 먹었는데 지금은 이게 진지하게 논의되기 시작했습니다. 미래학자들이 예측하길, 여러분은 직업을 적어도 6~7번 바꾸게 될 것입니다. 여러분의 할아버지가 환갑잔치를 하고 얼마 되지 않아 돌아가시던 시절에는 직업 하나로 평생을 살 수 있었습니다. 하지만 여러분 대부분이 95세 이상 살게 될 텐데, 60에 정년퇴직을 하고 집에서 35년간 아무것도 안 하고 산다는 것은 거의 불가능한 일입니다. 그렇게 해서는 한 나라의 경제 체제가 지탱될 수 없습니다. 그래서 언젠가 정년제도는 없어질 것이고, 우리 모두 죽을 때까지 일하고 세금 내면서 살아가게 될 것입니다. 아마도 그 첫 세대가 여러분이 될 텐데, "나는 삼성전자에 들어가서 60~70년의 노동인생을 거기에서 마무리하겠다"고 다짐하는 건 곤란한 일입니다. 그게 여러분 마음대로 되는 일이 아니죠. 100명 중에 기껏해야 1명꼴로 임원이 된다는데, 나머지 99명은 때가 되면 다른 직업을 얻어야 한다는 건 어찌 보면 당연한 일입니다. 그렇게 하다보면 죽을 때까지 7~8가지의 직업을 거치게 되겠죠. 그런데 문제는 여러분이 대학에서 하는 전공은 달랑 하나라는 것입니다. 그 전공 하나를 가지고 7~8개의 직업으로 갈아타야 한다는 것이 여러분 앞에 놓인 문제인 것입니다. 그래서 저는 여러분이 통섭적

그림 6〉 고령화의 미래

인생을 살아가야 한다는 말씀을 드렸습니다.

제가 얼마 전 〈명견만리〉라는 TV 프로그램에 나가서 우리나라 교육 이대로 되겠느냐며 조금 쓴소리를 쏟아냈습니다. 그때 제가 한 얘기인데요. 영어에 마스터키라는 말이 있죠. 그림 7 속의 두 열쇠 중에서 마스터키는 어느 것일까요? 뜻밖에도 오른쪽에 있는 게 마스터키입니다. 열쇠에는 돌기들이 있죠. 그것들이 여러 문을 열라고 있는 것이 아니라 거기에 걸려서 다른 문을 열지 못하게 만든 것입니다. 그래서 마스터키를 영어로 가끔 'skeleton key'라고 부르기도 하는데, 그냥 뼈대만 하나 있어서 거의 모든 방을 열 수 있게 되는 것입니다. 여러분들이 살아가게 될 미래도 같은 것 같습니다. 첫 직장을 얻기 위해서 이것저것 스펙 쌓고 뭐 하고 해서 이런저런 돌기를 만드는 데 엄청난 시간과 노력을 투자하면 첫 직장은 잘 얻을 수 있을지도 모릅니다. 그런데 다른 일에 눈길 한 번 주지 않고 그거 준비하고 나면 40대 초반에 다음 직장을 얻어야 할 때 막막해지겠죠.

여러분에게는 모든 문을 열 수 있는 만능키가 필요한 것입니다. 그게 바로 기초학문입니다. 인문학과 자연과학의 기초를 제대로 닦아 놓으면 그것이 만능키가 되어 어느 문이든 열 수 있는 가능성이 높아지는 것입니다. 미국의 유명 대학들, 하버드, 예일, 프리스턴 등, 영국의 유명한 옥스퍼드, 케임브리지에서는 수백 년 동안 가르치고 있는 내용들이 그렇게 크게 변하지 않고 있습니다. 여전히 고전을 가르치고 인문학 가르치고 기초과학 가르치고 있습니다. 왜 그러고 있을까요? 세상이 이렇게 빨리 변하는데 그 어리석은 사람들은 바둑학과도 만들고 엔터테인먼트과도 만들고

그림 7〉 인생 2모작을 위한 마스터키, 기초학문

뭐 이러저러한 융합 학과들을 만들어서 당장 나가서 써먹을 수 있게 해야 되는데. 그 대학들이 수백 년 동안 똑같은 걸 가르치는 이유는 바로 졸업 생들에게 마스터키를 쥐어주기 위해서입니다. 기초학문만 확실하게 닦 아놓으면 언제든지 새로운 일에 도전할 수 있습니다.

저는 이게 우리나라 교육의 가장 큰 문제라고 생각합니다. 그런데 제도 가 한꺼번에 바뀌어 줄 지는 잘 모르겠습니다. 그래서 어쩔 수 없이 여러 분은 여러분 스스로 문제를 풀어나가야 합니다. 학교가 안 가르쳐주면 스 스로 해야 하는 것이죠. 제일 좋은 방법은 독서입니다. 그냥 마음에 드는 책만 붙들고 있지 말고, 달달한 책만 읽지 말고, 기획 독서를 하십시오. 취 미 독서의 반대말입니다. 내가 모르는 분야의 책을 붙들고 씨름해야 합니 다. 독서는 일입니다. 독서는 취미가 아닙니다. 모르는 분야의 지식을 전달하려고 책이 만들어진 겁니다. 붙들고 씨름하십시오. 그러면서 내 지식의 영역을 하나씩 하나씩 넓혀가는 것입니다. 그래야 여러분이 이 긴 인생에 7~8번의 직업을 무난하게 잡으며 나아갈 수 있을 것입니다. 꼭 직업을 얻기 위해서가 아니더라도 지금은 거의 모든 문제가 복합적인 문제로 다가오는 시대이기 때문에 통섭적인 사고를 할 수 있는 사람들이 더 큰 문제 해결력을 보여줄 것입니다.

주석

1 이 글은 2016년 1월 8일 성균관대학교에서 있었던 "제1회 청소년을 위한 융복합의 날" 행사 기조강연의 원고를 다듬어 실은 것이며, 행사에서 학생들이 마지막에 수행해야 할 과제의 주제가 "내 삶에서의 융복합"이었다.

2 SCI는 "Science Citation Index"의 약어로 미국 클래리베이트 애널리틱스(Clarivate Analytics)에서 제공하는 과학기술분야의 국제학술논문 데이터베이스를 뜻한다. 클래리베이트 애널리틱스 사에서는 매년 학술적 기여도가 높은 학술지를 선별하여 관련된 정보를 데이터베이스화하여 제공해오고 있는데, SCI에 포함된 논문을 써야 한다는 강박적 연구 분위기가 획일화된 연구를 조장한다고 비판 받기도 한다.

3 한국여성단체연합이 세계 여성의 날을 맞아 여성 문제 가운데 특정 부문을 여론화해 여성운동 발전에 공헌했거나 풀뿌리 여성운동 활성화, 사회적 공공선 확립, 성평등과 여성 권익 향상에 이바지한 개인 또는 단체에 시상하는 상.

융복합, 통섭과 융합의 기묘한 동거

⋮

한기호

1. 융복합의 장면들

장면 1) 인간이라는 원자

간단한 상상을 하나 해 봅시다. 두 종류의 입자가 있습니다. 그중 하나는
'안정입자'이고 다른 하나는 '불안정입자'입니다. 안정입자는 주변에 6개
의 입자들과 결합하여 존재하며, 자신과 결합하고 있는 입자들이 자신과
반대의 성질을 가지고 있더라도 그것이 4개를 넘어서지 않으면 결합을
유지하는 성질을 갖습니다. 다시 말해 자신과 성질이 같은 입자가 6개 중
최소 2개만 있어도 결합을 유지합니다. 이렇듯 웬만하면 결합을 유지하
고 있으니 안정입자라 부릅니다.

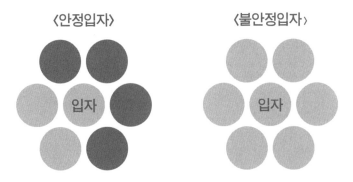

그림 1〉임계점에 다다른 안정입자와 불안정입자. 이 상태에서 성질이 같은 입자가 하나라도 성질
이 다른 입자로 교체되면 입자의 결합은 깨지고 만다.

불안정입자는 인접한 6개의 입자 중 자신과 성질이 반대인 입자가 1개만
있어도 결합을 유지하지 못하고 튕겨져 나갑니다. 온전히 자신과 같은 성
질을 가진 입자들 하고만 결합하는 성질을 가진 것이죠.

그림 1에서 보듯이 왼쪽의 안정입자는 주변에 성질이 반대인 입자가 4
개나 붙어 있지만 결합을 유지하려는 안정적 성질로 인해 그 상태를 그대
로 유지하게 됩니다. 반면 오른쪽의 불안정입자는 저 상태에서 다른 입자
가 하나만 교체되어도 튕겨져 나갈 것입니다. 가상의 안정입자와 불안정
입자에 대한 이러한 설명을 듣다 보면 여러분은 아마도 어떤 학문이 떠오
를 것 같습니다. 몇 개의 특징을 갖는 소수의 입자들, 그리고 그러한 특징
에서 기인하는 몇 가지 결합 방식들. 이것은 전형적으로 원자나 분자들의
결합 방식과 닮아 있습니다. 그래서 화학이나 물리학에서 입자들을 설명
하는 방식을 떠올리게 됩니다.

이것은 과학에서 기본 입자들의 결합방식을 따라 흉내내 본 가상의 입

자들입니다. 그런데 이런 똑같은 설명 방식에서 입자의 자리에 사람을 집어넣고, 성질의 같고 다름을 흑인과 백인이라는 인종적 특징으로 간주하면 우리는 재미있는 결과물을 얻게 됩니다. 미국 같은 다인종 국가의 경우 인종 간의 융화와 화합이 사회적 안전을 지탱하는 중요한 조건이 됩니다. 그에 반해 인종 간 불화의 증거로 보이는 인종분리 현상은 반드시 해결해야 할 문제로 간주되곤 하죠. 하버드대학교의 경제학자 토머스 셸링(Thomas Schelling, 1921~2016)은 방금 살펴본 상상 속 입자들의 관계를 설명하는 방식과 똑같은 방식을 가지고 인종주의 문제에 접근합니다.[1]

다양한 인종으로 구성된 한 지역에서 경제적인 이유나 문화적인 이유 등으로 인종 간 주거지가 눈에 띄게 분리되어 나타나는 인종분리 현상은 자연스레 그 구성원들의 인종적 편견을 보여주는 것으로 간주되곤 합니다. 하지만 셸링은 꼭 구성원들이 인종적 편견을 가지고 있기 때문에 그런 분리 현상이 나타나는 것인지 의문을 갖기 시작했습니다. 그리고 앞에서 예를 들었던 안정입자와 불안정입자의 사유실험과 같은 생각을 서로 다른 인종이 함께 살아가는 지역의 주거지 분석 모델로 활용합니다. 성질이 다른 두 입자는 각각 흑인과 백인의 주거지를 의미하고, 안정입자의 자리에 비-인종주의자를, 불안정입자의 자리에 인종주의자를 대입합니다.

여기서 인종주의자의 특징은 이렇게 이해할 수 있을 겁니다. 그는 자신의 집에 인접한 여섯 집 중에서 하나라도 자기와 다른 인종이 이주해오면 견디지 못하고 다른 곳으로 이사하는 사람입니다. 그래서 우리는 그런 특징을 가진 사람을 인종적 편견을 가진 '인종주의자'라고 할 수 있을 것입니다. 그에 반해 비-인종주의자의 특징은 이렇게 이해할 수 있습니다. 그는 자신의 집에 인접한 여섯 집 중에 네 집에 다른 인종이 거주한다 하더라도 별 문제 없이 자리를 지키는 사람입니다. 비록 자신과 같은 인종이 한 집밖에 남지 않게 되면 견디지 못하고 다른 곳으로 이사를 가겠지만, 그렇다고 해서 그를 인종적 편견을 가진 인종주의자라고 할 수는 없을 것입니다. 다른 인종에 대한 편견을 가지지 않았다 하더라도 압도적 소수로 살아가는 것을 선호하는 사람은 적을 테니까요.

셸링은 두 인종이 섞여 살아가는 공동체를 상정하여 무작위로 두 인종의 거주지를 섞은 후 각기 다른 두 결합의 규칙들을 적용하여 컴퓨터로 시뮬레이션해봅니다. 그리고 그 중 하나에서 아주 흥미로운 결과를 얻게 됩니다. 그림 2처럼 말이죠.

이 결과가 흥미로운 이유는 이 시뮬레이션에 대입된 개체들은 인종적 편견을 가진 사람들이 아니라 비-인종주의자였다는 것입니다. 누가 봐도 인종 간의 분리 현상이 뚜렷이 나타났고 따라서 그 구성원들이 인종적 편견을 가졌을 것이라고 가정할 법한데, 그 공동체의 구성원 어느 누구도 인종적 편견을 가진 사람은 없다는 것입니다. 아주 상식적인 일반인들 사이에서도 인종분리 현상이 일어날 수 있음을 보여준 셈이죠.

셸링은 게임이론을 통해 다양한 사회적 문제에 접근하여 노벨경제학상을 받았습니다. 그런데 여기서 우리가 주목해 볼 것은 그의 연구 방식이 전형적인 물리과학의 연구방식이라는 것입니다. 최소한의 입자, 최소한의 성질, 그것들로 구성된 복잡하고 거대한 우주! 사람들은 물리학이나

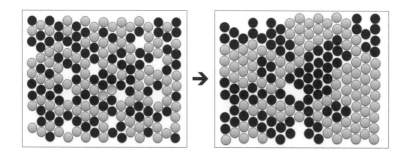

그림 2) 토마스 셸링의 인종분리 게임의 규칙을 따라 직접 모의실험을 한 결과. 왼쪽은 두 인종을 무작위로 섞어놓은 상황, 오른쪽은 비-인종주의자의 성질을 대입한 후 주거지를 옮긴 최종 결과이다. 눈에 띄게 같은 인종끼리 모여 있다.

화학과 같은 자연과학과 달리 인간을 다루는 학문들은 훨씬 더 복잡다단한 구성원들과 법칙, 원리, 의미영역을 가지고 있다고 생각합니다. 하지만 셸링의 인종주의 연구는 다양한 인간적 사회 현상들도 가장 단순한 방식으로 설명할 수 있다는 제안을 하고 있습니다. "사람들은 물리법칙에 버금가는 법칙들의 지배를 받는다"[2]는 이른바 '사회물리학'의 가능성을 말해주고 있는 것입니다.

장면 2) 세상물정은 누가 연구하나?

누가 지역감정을 만들어내는지 궁금하다면, 연구를 하면 될 것입니다. 이 주제는 심리학의 주제가 될 수도 있고, 사회학의 주제가 될 수도 있겠죠. 2015년 대한민국에 휘몰아쳤던 메르스 광풍에 대한 대비책을 논하고자 한다면 의학이나 의료정책 연구가 필요할 것입니다. 아니면 행정학이나 정치학이 연관될 수도 있을 것입니다. 명절 때마다 반복되는 교통정체의 원인이 궁금하고 해결책을 찾고자 한다면 도로공학이나 교통정책에 대한 연구를 해야겠죠. 아름다움에 대한 연구나 우리나라 고유의 술자리 문화에 대해 궁금하다면 나름 관련 분야를 연구해야 할 것입니다. 그런데 이 모든 것을 하나의 학문에서 연구하고자 한다면 어느 학문이 적당할까요? 통계물리학자인 김범준은 『세상물정의 물리학』에서 이런 주제들에 대한 통계물리학적 식견을 보여줍니다.[3] 그리고 그러한 세상물정에 대해 물리학자들도 말할 권리가 있으며 말할 수 있다는 것을 보여주죠.

전통적으로 사람 사는 모습은 인문학이나 사회과학처럼 자연과학과 별개의 학문 주제였습니다. 하지만 사람도 물리적 존재이며, 사람의 행동도 기본적으로는 물리적 운동을 포함하고 있다면 물리학자들이 인간의 삶에 관심을 가지고 전문적인 조언을 하는 것은 이상하지 않은 일일 것입니다. 10년이 넘는 동안 베스트셀러인 『과학콘서트』에서 정재승이 하고자 했던 것들도 바로 그것일 것입니다. 백화점 설계에 관심을 가지고, 크리스마스이브 산타클로스의 행보에 관심을 가지고, 막히는 도로에서 운전 전략을 모색하며, 머피의 법칙을 증명하고, 토크쇼 방청객의 웃음소리에 주목하는 것 또한 물리학자의 일인 것이죠.

장면 3) 알파고 vs. 이세돌

2016년 3월 9일, 구글의 인공지능 프로그램 알파고와 대한민국 최고의 바둑기사 이세돌이 5국 승부의 첫 경기를 시작하는 날이었습니다. "질 자신이 없다"고 말했다는 이세돌의 자신감은 어찌 보면 그 대국을 지켜보는 우리 모두의 자신감을 대변하는 것이었습니다. 그리고 그렇게 자신만만하게 시작한 첫 대국을 패배로 끝내고 놀라움을 감추지 못하면서도 "오늘은 졌지만 내일은 자신 있다"는 말로 여전히 자신감을 숨기지 않았습니다. 그러나 연이어 패배한 후, 그것도 어떠한 실수도 하지 않았음에도 불구하고 불계패로 마무리된 경기를 보고 사람들은 두려움마저 느끼기 시작했죠. 그리고 3국마저 패한 후 이세돌은 완벽한 패배를 인정하며 이렇게 말합니다. "이세돌이 진 것이지, 인류가 진 게 아니다." 비록 4국에서 처음이자, 알파고를 상대로 한 인류의 유일한 승리를 얻어내기는 했으나 결과적으로 인간이 인공지능의 바둑 실력을 따라잡기에는 역부족이었다는 사실을 보여주는 것으로 인간과 인공지능의 대국은 마무리됩니다. 그리고 알파고는 맹수가 먹이 사냥하듯 당시 세계 랭킹 1위인 커제 9단과 3연전을 치릅니다. 내리 두 번을 패배한 후 치러진 3국에서 커제는 결국 눈물을 흘리며 완벽한 패배를 인정하고 맙니다. 그리고 이렇게 말하죠. "알파고는 지나치게 냉정해서 그와 바둑을 두는 건 고통 그 자체였다."

구글의 자회사인 딥마인드에서 개발한 인공지능 프로그램 알파고는 커제와의 대국을 끝으로 바둑에서 은퇴합니다. 통산 전적 68승 1패. 1997년 IBM 슈퍼컴퓨터 딥블루가 인간 체스 챔피언과의 체스 경기에서 승리한 후 인공지능은 다양한 영역에서 인간과 겨뤄왔습니다. 그리고 알파고의 승리는 인공지능의 능력에 어떤 제한이 있을지 궁금하게 만들어 줍니다.

20세기 초중반, 컴퓨터의 개념이 제안되고 최초의 컴퓨터가 개발되기 시작될 때부터 이미 컴퓨터는 인공지능을 목표로 하고 있었습니다. 초창기 컴퓨터 개념 지도를 그렸던 앨런 튜링(Alan Turing, 1912~1954)은 전쟁이라는 당시의 특수한 상황에서 요구되는 컴퓨터의 계산적 능력에만 머물지 않고 나아가 인간처럼 사고하는 컴퓨터를 꿈꾸며 실제로 '튜링테스트'라 불리는 지능의 존재를 확인하는 테스트를 제안합니다. 알파고로 대표되는 인공지능의 현재가 바로 튜링이 생각했던 미래의 모습일 것입니다. 물론 아직까지 튜링이 꿈꾸었던, 인간과 구분하기 힘들 정도의 지능을 갖춘 컴퓨터는 존재하지 않습니다. 하지만 지능의 부분적인 역할에 국한해서 본다면 많은 분야에서 인간의 능력을 넘어선지 오래입니다. 그리고 이제 영화에서처럼 인간과 구분하기 힘든 인공지능체가 등장할 날도 머지않은 듯 보입니다.

인공지능 연구만큼 다양한 학문이 협력하는 분야도 드뭅니다. 이는 인간의 지능만큼 복잡다단한 존재도 없기 때문이 아닐까 합니다. 철학, 언어학, 인지심리학, 컴퓨터공학, 수학, 로봇 공학, 경제학 등의 분과 학문들이 인공지능 연구에서 함께 하는 학문들입니다. 어찌 보면 인공지능의 연구는 인지과학의 핵심적인 연구와 상당 부분 중첩되어 있습니다. 이는 인공지능의 핵심적인 질문들이 인지과학의 주요 질문을 구성하기 때문입니다.[4] 예를 들어, "사고란 무엇인가?", "지능이란 무엇인가?", "인간의 사고와 행동을 기계적으로 구현할 수 있을까?", 이런 질문들은 그 자체로 인지과학의 질문들이며, 인공지능 연구는 그런 의미에서 기계에 구현될 수 있는 인지과정 연구라 할 수 있을 것입니다.

장면 4) 애플 신제품 발표회

2010년 1월 27일 미국 샌프란시스코 예르나 부에바 아트센터에서 애플의 CEO 스티브 잡스는 자사의 신제품 아이패드의 출시를 알리며 직접 프레젠테이션을 진행합니다. "인문학과 과학기술의 만남"이라는 그 유명한 프레젠테이션은 이렇게 시작합니다.

> "애플이 아이패드 같은 창의적인 제품들을 만들어 낼 수 있었던 것은 우리가 항상 과학기술(Technology)과 교양(Liberal Arts)이 교차하는 지점에 있으려 했고, 그 두 영역에서 최고의 것을 얻을 수 있었기 때문입니다. 과학기술의 관점에서 최고로 앞선 제품을 만들면서도 직관적으로 사용하기 편리하고 사용하기 즐거워야 진정 사용자들에게 최적화될 수 있었습니다. 그리고 과학기술과 교양의 결합으로 아이패드와 같은 창의적인 제품을 만들 수 있었다고 생각합니다." [5]

그는 이듬해, 아이패드2 제품 설명회에서도 같은 취지의 말을 반복합니다.

> "애플의 DNA 속에는 과학기술만 있는 것이 아닙니다. 과학기술이 인문학(Humanities)과 만나고 과학기술이 교양(Liberal Arts)과 만나면 우리의 심장을 뛰게 만드는 결과물을 만들어냅니다.[6]

애플 제품에 대한 호불호와는 별개로 애플의 사용자 중심 디자인은 스티브 잡스가 왜 그토록 인문학을 강조하는 지 이해할 수 있는 실마리를 제공해줍니다. 기능적으로 구성되는 별개의 소프트웨어와 하드웨어, 애플리케이션은 그 자체로 훌륭할 수 있지만, 그 중심에 사용자가 위치하게 될 때 우리는 또 다른 분야에 눈을 돌리게 됩니다. 잡스가 고민했던 문제들은 바로 과학기술과 인간에 대한 이해의 토대 위에서만 해결 가능했던 것이죠.

장면 5) 3만 년 전 어느 인간 무리

요즘 같은 시대에 자식 하나 낳아서 어엿한 성인으로 키우는 게 쉬운 일이 아님을 다들 알 겁니다. 농담반 진담반 우스갯소리로 아이 하나 잘 키우려면 부모 외에도 양가 조부모의 도움과 재력까지도 요구된다고 하니 자식 키우는 게 얼마나 힘든 일일까요? 그런데 이런 사정은 예전에도 크게 다르지 않았습니다. 3만 년 전, 구석기 시대 막바지, 아직 뗀석기를 사용하는 공동체에서는 어땠을까요? 한번 상상을 해볼까요?

> 그 집단은 규모가 꽤 커서 50-60명 정도의 무리를 형성하고 살아간다.
> 그들은 수렵과 채집을 주로 하며 생활하였을 것이다. 주로 주거지 주변
> 에서 먹을거리를 구하지만 사정이 여의치 않을 때에는 좀 더 먼 곳으로
> 먹을거리를 구해 떠나기도 하고, 그 여행이 몇 날 며칠이 걸리기도 했다.
> 그럴 때마다 자식을 가진 부모들은 갈등에 휩싸인다. 물론 아비가 떠나
> 고 어미는 남을 수도 있겠지만 어떤 경우에는 부모가 모두 식량을 구하

러 가야 할 정도로 사정이 좋지 않은 때도 있었다. 또 야생 동물들의 습격이 있을 수도 있으므로 주거지에 건장한 남자들이 몇은 남아 있어야 했다. 이럴 때마다 어린 아기를 돌봐야 하는 일은 마치 장애처럼 느껴졌을 것이다. 바로 이런 순간에 빛을 발하는 자들이 바로 동성애자들이었다. 그들은 자식을 낳지 않음으로써 부양의 의무로부터 자유로웠으며, 이러한 처지를 적극 활용하여 형제자매들의 자식을 보호해주거나 음식을 구해줌으로써 형제자매들의 생존에 도움을 주었다.

동성애 성향이 유전적으로 전해지는 타고난 특징인지, 아니면 태어난 후 사회적으로 획득되는 후천적 특징인지 오랫동안 논쟁이었습니다. 그런데 그 논쟁은 생물학적 입장에 불리하게 작용했습니다. 진화론에 토대를 둔 생물학적 설명을 완수하려면 두 개의 관문을 통과해야 하는데, 첫 번째 관문은 동성애 성향이 '선택'이라는 진화론의 원리를 따라야 한다는 것입니다. 기린의 긴 목이 생존에 유리하여 선택되었고, 돌고래의 유선형 몸매가 생존에 유리하여 선택된 것처럼, 동성애 성향이 인간의 진화 과정 속에서 선택될 만한 가치를 가진 것이어야 한다는 것입니다. 그런데 어떤가요? 요즘 동성애에 대한 사회적 관심과 규범이 이전과 많이 달라졌고 호의적으로 변해가고 있다 하더라도 여전히 사회적 약자임은 부정할 수 없을 것 같습니다. 과거에는 지금보다 더 심했었죠. 앞서 소개한 컴퓨터 개념의 창시자이며, 제2차 세계대전에서 영국군의 암호해독을 도와 혁혁한 공을 세웠던 앨런 튜링조차도 동성애자라는 이유로 화학적 거세를 당한 후 자살하는 비극을 맞이합니다. 당시 동성애는 불법이었으며, 죄악이었습니다. 많이 바뀌었다곤 하지만 동성애에 대한 이런 관념은 여전히 사회 곳곳에 남아 있습니다.

그렇다면 동성애를 생물학적으로 설명하기 위한 첫 번째 관문은 통과할 수 없는 것일까요? 진화론자들은 이에 대해 다른 대답을 제안합니다. 앞에서 상상했던 구석기 시대 공동체의 모습을 다시 떠올려보죠. 현재, 그리고 우리의 기억 속에 남아 있는 과거의 역사 속에서 동성애는 환영받지 못하는 성향이었을지 모릅니다. 하지만 진화의 역사는 기록의 역사보다 훨씬 긴 단위로 이해해야 합니다. 인간의 다양한 성향과 특징들은 기껏 수백 년이나 수천 년 만에 만들어지는 것이 아니며 보다 긴 역사 속에서 차근차근 만들어지는 것으로 이해해야 할 것입니다. 그러니 동성애에 대한 이해도 긴 안목으로 바라보아야 할 것입니다. 현생 인류의 특징들이 만들어진 진화의 역사를 보자면 대부분의 시간 동안 인간은 수렵채집을 통해 생명을 보존해 왔습니다. 그러한 시기에 동성애자들은 자신의 역할을 충실히 수행해 왔으며, 공동체의 중요한 구성원으로 인정받았을 것입니다. 다시 말해 공동체의 선택을 받음으로써 첫 번째 관문을 통과할 수 있다는 것이죠. 하지만 그럼에도 불구하고 두 번째 관문이 남아 있습니다.

동성애 성향이 통과해야 할 두 번째 관문은 '유전'입니다. 동성애가 생물학적 특징이고 DNA에 기록되어 있는 성질이라면 그것은 유전을 통해 후대로 전달되어야 할 것입니다. 그런데 아쉽게도 동성 간 교배는 유전자를 후대로 전달하는 기능을 수행하지 못합니다. 즉, 두 번째 관문을 통과

할 수 없다는 것입니다. 여기서 또 진화생물학자들은 기발한 설명을 개발해 냅니다. 부모의 유전자를 반반씩 나눠 자신의 유전자가 구성되었듯이 같은 부모 아래의 형제자매들은 자신과 상당한 양의 유전자를 공유합니다. 유전자에 대한 지식이 없어도 형제자매의 얼굴만 봐도 그걸 알 수 있을 정도죠. 동성애자는 직접 두 번째 관문을 통과할 수는 없습니다. 그런데 중요한 것은 동성애자가 아니라 동성애 성향이라고 본다면, 그리고 그 성향이 유전자 속에 각인되어 있는 것이라면, 꼭 동성애자 본인이 그 유전자를 후대에 전해야 하는 것은 아닐 것입니다. 비록 그 유전자가 발현되어 자신은 동성애자가 되었다 할지라도 동성애 성향이 발현되지 않고 잠재된 채 DNA 속에 새겨진 형제자매들은 동성애 유전자의 훌륭한 매체가 될 수 있을 것입니다. 중요한 건 DNA이지 그것을 가진 개체는 아니기 때문입니다.

동성애 성향이라는 인간의 특별한 성질에 대한 연구는 주로 사회학이나 윤리학, 심리학의 주제가 될 수 있을 것입니다. 그 성향이 한 개인의 특별한 경험이나 상처에 의해 만들어지는 것이라고 생각한다면 그 학문들은 주요한 탐구 도구를 제공해 줄 수 있을 것입니다. 하지만 동성애가 생물학적 특징이고 진화의 과정을 통해 만들어진 성향이라고 이해한다면, 그것을 이해하기 위한 가장 좋은 탐구 도구는 생물학이 제공해 줄 것입니다.[7]

2. '융복합', 개념의 지형

본디 무엇이 '어떠하다'고 말하고자 때, 그것이 '무엇인지'는 이미 분명해야 할 것입니다. 그런데 그것이 무엇인지조차 분명하지도 않으면서, 그것에 대해 이러쿵저러쿵 말하는 것은 애당초 글러먹은 일이 아닐까요? 우리가 여기서 논의하고자 하는 '융복합'이라는 개념의 첫인상은 왠지 그런 느낌이 강하게 듭니다. 차라리 그 개념은 허깨비가 아닌가 하는 생각이 들 정도죠. 기왕 시작한 이야기가 뭔지도 모르는 허깨비가 되어버리면 안 되기에 우리의 관심을 좀 더 구체적으로 펼쳐줄 사례를 가지고 이야기해 보죠.

〈알쓸신잡〉이라는 TV 프로그램이 사람들의 관심을 끈 적이 있었습니다. 알아두면 쓸데없을 것 같기는 하지만 왠지 신비하고 잡다한 지식을 가지고 이렇게 재미있는 프로그램을 만들 수 있을까 하는 생각이 들 정도죠. 제목에서부터 쓸데없다고 스스로를 비하하기는 하지만, 그 프로그램에 나오는 다양하고 잡다한 지식은 지식이 갖춰야 할 본 모습을 보여주는 것이 아닌가 싶습니다. 시험을 위해서만 학습되고 그 쓸모가 다 한 후에는 두뇌 속 어딘가에 버려지는 진짜로 쓸모없는 지식이 아니라, 우리의 삶속에서 살아 숨 쉬는 그래서 우리 삶을 안내하고 삶의 다양한 국면에서 그 의미를 살려주는 그런 지식을 가지고 놀면서 재미와 교양을 모두 만족시키는 이런 프로그램이 어떻게 나왔을까 궁금할 지경입니다.

이 프로그램 성공의 큰 공은 아마 출연진들에게 돌려야 하지 않을까 합니다. 완전히 이질적인 분야에서 능력을 인정받고 있는 출연자들은 그 자체로 잡학적 지식의 덩어리들입니다. 예술음악과 대중음악을 아우르는 예능인, 혁명가와 정치가 사이에서 방황하다 지금은 전업 작가가 된 경제학자, 기자와 편집인으로 시작하여 맛을 찾아 전국을 누비는 칼럼니스트, 대학원까지 경영학을 공부했지만 유명한 문학상은 모두 휩쓴 소설가, 뇌를 들여다보는 물리학자이면서 왜 백화점 엘리베이터들은 몰려다니는지 궁금해 하는 과학자까지. 그들은 스스로 다양한 지식에 목말라하는 잡학박사들이고, 이 프로그램은 그들의 잡학지식을 또 한데 묶어내며 잡학의 잡학을 보여줍니다.

하나의 현상을 다양한 관점에서 바라보기도 하고, 하나의 관심에서 시작하여 징검다리 건너듯 완전히 이질적인 문제로 우리를 이끌어가는 것을 보면 지식은 하나의 모습만 갖는 것은 아님을 알게 해줍니다. 우리가 융복합이라 부르는 개념의 첫인상은 바로 이런 것이며, 앞에서 살펴본 융복합의 다섯 장면들은 융복합의 전형적인 모습을 보여준다고 할 수 있을 것입니다.

그런데 이 책의 저자 중 한 명인 최재천 교수는 융복합이라는 용어가 그리 단순히 이해될 수 있는 명쾌한 의미를 가진 것은 아님을 지적합니다. 직접 들어보죠.

"사실 저는 '융복합'이라는 단어를 별로 좋아하지 않습니다. 뭐라고 해야 될지 몰라서 이것저것 막 섞어 놓은 것 같은 조금 어정쩡한 단어라고 할까요. 융합도 아니고 복합도 아니고 어딘지 잘 모르겠는데 대충 섞어 놓으면 되겠지 하고 만들어낸, 조금 비겁한 단어라는 생각이 들어서 평소에 융복합이라는 말을 잘 쓰지 않습니다. 그런데 오늘 제가 여러분에게 얘기해 드리려고 하는 통합, 융합 그리고 통섭, 어쩌면 그것을 다 버무려놓은 게 '융복합'이라는 뜻이겠죠."[8]

이 지적대로라면, 때로 '융합'이라는 말로, 때로는 '통합'이라 말로, 또 '통섭'이라고도 부르고, 많은 경우 그냥 뭉뚱그려 '융복합'이라 부르는 '그것'을 하나의 것으로 취급하여 '융복합'이라는 용어로 묶어 쓸 수 있는 것인지, 아니면 빠져나갈 구멍을 만들기 위해 사용하는 '좀 비겁한 단어'는 아닌지 고민해 봐야 할 문제일 것입니다. 이는 '융복합' 개념이 이론적이고 사변적인 학문의 영역을 넘어서 교육 정책이나 산업 정책과 같은 현실 영역에 깊이 관련되어 있기 때문입니다.

우리말 '융복합' 또는 '융복합적'은 흔히 '학문'이나 '연구', '기술'(技術), '사고'(思考) 등을 수식하는 방식으로 사용됩니다. 또 '융복합'과 유사한 개념으로 이해되거나, 대신 할 수 있는 단어로 '학제간', '간학문', '통합', '통섭', '융합', '복합', '하이브리드', '퓨전', '컨버전스' 등이 등장합니다. 우리의 학문적 여건을 보면, 주로 서양에서 유래하는 학문과 그 용어법을 수입해 와서는 한자 표현을 써서 번역하게 되는데, 그런 과정에서 한자의 의미와 서구식 표현의 의미, 그리고 우리의 생활 속 의미가 상호 간섭을 일으켜 의미의 층위가 걷잡을 수 없게 복잡해지곤 합니다. 실제로 이런 이유에서 현재 융복합 연구의 용어법이 통일되지 않은 것이라 생각됩니다. 이런 상황에서 하나의 용어로 모든 의미를 담아내는 것은 쉽지 않을 것입니다. 또 난무하는 용어들을 그냥 두고 보는 것도 쉬운 선택은 아닙니다. 이런 상황에서 우리가 할 수 있는 최선의 일은 용어들의 의미를 분명히 이해함으로써 우리가 지금 어디에 있고, 어디로 가야할지 방향을 분명히 설정하는 것이 아닐까요?

이런 상황에서 우리가 고민해봐야 할 대표적인 용어들은 '융복합', '융합', '통섭'입니다. 이 책의 표제어이기도 한 '융복합'은 다른 개념들을 먼저 이해한 후 이야기해야 할 것 같습니다. '융합'이나 '통섭'은 그 용어의 의미가 형성되어온 분명한 역사를 가지고 있지만 '융복합'은 그러한 역사를 통해 이해될 수 있는 2차적인 의미를 갖기 때문입니다. 그 중에서도 우리가 먼저 살펴볼 개념은 '융합'이며, 그것은 '융복합' 개념의 두 얼굴 중 하나입니다.

3. 융복합의 두 얼굴, 융합과 통섭 [9]

'융합'이 어느 한 분야에서만 사용해야 하는 특허가 있는 단어도 아니고 요즘에 갑자기 등장한 것도 아니니 누구라도, 언제라도, 자신의 필요에 따라 사용할 수 있겠지요. 하지만 우리가 주목하는 특별한 의미의 '융합' 개념은 '융복합'과 비교할 때 좀 더 분명한 용법의 역사와 의미를 가지고 있습니다. 상황을 보다 정확히 이해하기 위해 그 역사를 조금 따라가 보도록 하죠.

현재와 같은 화려한 기계문명이 가능하게 된 데에는 아마도 컨베이어 벨트로 대표되는 산업 생산의 분업화와 전문화의 공헌이 크지 않을까 싶습니다. 한 명의 장인이 제품 생산 공정의 처음부터 끝까지 맡아서 작업하는 생산 방식 대신, 길고 복잡한 전체 공정을 짧고 단순한 부분으로 나누고 한 명이 하나의 부분 공정만 맡아서 생산하는 분업화와 전문화는 이전과는 비교도 안 될 높은 생산성을 보여주었습니다. 그런데 이러한 분업화와 전문화는 단지 산업 현장에서만 볼 수 있는 특징이 아니며, 학문 영역에서 보다 먼저 겪어온 과정이기도 합니다.

서양 학문의 모태가 되었던 철학이 과학혁명 시기를 지나며 수학과 경험의 중요성에 눈을 뜬 후 물리학은 하나의 독립된 학문 분과로 분기되어 나옵니다. 이후 사회학, 정치학, 경제학, 화학, 생물학, 심리학 등 현대적 학문 분류의 영역들이 하나씩 독립된 영역을 구축하게 되었죠. 이런 과정은 산업 현장에서 분업화와 전문화를 통해 생산량을 늘려온 것처럼 엄청난 학문의 발전을 이끌어 내었습니다.

20세기 중반 인지과학의 등장은 이렇듯 분업화와 전문화가 일반적 전략이었던 현대의 학문 세계에 새로운 지평을 열어주었습니다. 새로이 등장한 인지과학의 전략은 이전 전략과 사뭇 달랐죠. 분업화와 전문화가 '분할하여 정복'(divide & conquer)하는 전략이라면 인지과학은 '융합하여 정복'(converge & conquer)하는 전략을 전형적인 방법론으로 채택합니다.[10] 인간의 인지적 과정과 결과물들이 워낙 복잡하고 중층적으로 형성되다 보니 하나의 학문 분과에서 전담하기에 벅찬 건 당연할 겁니다. 그래서 심리학과 언어학, 철학, 뇌과학, 컴퓨터공학뿐만 아니라 수학, 인류학, 논리학, 진화론 등 이루 다 나열하기 힘들 정도로 많은 분과 학문들이 협력하여 문제를 해결하는 새로운 방법론이 요구되는 것이죠. 이런 관점에서 볼 때, '융합'은 "다양한 학문들이 하나의 특정한 분야의 문제를 해결하기 위한 협력적 연구"로 이해할 수 있을 것입니다. 인지과학 분야의 대표적 연구자인 이정모는 그 사정을 이렇게 설명합니다.

"자연은 하나의 역동적 통일체(dynamic whole)이다. 자연 자체에 물리, 화학, 생물, 수학 등이 분할되어 있는 것이 아니다. 제한된 인지 능력을 지닌 인간이, 자연을 탐구하기 위하여, 편의상 물리, 화학, 생물 등으로 나누었을 뿐, 자연 자체는 분할되지 않은 하나의 전체이다. 따라서 자연의 영역 탐구 분야들이 조각나고, 연결이 안 되고, 서로 경계 울타리가 쳐지고, 어느 한 분야로 환원되거나 그 분야가 독주하여서는 안 된다. 그보다는 분야들이 개별적 속성을 어느 정도 유지한 채, 한곳으로 수렴되어, 학제적이고, 전체적으로 접근되고, 사회적·인간적 요인이 고려되고, 그리고 수렴적 이해와 설명의 목표를 추구하는 그러한 역동적 분야들로 이루어져야 한다."[11]

이런 의미의 융합이라는 틀로 최근의 융복합적 활동을 바라본다면 어떨까요? 스티브 잡스의 프레젠테이션에서 강조하는 것처럼 새로운 시대의 모바일 환경은 과거의 그것과는 분명 달라질 것입니다. 다양한 기능을 하나의 제품에 묶어내고 그것들이 조화롭게 작동하도록 설계하는 것, 그리고 그 제품을 사용하는 인간의 관심과 삶의 영역에 주목하는 것은 분명 다양한 영역의 협력이라는 융합의 본 의미와 닮아 있습니다. 알파고를 뛰어넘는 본격적인 AI를 개발하기 위해서는 분명 다양한 분과 학문들의 협력이 필수적입니다. 이처럼 융복합적 활동의 몇몇 사례들은 이질적인 분야의 방법론과 연구 성과들이 협력하여 문제를 새롭게 해결하는 것을 보여주고 있습니다. 하지만 모두 그런 것 같지는 않습니다.

우리가 사용하는 '융복합' 속에는 또 다른 의미가 들어 있습니다. 그것은 바로 '통섭'입니다. 에드워드 윌슨의 'consilience'를 최재천이 번역한 '통섭'은 '융합'과는 분명 다른 의미를 가지고 있습니다. 분화되고 전문화된, 그래서 현실로부터 멀어진 분과 학문들의 활동과 성과를 한데 모으는 협력적 연구전략을 '융합'이라 한다면, '통섭'은 그런 분과 학문들의 경쟁적 연구전략이라 할 수 있을 것 같습니다. 그리고 이러한 시도는 경험적 과학이 본 궤도에 오르고 엄청난 성과를 산출하기 시작한 시절에 이미 제기되었던 주장이기도 합니다. 19세기 콩트의 실증주의나 20세기 초반 논리실증주의의 통일과학운동이 바로 그것들인데, 경험적이면서도 엄밀한 과학적 연구 방법론을 인간 현상이나 사회 현상과 같은 전통적인 인문학의 문제들에 적용하려는 시도들이 바로 그것입니다. 그리고 '통섭'은 그것의 20세기 버전이라고 할 수 있을 것입니다.

그런데 '통섭' 개념이 워낙 낯설다보니 그 자체로 이해하는 게 쉽지 않습니다. 그래서 그 용어를 처음 우리말로 번역해 소개한 최재천의 설명을 듣는다면 좀 도움이 될 것 같은데 한번 살펴볼까요? 그는 '통섭'과 비슷해 보이는 개념들인 '통합', '융합'과 비교해가며 그 개념을 다음과 같이 설명합니다.

"통합은 '모두 합쳐서 하나로 모음 또는 둘 이상의 것을 하나로 모아 다스림'이라는 뜻으로 통일 또는 응집의 의미를 지닌다. 대학에서 서로 다른 학과들이 하나의 학과로 묶이는 과정이나 우리나라 정당들이 이합집산 하는 과정을 통합이라고 보는 데 큰 무리가 없어 보인다. 융합은 '녹아서 또는 녹여서 하나로 합침'이라는 뜻으로 흔히 핵, 세포, 조직 등이 합쳐지는 과정을 묘사할 때 흔히 쓰인다. 영어로는 'syncretism', 'convergence', 'fusion' 등의 의미에 가깝다. 서울대학교 개교 60주년 기념 학술심포지엄에 모였던 학자들은 통섭을 '서로 다른 요소 또는 이론들이 한데 모여 새로운 단위로 거듭남'의 과정으로 정의할 것에 합의를 보았다. 융합이 여러 재료들이 혼합되어 있는 '비빔밥'이라면 통섭은 그 재료들이 발효 과정을 거쳐 전혀 새로운 맛이 창출되는 '김치'나 '장'에 비유하면 좋을 것이다. 그래서 통섭은 단순한 병렬적 수준의 통합이나 융합을 넘어 새로운 이론체계를 찾으려는 노력이다."[12]

그런데 이러한 규정에도 불구하고 다른 많은 연구자들은 통섭의 의미와 가능성에 대해 부정적 의견을 개진하곤 합니다.[13] 고인석은 기술의 융합과 달리 학문은 융합의 대상이 될 수 없으며 기껏해야 통합의 대상이 될 수 있을 뿐이라고 주장하며 에드워드 윌슨 식의 통섭을 비판합니다.[14] 그리고 류지한은 에드워드 윌슨의 사회생물학에서 전개되는 도덕에 대한 진화론적 설명이 지닌 의의를 인정하면서도 자연주의적 오류를 여전히 극복하지 못하고 있다고 봄으로써 통섭의 가능성에 이의를 제기합니다.[15] 또 오은경은 예술과 과학, 예술과 기술, 기계와 인간 같은 이질적인 두 영역의 대통합보다는 네트워크 구성을 통한 결합이나 연결이 보다 생산적인 모델이 될 수 있음을 지적함으로써 통섭의 가능성에 대한 부정적 의견을 개진하고,[16] 박승억과 박진은 통섭의 근본이념이 구태의연한 환원주의에 뿌리내리고 있음을 지적함으로써 통섭적 연구의 가능성을 원천적으로 봉쇄하고자 합니다.[17] 사실 환원주의를 직접 다루진 않았지만 앞에서 언급된 연구들을 포함하여 통섭에 반대한 연구자들의 주된 전략은 환원주의 논쟁을 다시 도입하는 것입니다.

통섭에 관한 많은 철학적 논의의 핵심은 그것이 다시 살아난 환원주의라는 것입니다. 그래서 통섭, 또는 사회생물학적 주장들에 환원주의라는 혐의를 덧씌우면 그것들은 독선적이고 물질주의적이고 어떤 의미에선 구시대적이거나 좀 아둔한 이론이라는 태그가 따라 붙는 게 아닌가 싶습니다.

최재천은 통섭을 환원주의와 연결시키는 것을 거부하겠지만 사실 통섭과 환원주의 전략은 아주 잘 어울리는 한 쌍처럼 보입니다. 그리고 그런 이유로 통섭적 연구에 한계가 있다고 생각할 이유는 없습니다. 환원주의는 죽은 이론이 아니며, '환원주의'라는 태그를 붙였다고 해서 자동으로 거들떠볼 필요 없는 오류로 가득 찬 이론임이 증명되는 것도 아니기 때문입니다. 물론 이러한 생각은 통섭적 연구의 가능성에 긍정적인 태도를 지닌 연구자들(예를 들어, 최재천)이나 부정적인 태도를 지닌 연구자들(예를 들어, 고인석, 류지한, 박승억, 박진 등) 모두를 적으로 만드는 불리한 전략이긴 합니다. 두 진영 모두 환원주의에 대해선 부정적 견해를 공유하기 때문입니다. 사정이 이 정도이니 환원주의가 무슨 죄를 짓기라도 한 건지 알아보지 않을 수 없을 것 같습니다. 도대체 환원주의가 무슨 죄를 지었기에 다들 이렇게 민감하게 반응하는 것인가. 그리고 통섭은 두 진영 중에서 어느 쪽에 자리 잡고 있는가.

4. 통섭과 환원

통섭에 제기되는 문제를 이해하려면 '환원'(reduction) 및 '환원주의'(reductionism)의 개념, 그리고 그것과 관련된 논쟁을 살펴볼 필요가 있습니다. 철학에서 등장하는 전형적인 환원주의 논쟁은 흔히 몸과 마음에 관한 우리의 이해의 바탕에서 이뤄집니다. 마음에 관한 설명과 이론을 몸에 관한 설명과 이론으로 대체할 수 있다는 것이 환원주의의 핵심적 주장입니다. 그런데 이러한 환원주의에 대한 논쟁의 틀은 통섭의 가능성에 대한 논쟁에 그대로 적용할 수 있습니다. 통섭에 대한 반환원주의자들의 주장은 통섭적 연구가 환원주의 전략을 취하고 있으며, 환원주의 전략은 이미 폐기된 (또는 적어도 문제가 많은) 전략이라는 것입니다. 게다가 환원주의에 대한 이러한 이해는 최재천도 동의하는 것처럼 보입니다. 하지만 정말 환원주의 전략이 폐기된 전략, 그렇게 문제가 많은 전략인지는 더 고민해 봐야 할 문제입니다.

일상적인 의미에서 영미권의 단어 'reduction'은 간소화나 단순화, 감소, 절약 등과 같은 뜻을 담고 있습니다. 환원주의 논쟁이 벌어지는 철학에서도 '환원'의 의미는 일상적인 의미와 크게 다르지 않습니다. 콰인(Willard Van Orman Quine, 1908~2000)은 '환원주의'를 "유의미한 명제는 모두 직접 경험을 지시하는 용어들을 기초로 해서 그 위에 구성된 논리적 구성물과 진리치가 같다는 믿음"[18]이라고 정의합니다. 또한 환원주의를 현대적으로 되살려낸 김재권(Jaegwon Kim, 1934~)은 환원주의를 "모든 과학적 용어들은 물리적 용어로 명백한 정의가 제공될 수 있다는 생각"으로 받아들입니다.[19] 또한 레넌에 의하면 '환원'이란 "우리가 두 개의 다른 항목들이 존재한다고 생각했던 곳에서 단지 하나의 항목만이 존재함을 밝혀주는 것"[20]이며, 이러한 생각들은 근본적으로 물리학[21]에 대한 확신이 바탕이 되어 나타난 것으로서, 물리학에서 사용되는 용어들로 번역될 수 있는 이론만이 진정한 과학의 지위를 부여받을 수 있다는 신념의 표현으로 이해됩니다. 비록 환원과 환원주의에 대한 이러한 해석들이 물리학을 근본 학문으로 여기는 물리주의적 토대 위에 서 있기는 하지만 '환원'이라는 개념의 원뜻에 그런 물리주의적 이념이 필연적으로 내포되어 있는 것은 아니며, 환원의 주체가 반드시 물리학이어야 하는 것도 아닙니다. 그런 의미에서 '환원'의 핵심을 드러내는 정의는 레넌의 정의입니다. 환원의 주체는 물리학이 아닌 다른 학문이 될 수도 있으며, 심지어 인문학이나 정신과학이 물리적 세계에 대한 이론과 설명을 환원할 수도 있는 것이기 때문입니다. 환원은 근본적으로 번역의 문제이며, 하나의 언어가 다른 언어로 번역된다는 것은 역방향의 번역도 가능함을 함축하고 있습니다. 다만 현실의 학문적 논의에서 환원주의는 물리학, 또는 좀 더 외연을 넓혀 자연과학 분과 학문들의 이론과 설명으로 환원하는 것을 의미한다고 볼 수 있을 것입니다.[22]

20세기 중반 이후 일어난 환원주의 논쟁을 조금 더 따라가 보면 환원 개념에 대한 좀 더 분명한 이해를 얻을 수 있습니다. '환원'은 간소화나 감소, 절약 등으로 이해할 수 있으며, 그것들이 간소화시키고 절약하는 것은 존재한다고 여겨지는 두 가지 '것'들이 될 것입니다. 물리학은 물리적인 존재자들이 있는 세계를 상정합니다. 심신문제에서 환원은 물리적 세계에 대한 설명 방식, 즉 물리학에서 이루어지는 설명 방식으로의 전환을 의미합니다.

흥미롭게도 윌슨과 최재천은 통섭의 환원론적 성격에 대해 상이한 입장을 보이고 있습니다. 윌슨이 여러 군데서 환원주의를 수용하고 있음을 공개적으로 선언한 반면, 최재천은 환원주의에 대해서 비판적 태도를 견지하고 있습니다. 과연 어느 입장이 통섭의 본 모습을 보여주고 있는지와 관련해서 우리는 그들의 해명을 들을 것이 아니라 그들이 공통적으로 인정하는 사회생물학이라는 학문 분과의 활동이 과연 어떤 성격을 가지고 있는지를 직접 고찰해보아야 한다고 생각합니다.

사회생물학의 연구는 전형적인 인문사회과학적 문제들에 대한 진화론적 접근법을 취하고 있습니다. 윌슨이나 도킨스, 스티븐 핑커나 데즈먼드 모리스, 그리고 최재천과 같은 진화생물학을 연구하는 학자들의 연구에는 인간과 인간 사회의 사회학적 문제, 정치적 문제, 윤리적 문제, 미적 가치의 문제, 역사학적 문제를 비롯한 다양한 인문사회과학적 문제들이 다뤄지고 있습니다. 그것들을 일일이 언급하는 것도 벅찰 지경입니다. 그것들은 분명한 환원주의적 접근법들입니다. 인간의 폭력적 성향, 또는 그에 대비되는 이타적 성향은 전통적으로 윤리학과 철학, 또는 사회과학의 논의 주제였으며 각 이론 체계 속에서 확립된 설명들을 가지고 있습니다. 통섭적 연구를 지지하는 사회생물학자와 진화생물학자들은 그러한 설명이나 이론, 용어들을 사용하지 않고 생물학적 용어들만을 사용하여 동일한 그 현상과 성향을 체계적으로 설명합니다. 그것은 전형적인 환원주의적 설명인 것입니다.

비록 환원주의가 철학에서는 인기 없는 소수자의 이론이긴 하지만 그렇다고 폐기된 형이상학이라고 할 필요는 없습니다. 환원주의에 대한 부정적인 태도는 주로 심신환원의 문제에서 기인하는 것인데, 그 문제에 대한 확정적 결론이 내려졌다고 생각하지는 않습니다. 그것은 아직도 논쟁적인 현안이기 때문이며, 또 사회생물학이나 통섭적 연구에서 환원하고

자 하는 항목들은 심신환원주의 논쟁에서 논의되는 심성의 외연보다 넓거나 다른 대상들을 다루기 때문이며, 또한 환원항도 기존의 환원주의 입론에 자주 등장하는 "c-신경섬유의 점화"와 같은 종류의 신경생리학적 대상에만 국한되지 않는 훨씬 더 거시적인 진화적 기제나 훨씬 더 미시적인 물리학적 원리들을 포함하기 때문입니다.

여기서 필자가 "환원주의가 여전히 성공적이니 통섭적 연구에 대해 왈가왈부하는 것은 적당치 않다"고 주장하는 것은 아닙니다. 다만 환원주의에 대한 부정적 뉘앙스가 통섭적 연구에 대한 다양한 의견에 일반적으로 퍼져 있는 현실에 대한 경계의 말을 하고 싶을 뿐입니다. 비록 환원주의에 대한 다양한 비판들이 현존하지만 여전히 그러한 다양한 비판들에 대한 반론들이 나오고 있으며, 크게 양보한다 해도 환원주의적 연구의 태도가 현행 연구에서 가져다주는 긍정적인 효과도 있을 것이라 생각합니다.

5. '융합'과 '통섭'의 '융복합'

우리는 지금까지 '융합'이나 '통섭'과 같은 '융복합'의 관련 개념들의 의미와 역사를 살펴보았습니다. 이처럼 그 출처나 의미가 상대적으로 좀 더 분명해 보이는 '융합'이나 '통섭'을 두고 '융복합'이라는 개념을 사용하는 데에는 '융합'과 '통섭'이 가지고 있는 의미상의 이질성에 그 이유가 있습니다. 겉으로는 잘 드러나지 않지만 그 두 개념은 아주 큰 의미의 차이를 가지고 있습니다. 하지만 그 차이는 하나로 묶을 수 없을 만큼 큰 것은 아 닐 것입니다. '융복합'은 바로 그러한 가능성을 승인하는 개념으로 보아 야 할 것입니다.

혼히 사용되는 '융복합'은 그 개념을 사용하는 사람들 사이에도 명시 적으로 통일된 정의가 존재하는 것처럼 보이지는 않습니다. 다만 전체적 으로 느껴지는 공통점을 찾아보자면 그 용어에 대한 이해에는 긍정적 평 가가 강하게 드러난다는 것입니다. 특히 서영식, 손동현을 비롯한 다양한 연구자들처럼 '융복합' 개념을 연구의 중심 개념으로 삼는 연구자들은 교 육과 관련한 연구방법론으로서 '융복합'을 이해하며 청소년 교육뿐만 아 니라 대학교육이 이에 맞춰 다학문적, 학제적 융복합 교육으로 전환되어 야 함을 역설하고 구체적인 방안을 제시합니다.[23] 이런 연구들은 융복합 의 가능성에 대한 논쟁보다는 융복합을 전제하고 더 좋은 방법론을 모색 하는 것에 초점이 맞춰지는 것처럼 보입니다. 이것이 '융복합'에 부여된 대표적 이미지입니다.

그것이 무엇이었을지는 잘 모르지만, 최초의 학문은 본래가 융복합적 이었습니다. 학문은 문제에서 나오고 문제는 그 자체로 복합체이며, 복합 체를 그 자체로 이해하는 방식은 자연스레 융복합적일 수밖에 없을 것입 니다. 사람들은 융합과 통섭이라는 상대적으로 분명한 의미가 있는 용어 를 내버려두고 '융복합'이라는 애매한 용어를 사용합니다. 어쩌면 그 차 이에 주목하지 않고 그럴 수도 있겠지만, 어떤 이들은 의도적으로 그 차이 를 무시하듯 '융복합'을 사용하기도 할 것입니다. 이러한 용어를 대하며 어떤 이들은 너무 억지스럽거나 불가능한 조합이라고 불만을 토로할 수도 있을 것입니다. 하지만 그 불만이 반환원주의에 근거하여 나온 것이라면 좀 더 고민해 보아야 할 것입니다. 환원주의는 아직 폐기된 이론이 아니며, 심신환원의 맥락과 통섭의 맥락이 동일한 것도 아니기 때문입니다. 그런데 이런 상황보다 통섭과 융합을 하나로 묶어낸 융복합 개념이 의미를 갖는 또 다른 이유가 있습니다.

필자는 윌슨이 사용하는 통섭이라는 말 속에 '더불어 넘나듦'을 읽어낸 휴얼과 최재천의 해석[24]에 동의합니다. 지식의 통일, 환원, 통합, 그리고 그것들을 한데 묶어 내는 것은 우리에게 주어진 문제를 해결하기 위한 좋은 전략일 것입니다. 그리고 이런 과정에서 각개 학문들 사이에 세워진 경계들은 절대적인 장벽이 되어서는 안 될 것입니다. 융합과 통섭은 학문의 경계를 넘나든다는 공통점을 갖습니다. 그런 관점에서 융복합의 의미를 읽어낼 수 있을 것입니다.

주석

1 토머스 셸링 (2009), 『미시동기와 거시행동』, 이한중 역, 21세기북스.

2 마크 뷰캐넌(2007), 『사회적 원자』, 김희봉 역, 사이언스북스, 8쪽.

3 김범준(2015), 『세상물정의 물리학』, 동아시아

4 인지과학의 틀 안에서 인공지능에 대한 개론적 설명은 이정모(2010), 『인지과학(보급판)』, 성균관대학교, 6장을 참조할 것.

5 2010년 1월 27일 열렸던 아이패드 제품 설명회 영상은 http://youtu.be/OesY-denV8k에서 볼 수 있다.

6 2011년 3월 2일 있었던 아이패드2 제품 설명회 영상은 http://youtu.be/AZeOhnTuq2I에서 확인할 수 있다.

7 동성애에 대한 진화론적 설명은 에드워드 윌슨의 저술을 통해 잘 이해할 수 있다. 에드워드 윌슨(1978), 『인간 본성에 대하여』, 이한음 역, 사이언스북스, 6장; 또는 에드워드 윌슨(1996), 『우리는 지금도 야생을 산다』, 최재천,김길원 역, 바다출판사, "5장 이타주의와 공격성"에서는 동성애 성향과 이타성의 진화 메커니즘을 동일한 방식으로 설명한다.

8 최재천, 이 책, 15쪽

9 '융합'과 '통섭'에 관한 논의의 주요 내용들은 졸고 「융합, 통섭, 또는 융복합, 그 의미와 환원가능성」, 『인문논총』 제41집(2016년 10월)의 내용을 토대로 재구성하였다.

10 인지과학의 융합적 방법론에 대한 자세한 논의는 이정모(2010), 『인지과학』, 성균관대학교출판부, 1장을 참조할 것.

11 이정모(2010), 『인지과학』, 성균관대학교출판부, 13쪽

12 최재천(2012), "21세기 사회문화와 지식의 통섭", 『2012년 한국간호과학학회 추계학술회보』, 8-9쪽

13 물론 통섭에 대해 모두 부정적인 생각만 보여주는 것은 아니다. 김유신·윤상근·안호영은 공학계열의 인문교양기초교육의 일환으로서 통섭교육의 중요성을 강조하며 과학철학적 주제의 실제 교과목을 소개하고 있으며(김유신·윤상근·안호영, "공학소양과 인문교육의 통섭", 『수산해양교육연구』 제24권 제2호, 2012), 또 최성실은 과학기술 전공 학생들을 위한 기초과목으로서의 〈과학글쓰기〉가 학제간 통섭 교육이 되어야 한다고 주장하며 통섭교육의 중요성 및 의미를 강조한다(최성실, "학제 간 통섭 교육으로서의 과학 글쓰기-과학 에세이 쓰기를 중심으로-", 『우리말글』 제58집,

2013). 이러한 연구들을 통섭적 연구의 가능성을 넘어 방법론에 대한 고민을 보여주고 있다. 하지만 '융복합'에 대한 긍정적인 평가가 전반적인 특징인데 반해 '통섭'에 대해서는 오히려 논쟁적인 측면이 강하다는 사실을 비교해볼 일이다.

14 고인석(2010), "기술의 융합, 학문의 통합", 『철학과 현실』 84호, 78쪽

15 류지한(2009), "도덕에 대한 진화론적 설명 전략의 의의와 한계 ―윌슨의 『통섭』을 중심으로―", 『철학논총』 제56집 제2권, 144-147쪽

16 오은경(2010), "통섭 또는 이종 네트워크 ―학제 간 연구를 위한 소통구조 분석―", 『서강인문논총』 제29집

17 박승억(2008), "통섭 ―포기할 수 없는 환원주의자의 꿈―", 『철학과현상학연구』 제36집, 그리고 박진(2011), "통섭 비판 ―칸트의 '이성비판'의 관점에서―", 『인문과학연구논총』 제32호

18 Quine W. v. O.(1961), Two Dogamas of Empiricism, *From a Logical Point of View*, Harper Torchbook, p.20

19 Kim J.(1993), Multiple realization and the metaphysics of reduction, *Supervenience and Mind*, Cambridge University Press, p.310

20 Lennon K.(1990), *Explaining Human Action*, Open Court, p.86

21 여기서 '물리학'은 화학이나 생물학과 같은 자연과학의 여타 분과와 비교되는 좁은 의미의 물리학이 아니라 그것들을 포괄하는 넓은 의미의 '물리과학'을 의미한다.

22 그런 의미에서 뒤에서 나오게 될 '물리학', '물리적'의 의는 넓은 의미의 '자연과학', '자연과학적'을 의미한다.

23 예를 들어, 서영식(2012), "융복합 교육을 위한 철학적 고찰", 『철학논총』 제67집; 손동현(2009), "융복합교육의 기초와 학부대학의 역할", 『교양교육연구』 제3권 제1호; 안호영(2015), "융복합 교육으로서의 과학 교양교육", 『문화와 융합』 제37권 제2호; 권성호·김진량·강경희(2010), "유비쿼터스 시대의 융복합 교양 교육과정 모델 개발", 『교양교육연구』 제4권 제2호; 이희용(2013), "융복합 교양교육의 토대로서의 창의성", 『교양교육연구』 제7권 제3호; 이은숙·황혜영(2013), "융복합 교양교육의 토대로서의 창의성", 『교양교육연구』 제7권 제2호, 등이 있다. 이밖에도 융합인재교육(STEAM)과 관련한 연구들도 상기한 연구들과 융복합에 대한 기본적인 태도를 공유한다고 봐야 할 것이다.

24 Wilson E. O.(2005), 『지식의 대 통합; 통첩』 최재천·장대익 역, 사이언스북스, 10쪽

참고문헌 및 읽어볼 만한 책

- 김범준(2015), 『세상물정의 물리학』, 동아시아
- 이정모(2010), 『인지과학』, 성균관대학교출판부
- 데이비드 버스(2012), 『진화심리학』, 이충호 역, 웅진지식하우스
- 마크 뷰케넌(2010), 『이기적 유전자』, 홍역남 역, 을유문화사
- 에드워드 윌슨(2005), 『지식의 대통합; 통섭』, 최재천·장대익 역, 사이언스 북스
- 장하석(2004), 『온도계의 철학』, 오철우 역, 동아시아
- 장하석(2014), 『장하석의 과학, 철학을 만나다』, 지식플러스
- 최재천(2007), 『최재천의 인간과 동물』, 궁리
- 정재승(2011), 『정재승의 과학콘서트』, 머크로스

과학과 인문학, 만남과 이별

박민관

1. 공부는 재미있다!

"공부가 재미있다"라는 말을 들으면 대부분 그게 무슨 미친 소리냐고 생각하겠지요. 갑갑하고 구부정하게 책상에 고개를 콕 박은 채 잔뜩 찌푸린 얼굴로 하얀 종이 위에 어지럽게 널려 있는 검은 글씨들을 몇 시간씩 뚫어져라 노려보아야 하는 공부가 무슨 재미가 있다고 하는지. 밖으로 놀러가고 싶고, 친구도 만나고 싶고, TV도 보고 싶고, 게임도 하고 싶은데, 재미없는 공부가 아닌 재미있는 일들이 얼마나 많은데, 그런 허무맹랑한 소리를 하느냐고 고개를 절레절레 흔들거나, 심지어 얼굴을 붉힌 채 고래고래 소리를 지르며 화를 낼 사람도 있을 것 같습니다. 하지만 과감하게 말하면

"공부는 (심지어 다른 어떤 것보다도) 재미있습니다."

오래전부터 많은 이야기들이 그렇다는 것을 보여주고 있습니다. 얼마나 공부가 재미있는지 "여름밤에는 반딧불을 모아 책을 읽고, 겨울밤에는 춥지도 않은지 밖에 나가 쌓인 눈 아래 책을 보았다"는 형설지공(螢雪之功), "책을 너무 여러 번 읽어서 묶어 놓은 끈이 세 번이나 끊어졌다"는 위편삼절(韋編三絶) 등의 고사성어로 보아 동양 사람들이 서양 사람들보다 훨씬 공부를 재미있어 한 것으로 보입니다. 그렇지만 서양에도 이런 이야기가 없었던 것은 아닙니다. 서양 학문의 출발점인 고대 그리스의 철학자 탈레스(Thales)의 이야기는 공부가 얼마나 재미있고, 또 반전이지만 쓸모 있는 것인가를 잘 보여줍니다.

잘 알려져 있는 탈레스의 에피소드는 두 가지인데, 먼저 '하녀의 비웃음을 산 탈레스' 이야기에 따르면, 평소 하늘의 별을 관찰하는 공부, 즉 천문학에 깊이 빠져 있던 탈레스는 하늘을 쳐다보며 연구하다가 그만 깊은 구덩이에 빠지고 말았습니다. 혼자서는 나올 수 없을 정도로 깊은 구덩이였는지 탈레스는 고래고래 살려달라고 소리를 질렀고, 마침 무슨 일로 깊은 밤중에 길을 가던 어느 집 하녀가 그 소리를 듣고 달려와 탈레스를 구해주었습니다. 거기에서 그쳤다면 가끔 TV 사극에서 볼 수 있을 만한, 허무맹랑하지만 살짝 두근거리는 핑크빛 로맨스를 기대할 수도 있었을 텐데. 그만 생각이 없이 아무 말이나 내뱉는 스타일이었는지 하녀는 "저 높은 하늘의 일도 잘 안다고 거들먹거리던 양반이 그래 자기 발밑도 제대로 보지 못해 구덩이에 빠지냐"고 큰소리로 비웃었고, 불쌍한 탈레스는 창피해서 얼굴이 붉어진 채로 고개를 푹 숙이고 힘없이 어둠 속으로 사라지고 말았다고 합니다.

재미는 있지만 마치 요즘 TV 드라마의 뜬금없는 스토리처럼 개연성이 부족한 이 이야기는 오랫동안 많은 사람들에게 전해져 사랑받았습니다. 아마도 사람들은 현명한 사람으로 유명한 탈레스가 사실은 "자기 발밑의 구덩이도 보지 못하는" 어리석은 사람이며, "혼자서 빠져나오지도 못해 연약한 하녀의 도움을 받아야 하는" 힘없는 상황에 처해 체면을 구긴 것을 비웃고 즐거워했던 것은 아닐까요. 물론 여기서 탈레스는 탈레스라는 한 개인이 아니라, 어떤 상징적인 존재입니다. 바로 '공부하는 사람'의 상징입니다. 즉 공부하는 사람의 무력함, 쓸모없음을 비웃고 싶었던 것이겠지요. 하지만 왜 이렇게 하고 싶어 했을까요?

오늘날 공부는 대부분 어떤 전문 직업과 연관되어 있습니다. 예를 들어 의학 공부는 의사, 법률 공부는 법률가, 심지어 그냥 공부도 대학 교수라는 직업과 연관되어 있지요. 아니 오히려 공부는 어떤 직업을 위한 필수적인 요소입니다. 예를 들어 군인이 되려면 군인에게 필요한 공부를 해야 합니다. 잘 알려진 사실이 아니지만, 군대에서 높은 지위를 가진 장교들은 공부를 많이 했고, 학력이 높습니다. 대학에 해당하는 사관학교를 졸업했다는 뜻이 아닙니다. 군인으로 근무하면서도 대학원이나 외국 대학에서 열심히 공부해 석사나 박사 학위를 받은 경우가 많습니다. 다른 직업들도 마찬가지여서 실제로 대학을 졸업하고 취직한 이후에도 높은 자리로 승진하려면 석사와 박사 학위를 받아야 하는 경우가 많습니다.

하지만 옛날에는 그렇지 않았지요. 대신 어떤 직업을 갖거나 또 높은 자리에 오르고 싶을 때 꼭 필요한 것은 혈연에 의한 신분이었습니다. 한마디로 "느그 아부지 뭐하시노?"에 따라 할 수 있는 일, 즉 직업과 지위가 정해져 있는 세상이었는데, 뜻밖에도 공부는 높은 신분이 할 수 있는 일이었습니다. 아무나 공부할 수 없었고, 어떤 사람이 공부를 했다는 것은 기본적으로 어느 정도는 높은 신분이었다는 것을 의미하지요. 물론 신분이 미천한 노예나 하인이 마음씨 착한 주인의 후원 덕분에 공부한 경우가 있었지만, 대부분의 경우 노예나 하인, 심지어 보통 평민들도 마음대로 공부를 할 수 없었으며, 심지어 몰래 공부했다는 이유로 매를 맞는 등 벌을 받거나 죽임을 당하는 일도 있었습니다.

이런 세상에서 공부하는 사람을 볼 때, 다른 사람들은 어떤 기분이었을까? 대부분의 사람들은 매우 부러워하면서도 동시에 두려워하는 마음을 가질 수밖에 없었을 것입니다. 자기들은 하고 싶어도 할 수 없는 공부를 하는 것이 부럽기도 했겠지만, 공부하는 사람이 곧 높은 신분인 점에서 두려워하지 않을 수 없었을 것입니다. 또한 공부하는 사람들은 때때로 알아들을 수 없는 어려운 말을 쓰거나, 이해할 수 없는 행동을 한다는 점에서도 매우 두렵고 거북한 존재였을 것이다. 사실 하늘의 별을 보면서 중얼거리거나 이상한 손짓을 하는 탈레스를 보면서 하녀를 포함한 대부분의 사람들은 이와 마찬가지로 가까이 하기 어려울 정도로 두려워했거나 부러워했지, 감히 비웃을 생각을 하지는 못했을 것입니다.

2. 공부는 쓸모있다!

탈레스에 대해 알려진 또 하나의 유명한 이야기는 '올리브기름 짜는 기계(착유기)를 매점매석하여 큰 부자가 된 탈레스 이야기'인데, 상당한 반전입니다. 평소 하늘을 관찰하기 좋아한 탈레스는 날씨를 예측할 수도 있었는데, 그 해 올리브 농사가 풍년이 될 것을 예측했다고 합니다. 그래서 아직올리브가 익지 않아 방치되고 있던 착유기를 대량으로 사들였다가, 올리브가 익어서 많은 사람들이 착유기를 필요로 할 때 비싸게 빌려주어 큰돈을 벌었다고 합니다. 오랫동안 이 이야기는 '공부의 쓸모 있음'을 입증하는 증거로 사용되었습니다. 오늘날에도 많은 사람들이 "공부해서 뭐 해?"라는 질문에 대해, 이처럼 공부의 의도적이거나 우연한 결과로 큰돈을 벌어들인 사례를 제시하기도 하지요.

물론 오늘날에도 변함없이 공부는 쓸모 있지요. 아니 반대로 말하면 공부를 하지 않으면 쓸모없는 사람으로 취급받는 것이 오늘날 세상입니다. 대부분의 좋은 직업은 공부의 결과로 얻어지고, 공부의 결과 얻어진 직업은 곧 경제적인 부(富)로 이어진다고 생각합니다. 물론 옛날에도 그랬는데, 심지어 옛날에는 더 심했지요. "30분 더 공부하면 남편 얼굴이 바뀐다" 같은 말은 옛날에도 있었습니다.

娶妻莫恨無良媒 書中有女顏如玉(취처막한무량매 서중유녀안여옥)

"결혼하고 싶은데 좋은 중매가 없음을 안타까워 하지마라. 책 속에 옥같이 아름다운 얼굴을 가진 미녀가 있다."

-송진종 권학문(勸學文) 중에서

그렇다면 탈레스의 이야기에서 쓸모 있는 것은 어떤 학문일까요? 흔히 탈레스는 철학(哲學)이라는 인문학의 시조라고 알려져 있습니다. 그렇다면 탈레스가 쓸모 있게 활용한 학문은 철학과 같은 인문학일까요? 하지만 이 이야기에서 탈레스의 행동을 구체적으로 살펴보면 '하늘을 관찰하여 올리브가 풍작일 것을 예측'한 것입니다. 오늘날의 학문 분류로 한다면 천문학 혹은 기상학이라고 볼 수 있으며, 따라서 탈레스가 한 공부는 사실 인문학보다는 자연과학이라고 할 수 있습니다. 하지만 사실 이러한 질문은 의미가 없습니다. 왜냐하면 이러한 질문이 의미 있으려면 무엇보다 인문학과 자연과학이 명확히 구분되는 다른 것이어야 하고, 인문학자와 자연과학자가 명확히 구분되는 다른 사람이어야 하는데, 탈레스가 살았던 시기에는 인문학과 자연과학이 구분되기 전입니다. 따라서 탈레스의 시대에는 그냥 통칭하여 '지혜'(sophia)라고 하지, 인문학과 자연과학으로 구분하지 않았습니다.

이처럼 자연과학과 인문학이 처음부터 명확히 구분되었던 것은 아닙니다. 오히려 처음에 이 둘의 관계는 마치 사이좋은 부부처럼 서로가 서로를 위하며 살고 있었다고 할 수 있습니다. 그런데 어쩌다 이렇게 사이좋은 부부가 싸우고 헤어지게 되었을까요?

3. 과학과 인문학의 만남 : 고대 학문의 시작

동양과 서양 모두에서 학문이 처음 출발했을 때는 인문학과 자연과학이 나누어지지 않았습니다. 물론 처음부터 인문과 자연이라는 말이 구별되지 않았던 것은 아닙니다. 옛날 사람들도 매우 분명하게 이 둘이 다르다는 사실을 알고 있었습니다. 예를 들어 동양에서 인문과 자연이라는 말이 아주 오래전부터 있었던 『주역(周易)』이라는 책에서 처음 등장합니다.

> 觀乎天文 以察時變(관호천문 이찰시변)
> 觀乎人文 以化成天下(관호인문 이화성천하)
> "하늘의 모습을 살펴 때의 변화를 성찰하고,
> 사람의 모습을 살펴 세상을 올바르게 만든다."
> -『주역』산화비괘(山火賁掛)

오늘날 천문학과 같은 자연과학에 해당하는 '천문'(天文)이라는 말과 오늘날과는 조금 다르기는 하지만 '인문'(人文)이라는 말의 구별은 현재 우리가 인문학과 자연과학을 구분하는 것과 크게 다르지 않아 보입니다. 그런 점에서 보면 옛날 사람들도 이 둘을 다른 것으로 구분했다는 것을 알 수 있습니다.

하지만 오늘날과 크게 다른 점은 이를 연구하는 사람의 구별입니다. 오늘날에는 자연과학자와 인문학자가 서로 다른 사람들이며, 심지어 서로

가 서로를 전혀 다른 존재라고 구분하는 것이 일반적입니다. 하지만 옛날에는 이 두 영역 모두 같은 사람이 담당하는 것이 일반적이었습니다. 그리고 이들은 소위 '공부하는 사람들'이었습니다. 서양에서는 주로 '현자'(賢者)라로 불린 사람들이, 그리고 동양에서는 주로 '사'(士)라고 불리는 사람들이 했던 역할이고, 실제로 그들만이 할 수 있는 일이었습니다.

또 하나 중요한 차이는 이 둘 모두 같은 사람들이 담당한다는 점에서 하나이기는 했지만 사실상 상하관계나 종속관계가 있었다는 점입니다. 주로 인문학에 대한 자연과학의 종속이었습니다. 중세까지 이어지는 이러한 경향은 마치 "부부는 일심동체(一心同體)"라고 하면서도, "부인은 남편을 섬겨야 한다"(부위부강, 夫爲婦綱)라는 말로 부인을 남편에게 종속시켰던 것처럼, 자연과학을 인문학을 위한 도구, 인문학적 주장을 증명하고 뒷받침하는 증거로 사용하는 방식으로 종속시켰습니다. 물론 그럼에도 불구하고 아직까지 이 둘의 관계는 좋은 편이었습니다.

고대 서양의 학문, 특히 인문학의 출발점은 과학의 출발점과 거의 같습니다. 예를 들어 흔히 철학의 아버지로 알려진 고대 그리스의 현인 탈레스는 곧 과학의 아버지이기도 합니다. 탈레스는 일식(日蝕)을 예측한 천문학자이기도 하고, 수학(기하학)을 연구하여 그림자의 길이로 피라미드의 길이를 계산했다고 합니다. 무엇보다도 그는 '만물의 근원(arche)은 물'이라는 주장으로 유명합니다. 만물의 근원을 신화(神話)로 설명했던 것에서 벗어나 과학적이고 체계적인 설명을 하려고 한 것입니다.

탈레스의 뒤를 잇는 고대 그리스의 철학자들을 자연철학자라고 하는

데, 이들의 주요 관심사는 '본질'(arche)에 대한 탐구였습니다. 대표적인 주장으로 탈레스의 '물', 헤라클레이토스의 '불', 아낙시만드로스의 '무한자'(apeiron), 아낙시메네스의 '공기', 데모크리토스의 '원자'(atom), 엠페도클레스의 '흙, 물, 불, 공기의 4원소' 등이 있습니다. 이들의 주장은 세상 만물이 보기에는 서로 다른 매우 다양한 모습들이지만, 무엇인가 근본적인 것들로 구성되어 있다는 것입니다. 이때 세상 만물을 '자연'(Physis)이라고 하고, 다양한 모습으로 보이는 것을 '현상'(Phenomenon), 근본적인 것은 '본질', 이러한 본질이 현상으로 나타나는 것을 '변화, 운동'(kinesis)이라고 합니다.

이들의 주장이 정말 사실인지에 대해서는 다양한 해석이 있을 수 있지만, 중요한 것은 이들의 사고방식, 즉 '세계관'입니다. '본질의 변화로 나타난 다양한 자연현상'이라는 개념은 오늘날 우리에게도 매우 익숙한 개념입니다. 예를 들어 자연현상을 물리현상으로, 본질을 원자로, 변화를 물리법칙으로 바꾸면 바로 우리가 알고 있는 물리학이 됩니다. 이와 마찬가지로 대부분의 자연과학은 그것이 다루는 대상과 현상에 의해서 구분되는 것이지, 그 본질적인 사고방식, 즉 세계관은 동일한 것입니다. 그러므로 오늘날 우리가 가지고 있는 자연과학의 본질적인 세계관, 특히 현상의 배후에 있는 본질을 탐구하는 자연과학의 근본적인 탐구 방식은 바로 이때부터 출발한 것이라고 할 수 있습니다.

동양에서 학문, 특히 인문학의 출발은 고대 중국의 공자(孔子)부터라고 인정하고 있습니다. 물론 역사의 경우 사마천의 『사기(史記)』를 시작으로 보기는 하지만, 공자도『춘추(春秋)』라는 노(魯)나라의 역사서를 썼고,『시경(詩經)』,『서경(書經)』,『역경(易經)』을 통해 인문학을 종합하여 정리함으로써 이후 모든 인문학이 출발한 토대를 놓았기 때문에 큰 문제는 없습니다. 이런 점에서 동양에서 학문의 시작은 역사학이나 철학과 같은 인문학이 우선이고, 자연과학은 없었던 것처럼 생각할 수 있습니다만, 반드시 그런 것은 아닙니다. 오히려 공자의 경우에도 자신의 철학과 윤리가『주역』에 기초해 있다고 생각했습니다. 책을 여러 번 읽어 묶은 끈이 세 번이나 끊어졌다는 위편삼절의 고사에 등장하는 책이 바로『주역』입니다.

『주역』은 '바뀔 역'(易)이라는 글자 자체가 의미하듯이, 어떤 변화를 의미합니다. 서양 학문의 시작에서 살펴본 '본질-변화-현상'에서 보았던 변화와 같은 것입니다. 즉『주역』역시 서양 학문의 세계관과 마찬가지로 어떤 본질이 변화하여 현상이 되는 것이 자연이라는 세계관을 가지고 있었던 것입니다. 물론 본질이 무엇인가에 대해서는 조금 다릅니다. 동양 철학, 특히『주역』에서 본질은 음양(陰陽, ─과 --)이라고 할 수 있습니다. 이 음양이 어떻게 구성되는가에 따라서 때로는 하늘을 의미하는 건(乾, ☰)이 되기도 하고, 땅을 의미하는 곤(坤, ☷)이 되기도 합니다. 더욱 구체적인 현상은 건곤 등의 팔괘(八卦)로 나누어지고, 이 팔괘를 곱한 64괘로 세상 전부와 세상의 변화 전부를 설명할 수 있다고 보는 것이 바로『주역』의 사상입니다.

동서양 학문의 출발을 살펴보면 서양은 본질을 중시하는데, 동양은 변화를 중요하게 생각하는 차이를 보입니다. 이 점은 훗날까지도 큰 영향을 미처 자연과학과 인문학을 막론하고 서양 학문은 본질, 동일성(同一性), 정체성(正體性) 등 변화의 배후에 놓인 변하지 않는 어떤 것을 찾으려는 방향으로 발전하고, 동양은 변화, 시의성(時宜性), 정당성(正當性) 등을 중요하게 생각하는 방향으로 발전했습니다. 아마도 이는 사회환경적 배경에서 기인한 것으로 보입니다. 정착 농경이 중요한 사회인 동양에서는 농사에 적합한 자연의 변화(건기와 우기 등)가 당연하고 중요했을 것입니다. 봄에 씨앗을 뿌리고, 여름에 비가 와야 하고, 가을에 수확하는 등 인간의 활동과 자연의 변화가 일치해야만 살아갈 수 있는 사회환경이었기 때문에, 변화에 익숙하고 꼭 필요했을 것입니다.

이에 반해 상업을 중요시한 서양, 특히 고대 학문의 시작인 그리스 사회에서 변화는 곧 상업적 어려움을 초래하는 것으로 두려움의 대상이었을 것입니다. 예를 들어 거래를 하기 위해 힘든 항해 끝에 간신히 목적지에 도착했는데 상대가 이전과 다른 사람이라면 신뢰하고 계약을 할 수 없을 것입니다. 혹은 물건 값이 계속 변한다면 안정적인 거래를 할 수 없을 테니, 상업을 중시하는 사회에서는 변화보다는 안정을 중요시할 수밖에 없었을 것입니다. 물론 동양에 상업이 없었던 것도 아니고, 서양에서 농업이 없었던 것도 아니지만, 사회구조의 주된 가치관으로서 이러한 사고방식, 혹은 세계관은 후대에까지 큰 영향을 끼쳤다고 할 수 있습니다.

4. 인문학의 과학 지배 : 중세 학문

서양 중세를 암흑시대라고 하지만, 사실 이는 큰 오해입니다. 무엇보다 중세에는 뒤이어 다가올 근대의 과학혁명을 예비할 수 있는 충분한 자연과학 성과가 있었습니다. 천문학과 광학(光學)이 가장 중요한 자연과학으로 연구되었고, 생물학이나 의학 등도 상당히 발전했다고 합니다. 하지만 이러한 과학적 연구가 이루어진 것은 무엇보다도 인문학을 위해서였습니다. 오늘날에는 자연과학이 인문학보다 훨씬 과학적이고, 중요한 학문이라고 여겨지고 철학 같은 인문학은 생존을 걱정하는 '인문학의 위기' 시대지만, 중세시대에는 오히려 그 반대였습니다. 이 시대까지 자연과학은 인문학의 도구였고, 인문학에 종속되었습니다. 중세 학문을 대표하는 말은 '철학은 신학의 시녀'(philosophia ancilla theologiae)라는 말입니다. 물론 이때 철학에는 오늘날 우리가 자연과학이라고 부르는 천문학, 수학 등이 포함됩니다.

대표적인 중세의 과학으로서 천문학은 철저하게 신학의 시녀로, 신학적 믿음을 증명하는 증거로 사용되거나, 혹은 신학이 설명하는 세계를 실제로 보여주는 것으로 여겨졌습니다. 예를 들어 중세 천문학계가 신봉하던 프톨레마이오스의 우주관을 살펴보면, 태양과 별들이 지구를 중심으로 도는 천동설(天動說)입니다. "해가 동쪽에서 떠서 서쪽으로 지는" 상식적 경험에 적합하기 때문에 천동설이 훨씬 큰 지지를 받았던 것만은 아닙니다. 고대 그리스 시대에도 지동설(地動說)은 있었지만, 무엇보다도 천동설은 신(神)의 존재와 기독교 신학에 적합했습니다. 기독교의 성경에는 신의 명령으로 태양을 정지시키거나 움직이는 장면이 있습니다. 또한 신이 지배하는 천상(天上)에서 별의 움직임은 "완벽한 존재인 신과 마찬가지로 완벽한 운동인 원(圓) 운동"이어야 한다는 신학 이론에는 천동설이 훨씬 적합했기 때문입니다. 별의 움직임이 타원궤도인 현대 우주관과는 달리 천동설에서 별의 움직임은 큰 원과 작은 원으로 이루어져 조금 복잡하지만, 궁극적으로는 원운동입니다. 주전원이라 불리는 작은 원이 있는 이유는 역행(逆行)이라는 관찰 현상을 설명하기 위해서입니다. 따라서 프톨레마이오스의 천동설이 중세 내내 지지를 받았던 이유는 무엇보다도 바로 이러한 완벽한 운동인 원운동으로 별의 움직임을 설명했기 때문입니다. 즉 신학(神學)을 지지하는 자연과학이었기에 살아남았고, 지배적인 이론이 될 수 있었던 것입니다.

그렇다면 동양에는 자연과학이 없었을까요? 19세기 서양의 여러 나라들이 동양의 많은 나라들을 식민지로 만든 제국주의적 침략의 영향으로, 동양은 서양의 과학과 기술에 대해 두려움과 경탄의 감정을 갖게 되었습니다. 그 결과 동양은 서양에 비해 과학과 기술에서 뒤떨어졌다는 생각을 하게 되었습니다. 오랫동안 이러한 생각이 지배적이었지만, 오히려 중세와 근대 대부분의 시기에 걸쳐 동양의 과학과 기술이 훨씬 더 발전한 상태였습니다. 서양의 승리를 가능하게 했던 기술적 성과들, 화약, 나침반 등은 동양에서 최초로 개발되어 전해져 발전된 결과였고, 『동의보감(東醫寶鑑)』으로 대표되는 동양의 의학과 혼천의(渾天儀), 측우기 등 여러 가지 기술적인 발명을 볼 때, 동양의 과학기술과 자연과학이 결코 서양에 비해 떨어지는 것은 아니었습니다.

이 시기에 동양에서 과학의 지위를 대표하는 말은 '격물치지'(格物致知, 사물의 이치를 탐구하여 지식을 이룸)입니다. 인문학보다는 과학적 탐구 자세를 의미하는 격물치지는 모든 학문인들이 반드시 갖추어야 할 기본적인 자세였습니다. 이 점은 신학자와 수도사 같은 소수의 종교인들이 학문을 독점하고 있는 서양과 다른 방향이었고, 훨씬 더 발전된 학문 태도입니다. 오늘날에는 활연(豁然) 등 상당히 어려운 말과 함께 엮어 놓아서 무슨 말인지 이해하기 어렵지만 격물치지의 태도는 기본적으로 '전문(專門)적인 연구태도'를 의미합니다. 서양에서 자연과학은 대부분 수도사가 여가나 취미로 한 것과는 달리, 동양에서는 한두 가지 분야를 상당한 깊이로 전문적으로 연구한 경우가 많았습니다.

특히 격물치지를 중시한 송나라를 즈음하여 중국은 화약, 나침반, 목판 인쇄술 등이 모두 실용화 단계였고, 기초적인 화약 무기도 개발한 상태였습니다. 최초의 법의학 서적인『세원집록(洗冤集錄)』, 건축기술 지침서인『영조법식(營造法式)』, 전쟁의 전략을 모은『무경(武經)』, 농사서인『농서(農書)』, 천문학 연구 결과인『수시력(授時曆)』등이 만들어지고 널리 퍼진 시대였습니다. 또한 우리나라에서 의학사의 명저인『동의보감』, 과학적인 농사서인『농사직설(農事直說)』등이 만들어져 당대의 뛰어난 과학기술 등을 볼 수 있습니다. 흔히 우리는 송나라나 조선시대에 유행한 유학인 성리학이 탁상공론이나 형이상학적인 공리공담이라고 생각하지만,

이는 잘못된 생각입니다.

하지만 이후 중국과 조선 등 동양에서 과학기술의 발전은 쇠퇴기를 겪게 되는데, 무엇보다 이는 서양과 마찬가지로 과학과 기술을 수단이나 도구로 생각하는 사고방식 때문이었습니다. 동양에서는 이를 그릇 '기'(器)로 표현하는데, 동도서기(東道西器)라는 말에서 그 극단적인 사고방식을 볼 수 있습니다. 인문학과 자연과학을 본래적인 목적인 도(道)와 수단인 기(器)로 구분하는 태도는 도를 중요하게 생각하고 기를 한층 낮은 것으로 생각하는 태도로 이어지게 됩니다. 그 결과로 인문학적 탐구는 궁극적이고 본질적인 목표로 집중했고, 과학적 탐구는 수단이나 도구로 낮추어 보고 소홀하게 되었습니다.

동양과 서양 모두 중세는 신분제 사회였습니다. 신분제 사회에서 사람들은 자신이 속해 있는 신분에 따라 해야 할 일과 할 수 있는 일이 정해져 있었습니다. 특히 학문은 이런 사회에서 매우 중요하고 높은 신분의 역할이었습니다. 서양의 신분은 크게 세 가지, '기도하는 자, 싸우는 자, 일하는 자'였습니다. 이러한 구분에서 학문은 기도하는 자가 해야 할 일이었고, 할 수 있는 일이었습니다. 싸우는 자는 정치를 담당하는 왕이나 영주와 기사 등을 의미하는데, 놀랍게도 그들 대부분이 글자조차 모르는 문맹(文盲)이었습니다. 서양 중세의 문학이 읽는 시나 소설이 아니라 귀로 듣는 낭송 작품이며, 소수의 음유시인에 의해 만들어진 이유는 바로 이처럼 독자들이 문맹이었기 때문입니다. 또한 왕이나 영주 등은 편지나 문서를 읽기 위해서 성직자의 도움을 받는 경우가 많았습니다. 물론 일하는 자인 농민이

나 농노의 경우도 마찬가지였습니다. 중세시대 교회와 책에 그림이 많았던 이유도 이처럼 대다수의 사람들이 글을 읽지 못했기 때문입니다.

이에 반해 '다스리는 왕, 벼슬할 수 있는 학문인, 일하는 농민'으로 구성된 동양에서는 학문을 할 수 있는 신분의 폭이 더 넓었습니다. 물론 벼슬할 수 있는 문인 계급이 학문을 담당하였지만, 뜻밖에도 왕이 해야 할 가장 중요한 일도 학문이었습니다. 중국의 황제들은 사실 공부를 별로 하지 않기는 했지만, 몇몇 황제들은 전문적인 학자 수준의 학문 실력을 보이는 경우도 많았습니다. 특히 조선 시대 왕은 학문이 가장 중요한 일이었습니다. 왕과 신하가 함께 공부하고 토론하는 경연(慶筵)이 자주 정기적으로 열린 것이 바로 이러한 증거입니다. 또한 동양에서는 농민에게도 학문이 금지되지 않았습니다. 그들 중 많은 이들이 문맹 수준을 벗어나 초보적인 공부를 했고, 심지어 과거에 급제하여 양반으로 출세할 정도로 공부한 경우도 많았습니다.

5. 과학과 인문학의 이별 : 근대 과학혁명

'과학혁명'(Scientific Revolutions)은 1543년 코페르니쿠스가 『천구(天球)의 회전에 관하여』라는 책을 출간하여 우주의 중심이 지구가 아니라 태양임을 선언하면서 시작되었고, 1687년 뉴턴이 출판한 『자연철학의 수학적 원리』에서 완성된 것으로 알려져 있습니다. 약 150여 년간 진행된 과학혁명은 천문학에서 시작되었지만, 물리학, 화학, 생물학 등 자연과학 전반에 걸쳐 인문학과 이별하여 독립하는 과정이었습니다.

『자연철학의 수학적 원리』라는 제목에서 볼 수 있듯이 물리학의 아버지 뉴턴은 자신이 한 것이 자연과학인 물리학이 아니라, 인문학인 철학이라고 생각했습니다. 또한 그는 화폐에 대한 연구 등 여러 가지 분야에서도 유명했고, 더 나아가 영국 경험론(經驗論)과 같은 근대 서양 철학의 발전에도 큰 영향을 주었습니다. 실제로 유명한 철학자 로크는 뉴턴을 신(神)처럼 여겼고, 뉴턴의 기계적인 세계관을 바탕으로 자신의 철학을 전개했다고 합니다. 또한 보일(Robert Boyle)과 라부아지에(Antoine Laurent Lavoisier)가 촉발한 화학(化學)의 독립 이전에, 화학은 연금술(鍊金術)이라고 불리는 신비주의 철학의 한 분야였고, 동양과 서양 모두에서 매우 번성한 학문이었습니다. 심지어 뉴턴도 연금술에 깊은 관심을 가졌다고 하는데, 과학적인 입장이라기보다는 오히려 신학이나 철학적인 입장이라고 합니다.

오늘날 가장 큰 영향을 끼친 과학혁명의 결과인 다윈의 『종의 기원』은 1859년 출판되었습니다. 이로써 자연뿐만 아니라 인간 자신도 종교나 철학과 같은 인문학의 대상이 아니라 자연과학의 대상이 되어버렸습니다. 더 나아가 프로이트(Sigmund Freud)가 1899년 『꿈의 해석』을 출판함으로써 마침내 최후까지 남아 있던 인문학의 전문 영역이었던 의식과 심리도 자연과학의 탐구 대상으로 넘어가버리게 되었습니다.

물론 이러한 독립이 근대 과학혁명 기간에 모두 끝나버린 것은 아닙니다. 더욱이 상당히 오랜 기간 동안 자연과학은 인문학에 비해 격이 낮은,

혹은 도구적인 것으로 여겨졌습니다. 또한 이 기간 동안에도 인문학자와 자연과학자는 분리되지 않았으며, 오늘날 우리가 자연과학자라고 알고 있는 사람들도 스스로를 자연과학자가 아닌 인문학자로 생각했습니다. 그리고 잘 알려져 있지 않지만 오늘날 우리가 유명한 인문학자로 알고 있는 사람들도 나름대로 자연과학 업적을 남겼습니다. 『젊은 베르테르의 슬픔』, 『파우스트』 등의 문학 작품으로 유명한 괴테(Johann Wolfgang von Goethe)는 『색채론(色彩論)』이라는 저작을 통해 광학(光學)에서 탁월한 연구 업적을 남겼으며, 『순수이성비판』으로 유명한 독일 철학자 칸트(Immanuel Kant)는 과학적 태양계 기원설인 '칸트-라플라스의 성운설'과 같은 천문학 연구 업적을 남겼습니다. 또한 칸트 자신이 대학에서 한 대부분의 강의는 철학 강의가 아니라 지리학 강의였다고 합니다.

하지만 이와 같은 자연과학의 독립은 단순히 독립에서 끝난 것이 아니라 새로운 세계관, 혹은 새로운 태도로 이어졌습니다. 신학이나 철학과 같은 인문학의 수단이나 도구였던 지금까지의 관계를 뒤집어 인문학보다 자연과학이 더 우위에 있고, 우월하다는 입장으로 바뀐 것입니다. 과학혁명이 초래한 기술혁명을 통해 지금까지 볼 수 없었던 다양한 기계 장치와 상품 등이 출현함으로써 학문을 하는 목적은 사람들의 삶을 설명하고, 정당화하고, 더 행복한 것으로 만드는 인문학적 목적에서 '더 편리하게 하고, 더 부유하게 하고, 더 큰 힘을 갖게' 하는 세속적인 것으로 바뀌었습니다.

이러한 상황에서 인문학과 자연과학의 새로운 관계를 바라보는 입장에 두 가지 큰 경향이 출현했는데, 한 편에서는 합리주의, 경험론, 관념론 등 근대철학이 출현하여 자연과학의 철학적 토대를 설명하고 지지하려는 경향입니다. 하지만 다른 한편으로 '자아(ich), 혼' 등을 중시하는 철학자 피히테(Fichte), 신비한 지적 직관을 주장한 셸링(Schelling), 과학이 설명할 수 없는 신비로운 체험을 시로 표현한 블레이크(William Blake)의 낭만주의 등은 자연과학이 지닌 한계를 지적하고 인문학 특유의 태도를 유지하려는 경향도 생겼습니다.

그리고 무엇보다 중요한 변화는 과학철학(科學哲學)의 출현입니다. 이전의 철학과는 달리 자연과학적 연구방법의 인식론적 토대를 경험론적으로 정초하려는 실증주의(positivism), 사회물리학처럼 과학으로서 사회학을 만들려고 한 콩트(Comte), 역사적 교훈이나 근거를 찾으려는 수단적인 의미가 아닌 있는 그대로의 사실을 밝히는 것으로서 객관주의 역사학의 랑케(Ranke), 그리고 자연과학적 방법을 철학과 사회과학과 같은 인문학의 영역에 적용하려고 한 과학만능주의인 과학주의(scientism)가 출현했습니다.

많은 사람들이 궁금해 하는 문제는 왜 동양에서는 과학혁명이 없었는가, 혹은 왜 과학혁명이 서양에서만 일어났는가 하는 문제입니다. 동양의 과학기술 발전이 없었던 것은 아닙니다. 우리가 잘 알고 있는 사례와 같이, 서양에서 전래된 조총(鳥銃) 기술이 임진왜란 시기 크게 활약하기 이전에 동양에서 독자적으로 발전한 화통(火筒), 즉 대포 기술이 있었습니다. 또한 1492년 아메리카 대륙을 발견한 콜럼버스가 불과 250톤의 배 3

척이었던데 반해, 1405년 동남아와 아랍을 넘어 아프리카까지 진출했던 명나라 정화(鄭和)의 함대는 3,000톤을 넘는 훨씬 크고 넓은 대형 보선(寶船) 62척을 비롯한 300척에 이르렀다고 합니다. 이런 점에서 보면 결코 동양이 서양의 과학기술에 뒤진 것은 아니었습니다.

하지만 그 이후 개략적으로 말해서 동양의 과학기술 발전은 정체(停滯)되었고, 서양의 과학기술은 발전했습니다. 그 차이를 불러온 것은 무엇보다도 '경쟁'(競爭)이었습니다. 조그마한 나라들이 오밀조밀 몰려서 치열하게 경쟁한 서양과 달리 몇 개의 안정적인 큰 나라로 구성된 동양은 과학기술의 발전을 터부시하고 위험한 것으로 보았습니다. 서로 경쟁하는 상태이기 때문에 조금이라도 뒤떨어지면 멸망할 것이라는 생각에 필사적으로 혁신하고 변화하려 한 서양과 달리, 동양은 과학기술의 발전과 혁신이 잘 살고 있는 안정된 체제를 흔들어 혼란스럽게 할 것이라고 생각했기 때문입니다. 송나라 때부터 개발되어 사실상 실전 무기로까지 발전한 화약기술을 가지고 있었지만, 훗날 서양 침략에 맞설 때는 대부분 창과 활과 같은 비화약 병기를 주로 사용할 만큼 오히려 기술적으로 퇴보한 상황이었습니다. 또한 조선의 조총 기술처럼 도입 초기보다는 조금 더 발전하기는 했지만, 대대적으로 쓰이지 못하고 사냥꾼 같은 소수의 전문 기술자들에 의해서 명맥만 유지하는 정도로 그쳤습니다. 특히 일본이 그러한데, 우리가 잘 알고 있듯이 조총을 앞세워 전국시대를 통일하고 임진왜란을 일으킨 일본은 그로부터 300년 후 서양의 침략 시기에는 오히려 창과 칼만으로 서양식 총포로 무장한 군인들을 향해 돌격하다 몰살당하는 상황이 벌어졌습니다.

6. 과학과 인문학의 별거(別居) : 무력한 인문학과 폭주하는 과학

근대 과학혁명과 기술혁명의 결과, 발전된 기술과 무기를 앞세운 서양의 여러 나라들은 앞다투어 동쪽으로 진출하여 차례차례 식민지로 점령했습니다. 이에 대한 두려움과 저항의 움직임은 여러 국가에서 다양한 방향으로 펼쳐지게 되는데, 크게 보면 위정척사(衛正斥邪)와 동도서기(東道西器)로 나누어 볼 수 있습니다. 중국에서 일어난 의화단(義和團)의 난, 조선의 을미의병(乙未義兵) 등에서 볼 수 있는 위정척사운동은 간단히 말해 서양의 문명, 자연과학, 기술 등을 나쁜 것(邪)으로 거부하고, 동양의 문명, 인문과학, 사상 등을 올바른 것(正)으로 떠받들려고 한 것입니다.

하지만 이러한 위정척사운동은 더 이상 유지할 수 없는 낡은 사상임이 드러났고, 새로운 방향의 자강책이 제시되는데 이것이 바로 동도서기(東道西器)였습니다. 중국에서는 중체서용(中體西用), 일본에서는 화혼양재(和魂洋才)라고 불리는 이 사상은 기본적으로 서양의 자연과학과 기술을 도구(器)로 받아들이되, 동양의 정신문명이나 사상은 근본정신(道)으로 유지하자는 입장입니다. 한중일에서 모두 나타났는데, 중국 청나라의 경우 서양 무기를 도입하고, 군수공장을 건설하고, 과학기술 서적을 편찬하는 등 양무운동(洋務運動)으로 한때 활기차게 전개되었습니다. 하지만 잇

따른 전쟁 패배와 국력을 기울여 양성한 북양함대가 일본과의 전쟁에서 괴멸됨으로써 기술만 도입할 것이 아니라 근본적인 제도까지 변화되어야 한다는 변법자강운동으로 변경되었습니다. 일본에서는 사카모토 료마(坂本龍馬) 등을 주축으로 한 지방 무사들이 왕정복고와 막부타도를 성공시킨 후 서양 과학과 무기기술 등을 수입하여 발전시켰지만, 그 후 실질적인 탈아입구(脫亞入歐)를 추진하며 동양적인 것을 열등한 것으로 서양적인 것을 우월한 것으로 평가하는 사상으로 변질되었습니다. 이와 달리 우리나라는 오랫동안 동도서기론에 크게 영향을 받았고, 심지어 오늘날까지도 이러한 주장을 곳곳에서 볼 수 있습니다.

오늘날 자연과학에 대한 인상은 근대의 긍정적인 인상과는 매우 다릅니다. 왜냐하면 폭주하는 과학과 기술이 초래한 참혹한 결과를 직접 목격했기 때문입니다. 무엇보다 인상적인 참상은 제1차 세계대전의 참호전(塹壕戰)이었습니다. 불과 몇 달 동안, 몇 백만이 넘는 사람들이 참혹하게 죽어버린 참호전이 가능했던 것은 철조망과 기관총이라는 발전된 과학기술이 있었기 때문이라는 점에서 과학과 기술이 인간을 불행하게 만드는 것이 아닌가 하는 근본적인 문제가 제기되었습니다.

근대 이전 전쟁의 가장 기본적인 공격방법은 줄을 지어 서서 총이나 활을 쏘며 적군을 향해 뛰어가는 것이었습니다. 이때 가장 중요한 것은 뛰어가는 동안 얼마나 많은 사격을 막을 수 있는가 인데, 제1차 세계대전 이전까지 적군을 향해 뛰어갈 때 피해야 하는 화살이나 총알은 그렇게 많지 않았습니다. 활이나 총이나 모두 한 발씩 사격하는 무기였고, 한 번 쏜 후에 다시 장전하는 시간이 많이 걸렸기 때문입니다. 돌진하는 동안 많아야 세 번 정도의 사격이 가능했기 때문에 열심히 뛰어가면 충분히 적과 충돌해서 싸울 수 있었습니다. 하지만 기관총은 기존의 상상을 뛰어넘는 무기였고, 기관총 앞으로 뛰어가는 것은 자살행위였습니다.

또한 제2차 세계대전을 끝낸 핵무기는 이제 서양문명의 문제를 넘어서 인간 존재 전체의 생존에 대한 위기로 이어지게 되었습니다. 과학이 이룩한 가장 위력적인 무기인 핵무기는 의식할 수도 없는 짧은 시간 동안 무려 히로시마에서는 7만여 명, 나가사키에서 4만여 명을 죽였고, 이후에는 약 70여만 명이 추가로 사망하는 엄청난 참상을 보여주었습니다. 더욱이 암이나 백혈병 같은 후발성 장애가 2~3대를 이어 발생할 것이라는 예측이 더해짐으로써, 과학기술이 인류의 존속 자체를 위협할 것이라는 어두운 전망이 제기되었습니다.

이와 같은 인간의 생존 자체를 위협하는 처참한 세계대전을 겪으면서 근대 과학혁명과 기술혁명 기간을 거쳐 다져진 과학에 대한 긍정적인 이미지는 완전히 위기에 처하게 되었고, 특히 그동안 과학에 대한 뒷받침을 하던 과학철학에 대한 근본적인 반성이 제기되었습니다. "실존은 본질에 앞선다"는 프랑스 철학자 사르트르(Jean Paul Sartre)를 시작으로 봇물처럼 일어난 실존철학(實存哲學) 같은 저항적인 움직임이 생겨났습니다. 물론 실존철학은 과학적 인문학을 표방한 사회학이나 경제학에 기초한 인간 이해를 거부하고 종교적이거나 신비주의적인 인간 이해를 추구하게 되고, 후기 마르크스주의, 현상학, 더 나아가 오늘날 생태주의 철학 등에 영향을 주었습니다.

기존의 과학철학에도 혁명적인 변화가 발생했는데, 대표적인 것이 과학사학자 쿤(Thomas Samuel Kuhn)이 1962년 출판한 『과학혁명의 구조』입니다. 사회학을 과학화하려는 콩트와는 반대로 쿤의 연구는 과학을 사회학적으로 연구한 것으로, 과학의 객관성을 부정하고 합리적이지 않은 상대적인 사회적 현상으로 이해하는 것입니다. 이러한 갈등의 결과, 과학과 인문학은 이제 완전히 서로 다른 입장을 취하게 되고, 과학자와 인문학자는 서로에 대한 근본적인 간극과 불신을 갖게 되었습니다.

7. 이별과 반목(反目) : 과학 없는 인문학과 인문학 없는 과학의 위기

오늘날 우리 대부분은 과학과 인문학에 대해 근본적인 편견을 가지고 있습니다. 과학은 무미건조하고, 기계적이며, 단순하고, 세련되지 못하다고 생각합니다. 과학자는 정치나 사회 문제에 무관심하며, 순전히 자기 개인의 호기심을 충족하기 위해 엄청난 예산을 낭비하거나 부작용이 생길 수 있는 연구를 하는 사람이라고 비난합니다. 그리고 과학 연구는 기계적이고, 단순해서 원리를 따르기만 하면 되므로 누가 해도 마찬가지의 결과를 얻어내는 작업이라고 생각하기도 하지요. 마찬가지로 인문학은 명확한 기준이 없이 잡다하고 부정확한 것이고, 인문학자는 정확히 아는 것 없이 말장난을 통해 얼버무리거나 하는 부류이며, 인문학 연구는 케케묵은 옛날 이야기와 허튼소리의 무덤이라고 생각하고 있습니다. 무엇보다도 인문학은 쓸데없는 것이고, 살아가는 데 큰 도움이 안 된다고 생각하는 사람들이 많지요. 이러한 인식은 단지 서로가 서로에 대해서 갖는 것이 아니라 자신들 스스로조차도 그렇게 생각하고 있습니다. 즉 오늘날에는 스스로 무식하다고 생각하는 과학자와 스스로 무력하다고 생각하는 인문학자들이 많다고 볼 수 있습니다. 이러한 오해의 간격은 크기 때문에 이제 인문학자와 자연과학자는 함께 있을 때 불편하고 어색함을 느끼고, 끼리끼리의 배타적인 만남만 하고 있는 상황입니다.

영국의 과학자이자 베스트셀러 소설가이기도 한 스노(Charles Percy Snow)는 1959년 봄 케임브리지대학에서 '두 문화(Two Cultures)'라는 제목으로 강연을 하며 충격적인 진단을 제시했습니다. "전 서구 사회의 지적 생활은 갈수록 두 개의 극단적인 그룹으로 갈라지고 있다"고 진단하며 다음과 같이 지적합니다. "한쪽에는 문학적 지식인(인문학자)이 있고, 다른 한편에서는 물리학자와 같은 과학자(자연과학자)가 있습니다. 이 둘 사이에는 '몰이해(沒理解), 때로는 적의와 혐오'가 있으며, 서로 상대방에 대해서 왜곡된 이미지를 가지고 있습니다. 이러한 이별과 분리, 더 나아가서 반목(反目)은 곧 지속적인 인문학의 위기와 자연과학의 위기를 넘어서 인류 생존의 위기를 초래하게 될 것입니다."

생존의 위기로서 우리가 현재 상상하는 가장 대표적인 것은 핵전쟁의 위기인데, 이는 고도로 발전한 자연과학이 초래한 위기이며, 인문학 없는 과학이 초래한 위기라고 할 수 있습니다. 핵폭탄처럼 오늘날보다 훨씬 덜 발전된 과학기술로도 순식간에 엄청난 사람들을 죽이고 피해를 입힐 수 있었던 것을 보면서 많은 사람들은 거친 말투로 과학기술과 과학자들을 비난하고 있는 중입니다.

하지만 인문학 없는 과학만이 위험한 것일까요? 과학을 버리고 인문학만 하면 위기가 없어질까요? 발전된 현대 과학과 기술문명에 둘러싸인 현대를 살아가느라 잊고 있지만 우리는 불과 백여 년 전, 서세동점의 시대에 뒤쳐진 과학과 기술 때문에 생존의 위기에 몰렸었습니다. 1894년 12월 5일(음력 11월 9일) 만여 명이 넘는 최대 규모의 동학농민군이 공주 우금치 고개에서 불과 4분의 1도 안 되는 일본군과 관군에게 일방적으로 학살당한 것은 화승총, 죽창과 같은 낡은 무기로 개틀링 기관총 같은 선진 무기에 맞섰기 때문입니다. 1만 명이 넘는 초기 인원 중 전투 후에 살아남은 인원은 불과 3,000명 정도였다고 합니다. 또한 불과 4년 후인 1898년 아프리카 수단의 옴두르만 전투에서는 5만 2천 명의 수단군이 절반도 안 되는 영국군에게 괴멸되는데, 맥심 기관총의 위력 앞에 순식간에 1만 명 이상이 전사하고 1만 3천 명이 부상당했다고 합니다. 반면 영국군 전사자는 불과 47명에 불과했다고 합니다.

다소 과감하게 말한다면, "인문학 없는 과학은 맹목(Blind)이고, 과학 없는 인문학은 공허(empty)하다"고 할 수 있습니다.

8. 과학과 인문학의 재회(再會)

인문학과 과학의 이별과 반목이 멀리 보면 인류 생존의 위기를 초래할 수 있다고는 하지만, 이는 너무나 먼 이야기이고, 당장 우리가 해결해야 할 직접적인 위협이 아닌 것처럼 보일 수도 있습니다. 하지만 우리는 매일 일상에서도 이러한 이별과 반목을 체험할 수 있습니다. 특히 우리나라의 학교 교육에서 두드러진 문과와 이과의 반목에서 이러한 소위 '두 문화'의 대립을 볼 수 있습니다.

우리나라는 고등학교에서 학생들을 문과와 이과로 나누어 별도의 교육과정에 의해 교육하고 있습니다. 2학년이 시작되기 전 선택하게 되는데, 대개 가장 중요한 기준은 '수학'(數學)으로 보입니다. 수학에 어느 정도 자신이 있는 학생들은 스스로를 이과생으로 규정하고, 반대로 수학에 자신 없는 학생들이 어쩔 수 없이 문과를 선택하는 것 같습니다. 문이과의 구분에 수학이 그렇게 절대적인 것인지도 큰 생각거리지만, 무엇보다 이렇게 문과와 이과로 구분하는 것 자체가 초래하는 문제와 부작용이 너무나 심각합니다. 문과와 이과 구분은 단순히 고등학교에서 가르쳐야 할 교육과정, 차후 대학입시나 진로 지도 등을 위한 임의적이고 행정적인 구분을 위해 만들어진 제도인데도 불구하고 그 이상으로 사회적인 문제가 되고 있습니다.

무엇보다 큰 문제는 문과와 이과의 사회적이고 심리적 '격리(隔離)'입니다. 즉 '학문의 구분'을 넘어 '사람의 구분'으로 이어지고 있습니다. 스스로 나는 문과니까, 혹은 나는 이과니까 '어떻다'는 혹은 '어떻게 해야 한다'는 생각을 하게 되는 것입니다. "쟤는 문과니까 수학은 못할 거야", 혹은 "쟤는 이과니까 국어는 못할 거야"와 같은 상대에 대한 편견에 가까운 선입견과 고정관념을 낳고 있습니다. 결과적으로 학교를 넘어 사회에도 문과인이 바라보는 이과인, 이과인이 바라보는 문과인에 대한 다양한 편견이 만연하고, 이러한 편견으로 인해 문과인 혹은 이과인 끼리끼리만 어울리려고 하는 배타적 만남이 이루어지고, 더 나아가 서로 이질감을 느끼고 불편해 하기까지 합니다. 예를 들어 과학자는 역사를 모르는 무식한 사람이라고 생각하기도 하고, 인문학자는 사람들이 잘 모르는 말을 하는 이상한 사람이라고 보기도 합니다.

오늘날 우리 사회에서 큰 문제는 '인문학의 위기'입니다. 인문학 전공 졸업생들은 제대로 취업하지 못하고, 대학의 인문학 학과들은 없어지고 있으며, 인문학이 경시되고 소외되고 있다는 비명에 가까운 주장들이 제기되고 있는 상황입니다. '문송'(문과라서 죄송합니다), '인구론'(인문계 졸업생 구십 퍼센트는 논다) 등 자조와 자학적인 유행어들이 만들어지고 있습니다. 그리고 많은 대학에서 인문계 학과들이 통폐합되거나, 융합콘텐츠학과라는 새로운 개념으로 몇몇 인문학과와 예술학과들을 새로운 틀로 묶고 있는데, 사실 그 진짜 목적은 인문계 학과에 배정된 대학생 정원과 교수 정원을 줄이려는 것이라는 비판을 받고 있습니다.

이런 현실에 비추어 보면 반대편에 위치한 이과, 즉 이공계는 좋은 상황일 것 같지만 실제로는 그렇지 않습니다. 오히려 이공계도 위기라는 비명이 터져 나오고 있습니다. 특히 기초연구분야라고 불리는 전통적인 자연과학들은 인문학의 위기 못지않게 이미 오래전부터 학과의 생존 자체를 걱정하고 있습니다. 물론 의학전문학대원이라는 제도로 생물학과 등 몇몇 분야는 살아나는 듯이 보이기는 하지만, 이 또한 우수한 졸업생이 의사가 되려고 빠져나간다는 점에서 위기가 해결된 것은 아니라는 평가가 지배적입니다.

또한 국가정책에서 과학기술에 대한 관심이 사라지고 있으며, 과학자에 대한 사회적 인식도 좋지 않습니다. 엄청난 연구개발비를 사용하면서도 세상을 놀라게 할 성과를 내지 못하는 '고비용 저효율 집단'이며, 연구비를 횡령하는 등 윤리적으로도 문제가 많은 집단이라는 편견에 가까운 평가를 받고 있습니다. 이렇게 보면 현재 우리 사회의 위기 상황은 문과와 이과, 인문계와 이공계 모두를 아우르는 학문 전체의 총체적인 위기라고 할 수밖에 없습니다.

또한 오늘날 과학기술이 고도로 전문화되었고 이해하기가 어렵게 된 것은 사실이라서 과학대중화라는 이름으로 수년 전부터 대중들이 이해하기 쉽고 친숙한 과학교육을 추구해왔던 것도 사실이지만, 단순한 흥미 위주의 재미있는 에피소드 이상을 넘어서 과학 전반에 대한 이해와 영향으로 이어지지는 못하고 있습니다. 특히 현대 과학은 고도로 전문화된 수학과 전문용어들로 이루어졌기 때문에 더 이상 뉴턴과 갈릴레이 시대와 같은 대중적인 열광을 이끌어내기는 힘든 것이 현실입니다. 또한 인문학도 마찬가지라서, 예를 들어 현대철학이나 현대 시(詩), 경제학 같은 인문학도 마찬가지로 고도로 발전되고 전문화된 아카데미나 강단 인문학인 것이 사실입니다. 과학처럼 인문학도 나름대로 인문학 대중화를 추구해 왔고, 조금은 성과를 거두어 현재 '대중 인문학 강연 전성 시대'를 열었다고 할 수도 있습니다. 하지만 사실 어설픈 속류(俗流) 인문학이나 장식(粧飾) 인문학에 그치고 있다는 비판에서 자유롭지 못하며, 심지어 CEO 인문학 등 몇몇 분야는 비싼 비용 때문에 속물 자본주의적 행태라는 비난을 받고 있는 중입니다.

문송과 이공계 기피현상이 동시에 존재하는 우리 사회에서 인문학과 과학의 재회(再會)를 위해 해야 하는 것은 무엇인가라는 질문에 대해 현재 가장 목소리가 큰 대답은 의외로 각자도생(各自圖生)입니다. 즉 한편에서는 문과와 인문계가 자신에 대한 지원과 관심을 늘려달라고 하고, 다른 한편에서는 이과와 과학계가 자신들에 대한 지원과 관심을 늘려달라고 하는 중입니다. 결국은 각자에게 주는 국가의 재정지원을 늘려달라고 하는 것입니다. 하지만 현재 학문에 대한 국가의 재정지원이 적은 것은 아니며, 심지어 일본이나 미국과 같은 선진국보다도 훨씬 더 많이 지원하고 있어 부러움을 사고 있기도 합니다. 따라서 각자도생할 수 있게 지원해 달라는 요구는 오히려 근시안적 이기주의라고 할 수밖에 없습니다.

현재 학문의 위기에 대한 해결을 위해서 중요한 것은 위기의 근본에 대한 더욱 깊은 성찰이 있어야 합니다. 무엇보다 많은 사람들이 비판하고 있듯이 학생들을 문과와 이과로 나누어 입시와 진로뿐만 아니라 심리적으로까지 격리시키고 분리시키는 분리교육은 사라져야 합니다. 그리고 그동안 문과와 이과로 나누고 갈라놓았던 것들을 조금은 급진적으로 합쳐야 합니다. 공부하는 공간, 즉 교실부터 합쳐 함께 부딪치고 대화하는 기회를 더욱 많이 만들어야 할 것입니다. 우선은 강제로라도 함께 섞어 놓으면 서로 배우기도 하고, 가르쳐주기도 하면서 함께 성장할 수 있을 것입니다.

오늘날 인문학과 자연과학의 근본적인 위기에 대한 해결책으로 많이 말해지는 것이 바로 '융합'입니다. 융합에 대한 열망은 무엇보다 20세기 세계 전반에서 벌어진 과학과 인문학의 이별을 초래한 전문화와 세분화에 대한 시대적 반성에서 비롯되었다고 할 수 있습니다. 지나치게 급진적으로 서구사회를 추종한 우리나라는 성장과 발전을 압축적으로 했듯이, 세분화와 전문화가 초래한 부작용과 문제점도 압축적으로 더 크고 더 심각하게 나타나고 있습니다. 이런 점에서 다른 나라와 달리 우리는 급하게 치료해야 할 심각한 문제입니다. 그러나 융합이 무엇인지, 어떻게 해야 하는 지에 대해서는 상당히 많은 생각과 주장들이 어지럽게 펼쳐지고 있는 중입니다. 하지만 무엇보다 중요한 것은 단지 탁상공론에 머물러서는 안 된다는 것입니다. 우선 실천을 해야 하는데, 실천의 첫 걸음은 '같은 자리에서 머리를 맞대는 것'이어야 할 것입니다.

참고문헌 및 더 읽어볼 만한 책

○ 책
- 유발 하라리(2015),『사피엔스』, 조현욱 역, 김영사
- 정인경(2014),『동서양을 넘나드는 보스포루스 과학사』, 다산에듀
- 장대익(2015),『다윈의 서재』, 바다출판사
- 노에 게이치(2017),『과학 인문학으로의 초대』, 이인호 역, 오아시스
- 김영식(2009),『인문학과 과학 : 과학기술 시대 인문학의 반성과 과제』, 돌베개출판사
- 도정일, 최재천(2015),『대담, 인문학과 자연과학이 만나다』, 휴머니스트
- 윤정로(2016),『사회 속의 과학기술』, 세창출판사

○ 논문
- 김기봉(2014), 질주하는 과학기술시대 인문학이 필요한 이유, 인문콘텐츠, (35), 9-26.
- 강영안 외(2014), 철학, 과학 그리고 융합연구 어디로 가는가(4시간 반 열여섯 명이 벌인 토론 한마당), 철학과 현실, 16-134.
- 홍성욱(2012), 경계를 넘는 과학, 역사학보, 215, 399-414.
- 정대현(2012), 인문학과 자연과학의 소통문법, 탈경계인문학 제5권 2호.
- 이영희(2010), 두문화, 사회생물학, 그리고 통섭, 인간연구, (18), 69-98

21세기에 왜 사람들은 여전히 비과학적으로 생각하는가?

: 과학적 사고와 사이비 과학

⋮

최훈

1. 말을 알아듣는 밥과 물

초등학교 5학년 1학기 국어 교과서에는 '말의 영향'이라는 단원이 있습니다. 제목 그대로 말이 우리 삶에 주는 영향을 배우는 게 학습 목표입니다. 구체적으로 '사랑한다' '고맙다' 따위의 긍정적인 느낌을 주는 말과 '짜증난다' '싫어' 따위의 부정적인 느낌을 주는 말을 했을 때 다른 사람들에게 어떤 영향을 주는지 배웁니다. 당연한 이야기지만 긍정적인 느낌을 주는 말을 들으면 꿈과 용기가 생길 테고, 부정적인 느낌을 주는 말을 들으면 상처를 입고 좌절하기 쉽습니다. 듣는 사람을 고려하여 신중하게 말하는 것은 사회생활에서 중요한 배려심이니 초등학생 때부터 꼭 배워야 합니다.

문제는 배우는 방법입니다. 국어 교과서에는 2009년 MBC에서 방송된 한글날 특집 다큐멘터리 〈말의 힘〉 일부가 담겨 있습니다. 이른바 '밥 실험'이라는 것을 보여 줍니다. 두 개의 병에 막 지은 따뜻한 밥을 담습니다. 한쪽에는 '긍정적인 느낌을 주는 말'을 하고, 다른 쪽에는 '부정적인 느낌의 말'을 합니다. 방송에서는 '고맙습니다'라고 적힌 종이와 '짜증 나'라고 적힌 종이를 하나씩 붙여 놓고 아나운서들이 긍정적인 말과 부정적인 말을 계속해서 하도록 합니다. 급기야 두 개의 병에 헤드폰을 씌어 놓고 녹음된 긍정적인 말과 부정적인 말을 계속해서 들려줍니다. 결과는 놀랍습니다. 그렇게 3~4일이 지났는데, 긍정적인 느낌의 말을 들려 준 밥은 곰팡이가 생기긴 했지만 그래도 예쁜 형태의 곰팡이가 생겼고, 부정적인 느낌의 말을 들려 준 밥은 보기 역겨운 곰팡이가 생겼습니다.

여기서 말하는 메시지는 분명합니다. 하물며 밥마저도 좋은 말과 나쁜 말에 영향을 받는데, 사람은 얼마나 더 큰 영향을 받겠느냐는 거죠. 이런 도덕적인 메시지를 선생님이 그냥 말로만 하면 '꼰대스럽다고' 느끼겠지만, 자연물에서도 그런 일이 일어난다고 실험으로 보여 주면 정말 그럴 듯해 보입니다. 그야말로 '윤리'와 '과학'의 융복합입니다.

과학과 윤리는 서로 다른 영역이지만, 과학에 따라 얼마든지 윤리가 달라질 수 있습니다. 19세기 독일 철학자 칸트는 "당위는 능력을 함축한다"라는 유명한 말을 했습니다. 우리에게 어떤 의무(당위)를 부여하려고 할 때 우리의 능력 한도 내에서 부여해야 한다는 말입니다. 예컨대 인간은 날 수 없는데, "하늘을 날아라"라는 의무를 부여할 수 없습니다. 반면에 인간은 하루 세 끼 밥만 먹고 살아도 생명에 큰 지장이 없으므로, 세 끼를 먹을 만한 수입보다 많은 수입은 다른 사람을 돕는 데 쓰라는 의무를 부여할 수 있습니다. (하루 세 끼 밥만 먹고 살 수 있으므로 부가적인 수입은 반드시 자선의 의무에 쓰라는 결론이 나온다는 뜻은 아닙니다. 적어도 그런 의무를 부여할 수 있는 필요조건은 된다는 말입니다.)

이렇게 과학적인 사실도 윤리와 융복합되어서, 우리가 어떻게 살아야 하는지에 대한 지침이 될 수 있습니다. 문제는 그 과학적 사실이 올바른 사실이어야 한다는 점입니다. 요즘 유행하는 말로 진짜 '팩트'여야 합니다. 문제는 밥이 좋은 말과 나쁜 말을 알아듣는다는 것이 사실이냐는 것입니다. 정말로 '고맙습니다'라고 말한 밥은 덜 상하고 '짜증 나'라고 말한 밥은 심하게 상할까요? 역시 요즘 유행하는 말로 '팩트 체크'에 들어가야 합니다. '팩트 체크'해 보면 그것은 말짱 거짓말입니다. 과학적인 근거가 전혀 없는 '사이비 과학'일 뿐입니다.

이 밥 실험은 여러 가지 버전으로 널리 알려져 있습니다. 그 원조는 에모토 마사루라는 일본 사람이 쓴 『물은 답을 알고 있다』입니다. 원래 실험에서는 밥 대신 물로 실험을 합니다. 그리고 물이 담긴 통에 '고맙습니다'나 '짜증 나' 같은 말을 하는 대신, 그 말이 적힌 쪽지를 붙여 놓기만 합니다. 그러면 물이 글자의 '파동'에 의해 변화된다는 것이죠. 물은 밥과 달리 그 변화가 눈으로 바로 관찰되지 않기 때문에 얼린 다음에 결정 구조를 관찰합니다. 그랬더니 긍정적인 말을 붙인 쪽의 물은 아름다운 모습을, 부정적인 말을 붙인 쪽의 물은 보기 흉한 모습을 보이더라는 겁니다. 결정 구조를 관찰하는 것이니 밥 실험처럼 맨눈으로 보는 것보다 좀 더 '과학처럼' 보입니다. 파동이니 주파수니 하는 말이 나오는 것도 과학처럼 보이고요. 이 책을 보면 아름답거나 흉한 결정 구조 사진이 많이 실려 있습니다. 심지어는 물에 말만 하는 것이 아니라 클래식 음악과 헤비메탈 음악을 들려주어 클래식 음악을 들려준 쪽은 아름다운 결정 구조가, 헤비메탈 음악을 들려준 쪽은 흉측한 결정 구조가 관찰된다고 하네요. 클래식은 '고맙습니다'라는 말에 해당하고, 헤비메탈은 '짜증 나'라는 말에 해당한다고 생각하는 모양입니다. 헤비메탈 음악 하는 분은 당연히 동의할 수 없겠지만, 클래식 음악을 하는 분도 과연 동의할지 모르겠네요.

에모토 마사루가 이런 책을 낸 의도는 국어 교과서와 마찬가지로 고운 말을 쓰자는 것입니다. 그의 주장은 '미물'도 고운 말을 알아듣는데, 사람은 얼마나 예민하게 반응하겠느냐는 유비 논증이 아닙니다. 그는 우리 몸은 70퍼센트가 물로 되어 있으니 좋은 말을 하면 할수록 우리 몸이 좋은 반응을 하고, 좋은 말은 우리 몸을 더 건강하게 한다는 직접적인 증거를 제시한 것입니다. 밥 실험보다 더 과학에 가까워 보입니다.

'사이비 과학'은 과학인 척 하지만 사실은 과학이 아닌 것을 말합니다. '유사 과학'이라고도 말합니다. '사이비'니 '유사'니 하는 말은 가짜라는 뜻입니다. 그러니 사이비 과학은 쉽게 말해서 '짝퉁 과학'입니다. 밥 실험이나 물 실험은 복잡한 과학적 지식을 갖출 필요도 없이, 약간 의심만 해 보면 누구나 알 수 있는 가짜 과학입니다. 생각해 보세요. 밥이나 물이 무슨 감각 기관이나 의식이 있어서 사람의 말을 알아듣는 것은 아닙니다. 에모토 마사루는 글자의 파동이 물에 전달된다고 말했는데, 그런 파동이 있는지 모르겠지만 글자의 내용에 따라 파동이 달라진다는 주장은 황당합니다. 밥 실험이나 물 실험은 다양한 버전을 낳았는데, 식물에게 하는 실험도 널리 알려져 있습니다. 식물에게 고맙다거나 짜증난다는 말을 했을 때 또는 클래식 음악이나 헤비메탈 음악을 들려줬을 때 성장 속도가 다르다는 실험입니다. 식물은 살아 있는 생명체이니 뭔가 사람의 말을 알아들을 것도 같습니다. 그러나 식물 역시 감각 기관이 없는 것은 마찬가지입니다.

생각만으로 물건을 움직이게 하는 초능력을 '염력'이라고 합니다. 눈앞에 있는 물건을 노려보기만 하는데 물건이 움직이는 거죠. 로알드 달의 소설 『마틸다』의 주인공인 마틸다가 이 염력을 씁니다. 만화나 무협지에 나오는 장풍도 비슷한 것입니다. 손바닥에서 바람이 나가 상대방을 제압하는 거죠. 물론 주먹을 빠르게 내지르면 촛불을 끌 수 있지만 그것은 어디까지나 주먹을 내지를 때 나오는 바람으로 끄는 거죠. 장풍은 그게 아니라 멀리 있는 사람도 손만 까딱해서 넘어뜨리는 기술입니다. 염력이나 장풍이 만화나 무협지 말고 현실에 존재한다고 진지하게 믿는 사람은 없을 것입니다. 원시인들은 세상에 있는 모든 사물에 생명과 감정이 있다고 생각했습니다. 이런 생각을 '물활론'이라고 합니다. 유치원생들도 물활론적 사고를 합니다. "나무를 자르면 나무가 아파요"라고 생각합니다. 그러나 그 나이를 지나 자라면 더 이상 그렇게 생각하는 사람은 없습니다. 밥 실험이나 물 실험은 염력이나 장풍 그리고 물활론과 다를 바가 전혀 없습니다. 밥이 사람의 말을 알아듣는다는 증거나 글자가 파동을 내보낸다는 증거는 전혀 없으니까요. 그런데 왜 밥 실험은 교과서에 당당하게 실려 있고, 왜『물은 답을 알고 있다』는 베스트셀러가 될까요?

MBC 다큐멘터리 〈말의 힘〉을 보면 아나운서들은 밥이 말을 알아듣는다고 신기해합니다. 왜 아나운서들은 거기에 속아서 신기하게 생각했을까요? 초등학교 생님들은 '말의 영향' 단원을 배우면서 학생들에게 '밥 실험'을 직접 해 보라고 수행 과제를 내 줍니다. 학생들은 집에서 실험을 해서 정답에 맞는 실험 결과를 발표합니다. 어린 학생들이야 그렇다고 쳐도 왜 선생님들은 그 내용을 의심하지 않을까요? 아나운서나 선생님들 모두 아마 대학을 졸업한 분들일 겁니다. 대부분의 민주주의 국가에서 초 · 중등 의무 교육을 시행하는 이유는 합리적인 사고를 하는 민주 시민을 양성하기 위함입니다. 그런데 의무 교육을 넘어 고등 교육까지 받은 분들이 왜 그런 비과학적인 실험에 아무런 의심도 하지 않고 넘어가는 걸까요?

오늘날, 과학은 눈부시게 발전하고 있습니다. 인간이 달에 간 지는 꽤 오래되었고, 무인 우주선이기는 하지만 태양계 끝까지 보내는 시대입니다. 정보 통신 기술이 집약된 스마트폰을 항상 휴대하는 시대입니다. 이런 시대에 사는 사람들이 왜 원시인이나 어린 유치원생들이나 믿을 법한 실험을 믿을까요? 거의 모든 국민이 고등학교까지 상당히 높은 수준의 과학을 배웁니다. 그런데 왜 과학적인 사고는 하지 못할까요?

이 장에서 말하려고 하는 주제는 바로 이것입니다. 과학을 따로 배우고 과학적·합리적 사고를 따로 배우는 것이 아닙니다. 학교에서 과학을 배우는 것 자체가 과학적으로 생각하는 태도를 기르기 위함입니다. 그런데 과학에서 배운 과학적 사고와 태도를 일상생활에 적용하지 못하는 사람들이 많습니다. 사고의 융복합을 못하는 것이죠. 이제부터 사이비 과학의 정체를 파헤쳐 융복합적 사고, 곧 과학적 사고를 배워 봅시다.

2. 사이비 과학

사이비 과학은 위에서 말했듯이 과학인 척 하지만 사실은 과학이 아닌 것을 말합니다. 우리가 알고 있는 모든 지식이 과학인 것은 아니고 과학일 수도 없습니다. 예컨대 "듣는 사람을 고려하여 신중하게 말해야 한다"는 누구나 동의하는 앎이지만, 이것을 과학이라고 말하지는 않습니다. 그렇지만 사이비 과학도 아닙니다. 애초에 이 지식은 과학인 척 하지 않기 때문입니다. 곧 사이비 과학은 과학적인 설명인 양 사람들을 현혹하는 경우에 붙이는 이름입니다. 종교도 애초에 과학을 표방하지 않으므로 사이비 과학이 아닙니다. 다만 종교가 과학과 경쟁하려고 할 때 사이비 과학이 됩니다.

그렇다면 왜 사이비 과학이 나올까요? 과학이 사람들에게 신뢰를 주기 때문에 거기에 편승하려고 하기 때문입니다. 들머리에서 긍정적인 느낌의 말을 거론했는데, '사랑한다'나 '고맙다'라는 말 못지않게 '과학'도 긍정적인 느낌의 말입니다. 정확하게 말하면 신뢰를 주는 말입니다. 과학은 현대 사회에서 가장 믿을 만한 지식 체계입니다. 사람들은 과학 덕분에 질병도 치료하고, 스마트폰의 편리함도 이용하고, 바다 깊은 곳이나 우주 먼 곳에 대해 알게 되었기 때문에 과학의 가치를 인정하고 무한 신뢰를 보내는 것입니다. '과학' 또는 '과학적'이라는 말은 지식의 보증수표로 통합니다. '침대는 가구가 아니라 과학'이라 광고하고, 화장품을 소개하면서 '피부 과학'이라고 하는 것은 다 이런 이유입니다. 심지어 과학의 진화론에 반대하는 주장을 하는 창조론도 스스로를 '창조 과학'이라고 합니다. 좀 전에 종교는 과학인 척하지 않으므로 사이비 과학이 아니라고 했지만, 창조 과학을 표방하는 순간 사이비 과학이 됩니다.

사실 유교 전통이 강한 우리나라는 서양과 견주어 볼 때 사이비 과학이 그리 득세하지 않은 편입니다. 현실적이고 합리적인 사고를 강조한 유교는 점술 같은 것을 배척했고, 신선이나 양생 따위의 신비로운 주장을 한다며 도교를 비판했습니다. 조선시대 사극을 보면 '혹세무민(惑世誣民)' 한다는 말을 자주 들을 수 있는데, 세상을 어지럽히고 백성을 미혹하게 하여 속인다는 뜻으로서 합리적이지 못한 생각들을 허황되고 근거 없다고 비판한 것입니다. 전통이 이러다 보니 우리나라는 사이비 과학을 따르는 사람들이 상대적으로 적은 편입니다. 21세기를 지배하는 과학은 서양 전통에서 시작한 것이지만, 서양의 보통 사람들은 우리보다 사이비 과학에 쉽게 빠지는 것 같습니다. 2011년 갤럽 조사에 따르면 미국 사람 중 귀신의 존재를 믿는 사람은 34퍼센트, 유령의 집(귀신 들린 집)을 믿는 사람은 37퍼센트, 귀신에 씌운 사람을 믿는 사람은 42퍼센트에 달했습니다. 우리나라에서 같은 조사를 한 적은 없지만, 그 비율은 아마 한참 낮을 것입니다. (이런 조사를 하지 않는 한 가지 까닭은 그런 사람들이 그리 많지 않기 때문일 것입니다.) 보통 유령의 집 같은 곳은 놀이공원에나 있다고 생각하겠죠.

서양에서는 이런 사이비 과학을 믿는 사람이 많아서인지 그것을 부정하는 회의론자들의 활동도 활발합니다. 영어에서 '회의론자'(sceptic)라고 할 때는 위와 같은 비합리적인 믿음을 믿지 않는 사람을 가리킵니다. 비합리적인 믿음은 종교에 근거한 신비로운 주장일 가능성이 크기 때문에 '회의론자'는 '무신론자'와 같은 말로 쓰일 때가 많습니다. 그래서 우리 생각에는 회의론자가 합리적인 사람이므로 사회에서 더 주류이고 당당할 것 같은데, 유신론자가 많은 서양에서는 회의론자가 오히려 특이하고, 어떤 점에서는 위험한 사람으로 취급받는 경향이 있다고 합니다. 『코스모스』로 유명한 칼 세이건, 『이기적 유전자』『만들어진 신』 등의 책으로 우리나라에서도 유명한 생물학자 리처드 도킨스가 유명한 회의론자입니다.

나라마다 유행하는 사이비 과학은 조금씩 다릅니다. 사이비 과학이 과학처럼 보편적인 것이 아니라 어떤 문화에 퍼진 근거 없는 믿음의 산물이므로 나라마다 다른 종류의 것이 유행하는 것입니다. 위에서 보다시피 서양에서는 유령이나 영혼에 관련된 믿음이 많습니다. 죽은 사람의 영혼을 불러온다는 강령술은 우리나라에서는 《분신사바》 같은 영화로나 알려져 있지 실제로 믿는 사람은 거의 없습니다. 반면에 미국에서는 서양판 분신사바인 위저 보드(Ouija Board) 게임을 하면 정말로 귀신을 불러들인다고 믿는 사람이 갤럽 조사 결과 60퍼센트가 넘습니다. 이에 비해 밥 실험이나 물 실험은 우리나라에서 유행하는 사이비 과학이라고 말할 수 있겠네요. 우리나라만의 특이한 사이비 과학으로는 혈액형 성격설도 있습니다. 서양과 달리 혈액형에 따라 사람의 성격이 다르다고 믿는 사람들이 많은 거죠. 가령 A형은 소심하고 O형은 활달하다고 합니다. 혈액형 성격설을 믿는 사람들은 다른 사람들에게 혈액형을 즐겨 물어 봅니다. 그래서 A형이라고 대답하면 "역시 A형일지 알았어요"라고 말합니다. 혈액형 성격설을 믿는 사람들은 우리나라와 일본 사람밖에 없다고 합니다. 다른 나라 사람들에게 혈액형은 의료인에게나 관심의 대상이지 일반인은 궁금해 하지 않습니다. 다른 사람의 혈액형을 알아서 무엇에 쓰겠습니까? 혈액형과 성격은 과학적으로 아무런 관련이 없습니다.

밥 실험을 믿거나 혈액형 성격설을 믿으면 그냥 어리석은 믿음을 갖는 것으로 끝납니다. 어떤 사람이 무엇을 믿든 다른 사람이 관여할 바가 아닐 수 있습니다. 그러나 잘못된 사이비 과학을 믿음으로써 개인 차원이 아니라 사회 전체적으로 심각한 문제를 초래할 수도 있습니다. 최근 우리나라에서 유행한 '약 안 쓰고 아이 키우는 움직임'이 그것입니다. 인터넷 커뮤니티를 중심으로 활동하는 이들은 예방 접종은 백신을 개발한 제약 회사가 약을 팔기 위한 음모라고 주장하며 자녀들에게 예방 접종을 시키지 않습니다. 이들은 예방 접종을 하지 않아도 되는 근거로 예방 접종의 부작용과, 아이들이 예방 접종을 안 해도 병에 안 걸리고 건강하게 자란다는 사례를 듭니다. 그러나 부작용은 의약품에서 통계적으로 항상 있는 것이고 의학자들은 그것을 줄이려고 노력합니다. 그리고 예방 접종을 안 해도 질병에 안 걸리는 까닭은 주변 대부분의 아이들이 예방 접종을 한 결과 대다수가 병에 걸리지 않았기 때문입니다. 대부분의 사람들이 예방 접종을 한 혜택을 보고 있으면서 예방 접종을 반대하는 꼴입니다. 옛날에는 가장 무서운 것으로 '호환마마'를 들었습니다. '호환'(虎患), 곧 호랑이에게 물려가는 것과 '마마' 곧 천연두는 옛날 사람들이 가장 두려워하는 질병이었습니다. 그러나 이제 우리 산하에 호랑이는 없고 천연두는 지구상에서 공식적으로 없어졌습니다. 모두 예방 접종 덕분입니다. 그런데 예방 접종을 하지 않는 일부 아이들이 생기면 전염병은 다시 커질 수 있습니다. 사이비 과학을 믿으면 믿는 사람뿐만 아니라 사회 전체에 심각한 폐해를 끼치게 되는 것입니다. 이른바 '민폐'입니다.

밥 실험도 개인의 어리석은 믿음으로 끝나지 않습니다. 이것의 심각성은 국정 교과서에 실려 있다는 점입니다. 밥 실험을 믿는 사람들끼리 모여 인터넷 커뮤니티에서 활동하는 것은 개인의 자유일 수 있습니다. 지구가 평평하다고 믿는 사람의 모임도 있으니 그 정도는 약과지요. 그러나 그런 사이비 과학이 국정 교과서에 실렸다면 이야기가 달라집니다. 학계에서 정립된 이론만이 교과서에 실리는데, 논란이 되는 이론이기는커녕 명백한 사이비 과학이 실렸다는 것은 큰 문제입니다. 그 교과서를 보고 비과학적인 태도를 배우게 된 사람이 결국에는 약 안 쓰고 아이 키우는 부모가 될 가능성이 커지기 때문입니다.

3. 과학적 방법

다음은 우리나라 사람들에게 널리 알려진 '상식'입니다. 상식이라는 것은 이것을 믿는 사람들이 많다는 뜻입니다. 자, 여러분은 다음 중 몇 가지나 믿나요? 한번 체크해 보세요.

① 별자리에 따라 운세가 달라진다.

② 손 없는 날 이사를 해야 잘 산다.

③ 점은 어느 정도 잘 들어맞는다.

④ 여름에 밀폐된 방에서 선풍기를 틀어놓고 자면 죽는다.

⑤ 외계인은 있다.

⑥ 혈액형에 따라 성격이 다르다.

⑦ 궁합이 맞는 사람들끼리 결혼해야 잘 산다.

⑧ 사람의 이름은 작명소에서 제대로 지어야 잘 산다.

⑨ 평행 이론은 맞는다.

⑩ 시험 날은 미역국을 먹으면 안 된다.

⑪ 노스트라다무스의 예언은 맞는다.

⑫ 여자는 수학을 못한다.

⑬ 우리 학교가 소풍 가는 날에는 꼭 비가 온다.

⑭ 아폴로 우주선이 달에 착륙했다는 것은 사실이 아니고 조작이다.

⑮ 축구에서 골대를 맞힌 날은 진다.

만약 믿는 것이 하나 이상 있다면 그 개수만큼 여러분은 비과학적입니다.

'과학적'이라는 말은 '합리적'과 비슷한 말입니다. 과학적으로 생각하는 사람은 곧 합리적으로 생각하는 사람이죠. 이것과 반대말은 '비과학적' 또는 '비합리적'입니다. 위에서 열거한 사례들이나 사이비 과학을 믿는 사람들은 '비과학적'으로 또는 '비합리적'으로 생각하는 사람들입니다.

왜 비과학적일까요? 그것을 설명하기 위해 과학적 방법은 어떤 식으로 진행되는지 설명하도록 하겠습니다. 그러면 과학적 사고가 왜 비과학적 사고에 비해 더 신뢰를 받는지, 왜 과학적 사고를 따르면 삶에서 이득을 보지만 비과학적 사고를 따르면 폐해를 끼치게 되는지 설명이 될 것입니다. 그리고 위 사례들이나 앞 절에서 말한 밥 실험, 혈액형 성격설이 왜 사이비 과학인지도 드러날 것입니다.

아주 쉬운 과학의 예를 가지고 설명을 해 보겠습니다. "모든 까마귀는 검다"는 생물학 지식입니다. 그리고 아무도 의심하지 않는 지식이기도 합니다. 이 지식이 어떻게 생겼을까요? 우리는 주변에서 까마귀를 관찰합니다. 그랬더니 모두 검은 색입니다. 그러나 우리는 모든 까마귀를 전부 볼 수는 없습니다. 고작해야 주변에서 몇 마리 까마귀를 볼 수밖에 없고, 다른 동네나 다른 나라에 있는 까마귀는 말할 것도 없고 지구상에서 지금까지 죽은 까마귀나 앞으로 태어날 까마귀는 아무리 노력해도 볼 수가 없습니다. 그래서 보지 않은 까마귀까지 포함해서 "모든 까마귀는 검다"라고 하는 '가설'을 세우게 됩니다. 가설이라는 것은 글자 그대로 임시로 설정한 가정입니다. 이제 가설이 세워졌고 과학자들은 이 '가설'을 '검증'합니다. 검증을 한다는 것은 지금까지 관찰한 까마귀가 아닌 새로운 까마귀들을 보면서 그 가설에 들어맞는지 확인한다는 말입니다. 우리 동네뿐만 아니라 다른 동네에서도 검은 까마귀가 관찰되고, 다른 나라에 가도 검은 까마귀가 관찰되고, 더 나아가 새롭게 태어나는 까마귀도 검다는 것이 관찰될수록 "모든 까마귀는 검다"라는 가설은 잘 검증이 되는 것입니다.

만약 검지 않은 까마귀가 관찰된다면 위 가설은 '반증'이 될 것입니다. 그러나 다행히도 그런 까마귀는 아직까지 관찰되지 않았고 "모든 까마귀는 검다"라는 가설은 지금까지 잘 검증되었습니다. (가끔 흰색의 알비노 까마귀가 발견되기는 하지만, 이런 돌연변이는 생물학적으로 반증 사례로 취급하지 않습니다.) 그러면 이제 그 지식은 가설의 딱지를 떼고 '법칙'의 지위에 오르게 됩니다. 당당한 과학 법칙이 되는 것입니다. 우리는 이 과학 법칙을 가지고 어떤 현상을 '설명'하기도 하고 '예측'하기도 합니다. 가령 어떤 미지의 지역에서 까마귀가 발견되었다고 한다면 아마 그 까마귀도 검을 것이라고 예측합니다. 검증이 잘 된 법칙일수록 설명과 예측을 잘 해 낼 것입니다.

당연한 말이지만 모든 가설이 이렇게 검증 과정에서 성공하는 것은 아닙니다. 이번에는 "모든 고니는 희다"라는 가설을 보죠. 이 가설은 한 때는 검증이 잘 됐습니다. 희지 않은 고니는 관찰된 적이 없으니까요. 그러다가 오스트레일리아 대륙이 서양 사람들에게 알려진 후로 그 곳에 검은 고니가 있다는 것이 알려지게 되었습니다. 오스트레일리아에는 검은 고니가 아주 많습니다. 위에서 말한 흰 까마귀처럼 돌연변이가 아니라 당당히 한 종을 이루고 있습니다. 그래서 "모든 고니는 희다"라는 가설은 검증을 통과하지 못하고 반증이 되어 법칙의 지위에 오르지 못하게 된 것입니다. 과학자들은 반증이 된다고 해서 가설을 바로 버리지는 않습니다. 검증에 통과할 수 있도록 가설을 수정합니다. 가령 위 가설을 "오스트레일리아 대륙 이외의 곳에 사는 고니는 희다"라고 가설을 수정하고 나서 검증을 하면 이제는 검증을 잘 통과할 것입니다. 물론 "모든 고니는 희다"만큼 깔끔한 법칙은 아니지만요. "물은 100℃에서 끓는다"라는 가설도 마찬가지입니다. 이 가설도 검증에 통과하지 못할 때가 많습니다. 높은 산에서는 100℃가 되기 전에 끓습니다. 그래서 과학자들은 "물은 해수면의 높이에서 100℃에서 끓는다"라고 가설을 수정하면 검증을 통과하고 법칙이 되는 것입니다. (평지에서도 엄격하게 말하면 100℃가 넘어야 끓는데, 실험실이 아니고서야 100퍼센트 순도의 물이 아니기 때문입니다. 그러나 과학자들이 위 법칙을 말할 때는 당연히 순수한 화학적인 '물'을 가리키므로 이 점은 문제가 안 됩니다.)

과학이 신뢰성을 얻을 수 있는 것은 기본적으로 위와 같이 '관찰-가설 설정-검증 또는 반증-법칙 확립-설명 또는 예측'의 과정을 거치기 때문입니다. 물론 여러 과학적 연구들은 그 연구 대상이 굉장히 다양하고 복잡하기 때문에 단순화해서 말하기는 어렵고, 과학 자체에 대해 연구하는 철학자들(과학을 연구하는 과학자가 아니라 과학을 대상으로 연구하는 과학 철학자들)이 과학 활동의 구조에 대해 모두 일치된 의견을 갖는 것은 아닙니다. 그래도 과학은 검증과 반증이라는 핵심적 요소를 지니고 있기 때문에 신뢰를 보낼 수 있는 지적 체계의 위치에 서게 된 것입니다. 우리가 과학이라고 하면 흔히 자연과학만 생각하지만 자연과학만 과학인 것은 아닙니다. 사회과학도 엄연히 과학입니다. 다만 사회과학은 자연과학처럼 자연 현상을 관찰과 실험 대상으로 삼는 것이 아니라 인간이 모인 사회와 인간이 만든 제도를 관찰과 실험 대상으로 삼는다는 차이만 있을 뿐입니다. 그래도 사회과학은 자연과학처럼 가설을 세우고 그것을 검증하는 과정을 똑같이 거치기에 과학이라는 이름을 붙일 수 있는 겁니다. (인문학은 과학이 아닙니다. 인문학은 위와 같은 과학적 방법을 사용하지 않고, 개념 분석, 문헌 연구, 이해와 해석 등의 자신만의 방법을 사용하기 때문입니다. 그렇다고 해서 인문학이 사이비 과학인 것도 아닙니다. 인문학은 과학인 척 하지 않기 때문입니다.)

물론 과학적 방법을 사용한다고 해서 가설의 검증과 반증이 쉬운 것은 아닙니다. 과학적 대상은 굉장히 복잡하기 때문에 검증과 반증이 실패하는 경우도 많고 검증과 반증을 어떻게 해야 하는지 모르는 경우도 많습니다. 그러나 적어도 그런 시도는 합니다. 하지만 사이비 과학은 아예 그런 시도 자체를 하지 않습니다. 사이비 과학의 주장도 가설은 가설입니다. "밥은 사람의 말을 알아듣는다"라거나 "사람은 혈액형에 따라 성격이 다르다"라는 가설을 얼마든지 세울 수 있습니다. 단 그 가설을 검증하는 과정을 거치지 않습니다. 또는 어정쩡한 검증을 하고서 검증을 했다고 말합니다.

이제부터는 사이비 과학은 어떤 특징이 있기에 비과학적이라고 하는지 살펴보려고 합니다. 사이비 과학의 특징을 다섯 가지로 정리해 보았습니다. 이 특징은 곧 비과학적 사고의 특징이기도 합니다. (이 다섯 가지 특징은 필자가 쓴 『나는 합리적인 사람』[우리학교, 2011]에서 설명되었던 것입니다.)

① 개인의 주관적 경험을 근거로 내세워 이상한 것을 믿는다.

② 인과 관계가 없는데 인과 관계가 있다고 생각한다.

③ 우연의 일치를 특별하게 생각해 거기에 뭔가 신비함이 있다고 믿는다.

④ 애매모호하고 알쏭달쏭한 말을 그럴듯하게 생각한다.

⑤ 자기가 보고 싶은 것만 보고 듣고 싶은 것만 듣는다.

이것들을 하나하나 설명하면 위에서 열거한 비과학적인 사례나 사이비 과학의 예가 과학적이지 못한 이유도 밝혀질 것입니다.

4. 주관적 경험

과학의 방법은 '관찰'에서 시작합니다. 내가 관찰한 몇 마리의 까마귀를 바탕으로 해서 가설을 세우는 것입니다. 당연한 말이지만 이때의 관찰은 객관적이어야 합니다. 객관적이라는 말은 나뿐만이 아니라 누가 봐도 똑같아야 한다는 뜻입니다. 까마귀는 내가 봐도 검은색이고 내가 전혀 모르는 사람이 봐도 검은색이므로 까마귀가 검다는 것은 객관적 관찰입니다. 그리고 "모든 까마귀는 검다"라는 가설을 세운 후 검증을 할 때도 객관적으로 해야 합니다. 어떤 사람이든 동의할 수 있는 검증이어야 한다는 뜻입니다.

그런데 이 관찰이 주관적이라면 문제가 됩니다. 나만 경험한 관찰일 때는 그 경험이 사실인지 아닌지 확인할 방법이 없기 때문에 신뢰를 얻을 수 없습니다. 우리 주변에는 귀신을 봤다거나 외계인을 만났다는 사람이 가끔 있습니다. 그러나 그 경험은 항상 혼자서만 합니다. 귀신이나 외계인은 왜 혼자 있을 때만 나타날까요? 귀신이나 외계인이 정말로 있다면 여러 사람이 있을 때 나타날 법도 한데 왜 혼자만 경험할까요? 그리고 요즘은 다들 휴대전화를 들고 다녀서 귀신이나 외계인을 만났다면 인증샷 하나 정도는 있을 듯한데 그런 것도 없습니다. 있기는 있지만 모두 흐릿한 사진뿐입니다. UFO도 외계인 못지않게 논란의 대상인데 UFO는 항상 멀리 떠 있는 점의 크기로 찍힌 사진만 있습니다. 하늘을 관찰하는 일을 직업으로 삼는 수많은 사람들이 있는데, UFO가 있다면 왜 제대로 찍힌 UFO 사진은 하나도 없을까요?

물론 객관적인 관찰이 애초에 불가능한 것이 없는 것은 아닙니다. 가령 인간의 마음속은 들여다볼 수 없습니다. 내가 무슨 생각을 하는지는 나만이 알고 있고 다른 사람은 들여다볼 수 없으니 객관적 관찰의 대상이 아닌 것처럼 보입니다. 그러나 인간의 심리를 연구하는 심리학자들은 인간의 마음속을 직접 들여다보는 대신 그 마음이 겉으로 드러난 행동을 보고 마음을 추측합니다. 내가 특정 심리 상태에 있을 때 이러이러한 행동을 하니까 다른 사람도 이러이러한 행동을 하는 것을 보고 어떤 심리 상태에 있을 것이라고 추측하는 것입니다. 신경과학이 발달한 요즘은 뇌의 신경 상태를 보고 심리 상태를 추측합니다. 사회과학의 하나인 심리학은 당당한 과학이므로 이렇게 객관적으로 관찰 가능한 행동이나 신경 상태를 바탕으로 연구를 하는 것입니다. 성인은 심리 상태를 말로 표현할 수 있지만 말 못하는 갓난아기의 심리를 추측할 수 있는 것은 이런 연구 방법론 덕분입니다.

귀신이나 외계인은 들여다볼 수 없는 심리 상태도 아닙니다. 사람이나 까마귀처럼 누구나 관찰 가능한 대상입니다. 따라서 귀신이나 외계인을 보았다는 객관적 증거는 없고 개인적 증언만 있다면 그 증언에 대해서는 당연히 신뢰를 보낼 수 없습니다. 요즘 유행하는 말로 '뇌피셜'이 있습니다. '뇌'와 '오피셜'(여기서는 공식적인 의견이라는 뜻으로 사용)을 합한 말로 자기 머릿속에서만 나온 생각인데 마치 검증된 것처럼 말할 때 쓰입니다. 주로 객관적인 근거가 없는 추측을 지적할 때 뇌피셜이라는 말을 씁니다. 귀신이나 외계인을 보았다는 주장은 그야말로 뇌피셜입니다.

이렇게 말하면 귀신이나 외계인을 보았다는 사람은 억울해서 팔짝 뛸 것입니다. 내가 분명히 보았는데 왜 내 말을 못 믿느냐고. 내가 거짓말할 사람 같으냐고. 맞습니다. 거짓말을 한 것 같지는 않습니다. 물론 이상한 경험을 한 사람 중 조작을 한 사람도 있습니다. 서양에서 꽃밭에 있는 요정이 찍힌 사진은 오랫동안 요정이 있다는 증거로 알려져 왔었는데, 그 사진을 찍은 소녀들이 할머니가 되어 죽기 전에 사실 요정 그림을 오려서 꽃밭에 놓고 찍은 사진이라고 고백을 했습니다. 영국 스코틀랜드에 있는 네스 호는 공룡 같은 괴물이 산다고 알려졌는데, 이 사진도 한참 후에 사진

사 조수가 장난감 잠수함에 나무 조각을 붙여 만든 모형을 찍은 것이라고 내부자 고발을 했습니다. 그러나 조작이 아니라 진심으로 귀신이나 외계인을 봤다고 믿을 수도 있습니다. 이것은 어떻게 설명해야 할까요?

그런 현상은 귀신이나 외계인이 존재한다고 가정하지 않고도 얼마든지 설명이 가능합니다. 가령 귀신이나 외계인을 본 사람은 쉽게 말해서 허깨비를 봤을 수 있습니다. 심신이 매우 피곤하거나 약물을 복용할 때 착각이 일어나, 진짜 없는데 있는 것처럼 보는 현상은 누구에게나 일어날 수 있습니다. 특히나 평상시에 드라마나 영화를 통해 본 귀신이나 외계인의 형상을 기억하고 있기 때문에 그 모습대로 보이는 것입니다. 생각해 보세요. 지구상에 사는 동물 종들은 다 다르게 생겼는데, 왜 외계인의 모습은 한결같이 사람처럼 생겼을까요? 우리가 전혀 생각 못한 모습일 수도 있는데요. 바로 대중 매체의 영향 때문에 목격자가 관찰한 외계인은 다 비슷하게 생긴 것입니다. UFO라고 보고된 것들도 얼마든지 설명이 가능합니다. 밤하늘의 밝은 별인 금성일 수도 있고, 지금 대기 상에는 수많은 인공위성이 떠 있고 항공기가 날아다니는데 그 중 하나일 가능성도 큽니다. 물론 목격자가 본 것이 UFO와 인공위성인지는 아무도 모릅니다. 그러나 어느 쪽 가설이 더 그럴듯할까요? 지금까지 한 번도 관찰된 적이 없는 UFO라고 믿는 것이 더 그럴듯할까요, 아니면 충분히 설명이 가능한 인공위성일 것이라고 믿는 것이 더 그럴듯할까요?

당연히 후자가 더 그럴듯합니다. 기존 이론과 정합적이어야 한다는 것은 무릇 이론이 가져야 하는 중요한 덕목 중 하나이기 때문입니다. 그런데

도 왜 사람들은 전자가 더 그럴듯하다고 생각할까요? 많은 심리학자들은 인간은 솔깃한 이야기를 좋아한다는 증거를 보여 줍니다. 인간은 이야기를 좋아하고, 그 이야기가 신기하면 더 좋아합니다. 그러나 이것은 합리적 태도는 아닙니다. 그 이야기가 기존의 확립된 이론에 어긋나는지 살펴보아야 하는데, 인간은 그렇게 지적 에너지가 많이 드는 일은 귀찮아서 하지 않으려고 합니다. 누가 외계인이나 UFO를 봤다고 하면 흥미롭기에 얼른 믿어버립니다. 그러나 외계인이나 UFO가 있기 위해서는 지구와 환경이 비슷한 행성이 있어야 하고, 그런 행성이 있을 확률은 어마어마하게 낮고, 있다고 하더라도 지구에까지 UFO를 보내기 위해서는 과학 기술이 어마어마하게 발전해야 하고…… 이런 이야기를 하면 머리가 아파합니다.

그러나 받아들이기 편한 것만 믿고, 힘들다고 합리적으로 생각하는 훈련을 하지 않으면 인간이 동물과 다른 점이 뭐가 있겠습니까? 내 경험이 나만의 주관적인 경험에 불과한 것인지, 특이한 경험이라면 인류가 쌓은 그 동안의 지식과 어긋나지 않는지 반성해 보아야 합니다. 특이한 경험은 배척하고 모든 사람이 동의하는 경험만 받아들이라는 뜻은 아닙니다. 남들이 못한 특이한 경험을 했을 때 그것을 기존 이론으로 설명할 수 있는지 궁리해 보라는 뜻입니다. 만약 가능하다면 우리의 경험과 지식은 그만큼 발전하는 것이겠죠.

5. 인과 관계

"모든 까마귀는 검다"라는 가설로 다시 돌아가 봅시다. 앞에서 주변에서 몇 마리의 까마귀를 관찰하고 가설로 만든다고 말했습니다. 그러나 과학자들 중에서는 꼭 그런 관찰을 거치지 않고서도 바로 가설을 만들기도 합니다. 자신이 가지고 있는 직관을 가설로 연결하는 것이죠. 가설이 관찰에 의해서 만들어졌든 직관에 의해서 만들어졌든 상관없습니다. 심지어 꿈에서 알게 되어도 상관없습니다. 독일의 화학자 케쿨레가 뱀이 자기 꼬리를 물고서 빙글빙글 도는 꿈을 꾸고 '벤젠의 사슬 구조'를 만들었다는 이야기는 유명합니다. (이 이야기도 앞 절에서 말한 솔깃한 이야기네요!) 가설을 어떻게 만들었는지는 중요하지 않습니다. 어차피 그 가설을 정당화하는 과정이 필요하고, 그것이 핵심이니까요. 케쿨레의 꿈 이야기를 듣고 다른 사람들도 뭔가 대단한 것을 발견하리라는 기대로 잠을 잤지만 아무것도 발견하지 못했다는 일화도 유명합니다. 아마 케쿨레는 평상시에 벤젠의 구조에 대해 끊임없이 생각했기 때문에 꿈에서 꼬리를 문 뱀을 보고 아이디어를 떠올렸을 것입니다.

과학의 방법론에서 말한 검증이 바로 가설의 정당화 과정입니다. 어떤 식으로 가설이 만들어졌든 검증이 되면 그 가설은 법칙 또는 이론으로 받아들여지고, 반증이 되면 그 가설은 수정이 되어 다시 검증 과정을 거치거나 폐기됩니다. 이때 검증이나 반증은 대체로 그 가설을 실제 사례에 적용해 보는 방식으로 진행됩니다. "모든 까마귀는 검다"라고 했으니 정말로 모든 까마귀가 검은지 살펴보는 거죠. 그러나 현실적으로 '모든' 까마귀를 관찰할 수 없습니다. 이 세상 끝까지 가 볼 수는 없는 노릇이고, 앞에서도 말했지만 옛날에 죽은 까마귀나 앞으로 태어날 까마귀는 원칙적으로 관찰할 수 없으니까요. 그래서 관찰할 수 있는 한 최대한 많은 까마귀를 관찰할 뿐입니다. 얼마나 많이? 그것은 관찰 대상마다 다르니 일률적으로 말하기는 힘들고, 어쨌든 최대한 많이 관찰할수록 "모든 까마귀는 검다"라는 가설은 더 잘 검증이 되고, 그 법칙성은 더 높아지겠죠. 어떤 과학철학자는 얼마나 많이 검증해야 하는지 딱 잘라 말할 수 없으니 차라리 반증이 안 될 때까지 그 가설은 검증된 것으로 간주하자고 주장하기도 합니다. 위 가설은 검지 않은 까마귀가 관찰될 때까지는 검증이 잘 된 것으로 보자는 것입니다. 지금까지 그런 까마귀는 보고된 적이 없으니 "모든 까마귀는 검다"는 법칙의 지위를 잃지 않고 있습니다.

검증을 하든 반증을 하든 중요한 것은 충분히 관찰하는 것입니다. 지금까지 반증이 안 됐다는 것도 반증이 되는지 안 되는지 계속 지켜보았으니 충분히 관찰을 한 셈입니다. 그런데 사이비 과학은 이 원칙을 지키지 않습니다. 자신의 가설을 지지하는 한두 사례, 많아 봐야 몇 가지 사례를 들어 그 가설을 법칙인 양 내세웁니다. 혈액형이 A형인 사람 중에 소심하지 않은 사람이 왜 없겠어요? 자기 주변에서 소심한 A형을 몇 명 보고서 A형은 소심하다는 자기 가설이 옳다고 주장합니다. 점이나 별자리 운세가 맞는 경우가 왜 없겠어요? 그 몇 가지 사례를 보고 점이나 별자리 운세는 잘 맞는다고 생각합니다. 시험 날 미역국 먹고 시험에 떨어진 사례나 소풍 가는 날 비오는 사례가 왜 없겠어요? 그 몇 가지 사례를 보고 시험 날은 미역국을 먹으면 안 된다거나 우리 학교가 소풍 가는 날에는 꼭 비가 온다고 자신 있게 말합니다.

과학 법칙은 인과 관계를 표현하는 경우가 많습니다. "달이 태양을 가리면 일식이 일어난다"나 "담배를 피우면 폐암에 걸린다" 같은 경우가 인과 법칙으로서, 달이 태양을 가린 원인이 일어나면 일식이라는 결과가 일어난다는 것을, 담배를 피우는 원인이 있으면 폐암에 걸린다는 결과가 일어난다는 것을 주장합니다. 이 법칙들은 충분히 검증이 되었습니다. 물론 설명하려고 하는 대상의 성격에 따라서 설명력이나 예측력이 조금씩 다르긴 합니다. 물리 현상은 예외가 많지 않으므로 이론이나 법칙은 그 현상을 완벽하게 설명합니다. 달이 태양을 가리면 언제나 일식이 일어나지요. 그러나 생명 현상은 생명체가 모두 똑같지는 않기 때문에 예외가 항상 있기 마련입니다. 담배를 피우지만 폐암에 걸리지 않는 사람이 있는 것은 그런 이유 때문입니다. 그래서 "담배를 피우면 폐암에 걸린다"라는 법칙은 개연성이 아주 높은 법칙으로 이해해야지, 원인이 있으면 예외 없이 결과가 일어난다고 이해해서는 안 됩니다. 주변에서 담배를 피우는데 폐암에 걸리지 않고 장수를 하는 사람을 반증 사례로 든다고 해서 이 법칙이 법칙의 지위를 잃지는 않습니다. 그런 사례가 통계적으로 의미 있을 정도로 많아야 합니다. 과학자들은 담배를 피웠는데 폐암에 걸린 검증 사례를 통계적으로 의미 있을 정도로 충분히 관찰하여 위와 같은 법칙을 발견한 것입니다. 물론 과학이 더 발전하면 "이러이러한 조건에 있는 사람은 담배를 피우면 폐암에 걸린다"라고 법칙의 개연성을 더 높이겠죠.

어떤 가설이 당당한 인과 법칙이 되는지 검증하기 위해서는 방금 담배 예에서 말한 것처럼 원인이 있는 사례와 없는 사례를 충분히 비교해 보면 됩니다. 그것을 '대조 실험'이라고 부릅니다. 축구 팬들은 축구를 보다가 골이 아깝게 골대를 맞추고 나오면 그 날은 진다고 생각합니다. 안 풀리는 날이라고 생각하는 거죠. 정말로 골대를 맞추는 것이 지는 것의 원인일까요? "골대를 맞추면 그 게임은 진다"라는 가설을 대조 실험으로 검증해 보면 됩니다. 대조 실험은 원인이 있을 때와 없을 때를 대조해 보는 것입니다. 축구 경기마다 골대를 맞춘 경기와 안 맞춘 경기를 나누어 봅니다. 그리고 그 시합에서 이겼는지 졌는지 기록을 합니다.

축구 경기들을 복기해 보면서 (1)~(4)의 네 가지 경우 중 어디가 가장 많은지 보면 됩니다. (2)에 해당하는 경기가 의미가 있을 정도로 많아야 "골대를 맞추면 그 게임은 진다"라는 가설은 검증이 됩니다. 물론 (3)에 해당하는 경기도 많아야 합니다. (2)만 많으면 그 팀은 골대에 맞든 안 맞든 언제나 지는 팀이므로, (2)는 위 가설을 검증하는 사례로 볼 수 없습니다. 실제로 축구 전문가나 애호가가 이런 대조 실험을 한 적이 있는지는 모르겠습니다. 하지만 "골대를 맞추면 그 게임은 진다"가 가설에 머물지 않고

	이김	짐
골대를 맞춘 경기	(1)	(2)
골대를 안 맞춘 경기	(3)	(4)

법칙이 되려면 그 과정을 거쳐야 합니다. 그래서 (1)이나 (4)에 비해 (2)와 (3)이 월등히 많아야 합니다. 그렇지 않고 자기가 몇 번 본 적이 있는 (2)의 사례에 기대어(골대를 맞춘 경기에서 진 사례가 왜 없겠어요?) "내 말 맞지? 골대를 맞추면 진다니까"라고 말하는 것은 과학의 기본적인 법칙을 이해하지 못하는 것입니다.

우리가 가지고 있는 징크스나 미신은 위와 같이 대조 실험을 통해 검증하면 됩니다. 시험 날 미역국 먹는 것이 시험에 미끄러진 원인일까요? 여름에 밀폐된 방에서 선풍기를 틀어 놓고 자는 것이 죽음의 원인일까요? 물론 실험하기 어려운 경우도 있습니다. 시험 날 미역국 먹었다가 정말로 떨어지면 어떻게 해요? 또 밀폐된 방에서 선풍기를 틀어 놓고 자다가 죽으면 어떻게 해요? 그런 염려 때문에 함부로 실험을 할 수 없습니다. 고대인들은 일식이나 월식이 일어나면 용이 해나 달을 삼켜서 생긴 일이라고 생각했다고 합니다. 그래서 용을 놀라게 하면 해나 달을 다시 뱉을 것이라고 생각해서 꽹과리를 두드렸다고 합니다. 그러면 놀랍게도(!) 일식이나 월식이 사라졌겠죠. 그 사람들에게 용이 해나 달을 삼킨 것이 일식 또는 월식의 원인이 아니라거나 꽹과리를 두드린 것이 일식이나 월식이 사라진 원인이 아님을 설명하기 위해 대조 실험을 해 보라고 하면 말을 들을까요? 아마 안 할 겁니다. 해나 달이 다시 안 나타나면 어떻게 하느냐고요. 꼭 대조 실험을 해 봐야 인과 관계를 제대로 설명할 수 있는 것은 아닙니다. 일식이나 월식은 천문학적인 원리를 통해 설명할 수도 있고, 선풍기 사례는 산소의 부족과 죽음의 상관관계를 통해 설명할 수도 있습니다.

대조 실험을 할 수 없는 또 다른 이유도 있습니다. 손 없는 날 이사를 하는 것이 잘 사는 것의 원인인지, 궁합이 잘 사는 것의 원인인지 검증하기 위해서도 위와 같은 대조 실험을 해야 할 것 같습니다. 그런데 이 경우에는 도대체 '잘 산다'는 것이 뭔지 알 수 없다는 문제에 걸립니다. 이 점은 7절에서 다시 말하겠습니다.

6. 우연의 일치

북한의 김일성은 1994년 사망했습니다. 김일성은 한반도 역사, 더 나아가 세계 역사에서 부정적인 의미에서 아주 중요한 사람이므로 그의 죽음은 여러모로 주목을 받았습니다. 그중 김일성의 죽음을 예측한 사람들이 있어서 화제였습니다. 김일성이 그 해 죽는다고 맞힌 사람 중에는 자기들끼리는 역술인이라는 부르는 점쟁이도 있었고 대학 교수도 있었습니다. 이들은 언론에 소개되었고 그들은 당연히 이것을 홍보 수단으로 이용했습니다. 그리고 이것을 신기하게 생각한 사람도 많았습니다. 사람이 죽을 것을 알아맞히다니 정말 신기하다고요. 그러나 이것은 신기한 일일까요? 전혀 신기하지 않습니다.

김일성의 죽음을 예측한 사람들은 1994년 초 또는 그전에 1994년 김일성이 죽는다고 말했을 것입니다. 그러나 1994년에 김일성은 82세였습니다. 고령의 나이에 죽는 일은 전혀 이상하지 않습니다. 그래도 다른 해도 아니고 하필 1994년에 죽는다고 예측한 것은 신기한 일 아니냐고요? 우리나라 사람의 평균 수명이 80세라고 해 봅시다. 어떤 사람이 태어나던 해에 이 사람은 82세까지 살 것이라고 예측하고 정말로 그 사람이 82세에 죽었다면 대단한 예지력일 것입니다. 그러나 어떤 사람이 82세가 되었다고 해 봅시다. 그때 이 사람이 올해 죽는다고 맞히는 것은 어려운 일일까요? 그 정도 나이의 노인이 죽는 것은 전혀 이상한 일이 아니므로 그것을 맞혔다고 해서 전혀 신기한 일이 아닙니다. 그냥 우연의 일치로 맞힌 겁니다. 그래도 신기하다고요? 80세가 넘은 노인을 보고 매년 초에 그 노인은 올해 죽는다고 예언해 보세요. 언젠가는 맞히지 않겠어요?

물론 김일성의 죽음을 맞힌 사람이 매년 초에 "올해 죽을 것이다"라고 예언했다는 말은 아닙니다. 우리가 중요한 것은 김일성의 죽음을 예측한 점쟁이와 교수가 애초에 죽음을 예측하리라고 주목받던 사람들이 아니라는 점입니다. 김일성의 죽음을 예측한 사람은 매년 있었을 것입니다. 1990년에도 있었고, 1991년에도 있었고, 그리고 1994년에도 있었습니다. 그것도 수많은 사람들이. 다만 1994년에 실제로 죽었기에 그 해에 예언한 사람들 몇 명이 주목을 받은 것뿐입니다. 만약 1993년에 죽었다면 그 해에 죽는다고 예언한 사람이 주목을 받았겠죠. 따라서 김일성이 죽는다는 것을 맞힌 사람이 있다는 것은 전혀 신기한 일이 아닙니다. 역시 그냥 우연의 일치로 맞힌 겁니다. 오히려 그런 사람들이 없다고 한다면 더 신기한 일이겠죠.

그런데도 김일성 죽음 예측을 신기해하는 사람은 '아주 큰 수의 법칙'

이라는 기본적인 통계의 법칙을 모르기 때문입니다. 아주 큰 수의 법칙은 아무리 확률이 낮은 사건이라고 하더라도 일어나는 일이 워낙 많다면 일어나게 되어 있다는 내용입니다. 그러니 확률이 낮은 일이 일어났다고 해서 신기하게 생각하거나 호들갑을 떨면 안 된다는 것입니다. 아주 일어나기 힘든 일을 가리킬 때 벼락 맞을 확률이라고 말합니다. 과학자들의 연구에 따르면 벼락 맞을 확률은 180만분의 1이라고 합니다. 아주 낮은 확률이죠? 그러나 우리나라 인구는 5천만 명이나 됩니다. 그러니 아주 재수 없기는 하지만 벼락 맞는 사람이 1년에 몇 명씩 반드시 나오는 것입니다. 로또에 당첨될 확률은 더 낮습니다. 800만분의 1이라고 합니다. 그러나 매주 로또를 사는 사람은 그 정도 되거나 더 많기 때문에 당첨자는 반드시 있습니다. 벼락 맞은 사람이 있다거나 로또에 당첨된 사람이 있다고 해서 전혀 신기해 할 필요는 없습니다.

김일성의 죽음을 맞혀서 유명해진 사람도 있지만 못 맞혀서 유명해진 사람도 있습니다. 브라질의 왕년의 축구 스타 펠레가 그렇습니다. 펠레가 은퇴한 후 월드컵 등의 유명 대회에서 펠레가 우승하리라고 예측한 나라들이 모두 탈락했기 때문에 펠레의 저주라는 말까지 생겼습니다. 나중에는 제발 펠레가 우리 팀을 우승 팀으로 지목하지 말았으면 하는 바람까지 생길 정도였습니다. 정말로 펠레의 예측은 '저주'일까요? 이것도 확률을 이해하면 저주도 아니고 흔히 일어날 수 있는 일임을 쉽게 알 수 있습니다. 월드컵 같은 대회에서 우승은 애초에 확률이 매우 낮습니다. 그것을 맞히는 것보다 펠레처럼 못 맞히는 것이 더 쉽고 흔한 일입니다. 로또를 평생 사지만 한 번도 당첨되지 않은 사람이 부지기수입니다. 그렇다고 해서 그 사람을 신기하게 생각하지는 않잖아요? 펠레도 그런 사람 중 한 명일 뿐입니다. 물론 우승 팀을 맞히는 것은 로또 당첨되는 것보다 훨씬 확률이 높고 요행수가 아니라 그 팀의 전력을 바탕으로 분석하는 일입니다. 실제로 펠레가 우승 팀을 맞힌 경우도 종종 있습니다. 그런데 사람들은 자신들의 입맛에 맞춰 그런 경우는 무시하고 못 맞힌 경우만 내세웁니다. 이 점은 8절에서 "보고 싶은 것만 본다"를 말할 때 다시 언급하겠습니다.

경품 추첨에 응모해도 된 적이 한 번도 없다고 말하는 사람이 많습니다. 자기가 응원하는 야구 팀 경기를 직접 관람하러 갈 때마다 진다고 말하는 사람도 있습니다. 왜 그럴까요? 역시 기본적인 통계를 이해하지 못해서입니다. 경품 당첨은 워낙 확률이 낮기 때문에 당첨 안 되는 게 당연합니다. 아주 많이 응모하면 몇 번 당첨될 겁니다. 야구장도 찾아가는 횟수가 늘어나면 응원 팀의 평균 승률과 자신이 방문할 때의 승률이 비슷해질 것입니다. 통계와 같은 과학은 우리가 신기하거나 이상하게 생각하는 일상을 설명해 줍니다.

7. 애매모호

여전히 점을 보는 사람들이 있습니다. 예전 같은 형태의 점집은 물론이고, 중앙 일간지나 포털 사이트에도 오늘의 운세가 실립니다. 결혼할 때 궁합을 보는 사람들이나 손 없는 날을 골라서 이사하는 사람들이 많습니다. 예전보다 개명이 까다롭지 않아서 이름을 바꾸는 사람이 많아졌습니다. 어감이나 발음이 좋지 않거나 사회적으로 지탄 받는 사람들과 이름이 같아서 바꾸는 경우도 있습니다. 예컨대 '김치국'은 한자로만 생각하면 나라[國]를 다스린다[治]는 의미이니 좋은 이름이지만 듣는 이에게는 '김칫국'이 되니 놀림을 받기 일쑤입니다. 연쇄 살인마와 이름이 같은 사람들도 개명을 합니다. 이와 달리 이름이 달라지면 인생이 달라진다고 생각해서 개명을 하는 사람도 있습니다. 고시나 입사 시험에 자꾸 떨어져서 이름을 바꾸는 경우도 있고, 운동선수나 연예인처럼 성적이나 인기를 높이기 위해 이름을 바꾸는 경우도 있습니다.

정말로 점은 맞을까요? 궁합, 이사한 날, 이름 등에 따라 인생이 달라질까요? 우리는 앞서 5절에서 대조 실험에 대해 알아보았습니다. 진짜 인과관계인지 아닌지 알기 위해서 대조 실험을 해 보면 된다고 했습니다. 그런데 시험 날 미역국을 먹고 시험을 본다든가, 여름에 밀폐된 방에서 선풍기를 틀어 놓고 잔다든가 하는 대조 실험은 그 피해가 너무 커서 선뜻 실험해 보기 어렵다는 말을 했습니다. 점과 같은 미신은 다른 이유로 대조 실험을 하기 어렵습니다.

점이나 궁합이나 작명 등의 주장도 일종의 가설입니다. 올해는 대운이 들 것이다, 궁합이 맞는 사람끼리 살아야 잘 산다, 이름이 좋아야 인생이 핀다는 예측이 예상대로 잘 들어맞는다면 훌륭하게 검증이 된 것이고, 점은 더 이상 미신으로 치부되지 않고 명리학이라는 거창한 이름의 학문 수준으로 상승하게 됩니다. 그런데 가설을 검증한다는 것은 그 가설이 맞는지 틀리는지 검사한다는 말입니다. 예컨대 까마귀가 검은색이면 "모든 까마귀는 검다"라는 가설은 검증에 통과된 것이고 검은색이 아니면 통과 안 된 것입니다. "물은 100℃에 끓는다"도 100℃에 되어 보글보글 끓으면 검증된 것이고 100℃가 안 되어 끓거나 100℃가 되어도 끓지 않으면 반증된 것입니다. 어떤 때 검증을 통과된 것이고 어떤 때 통과되지 못한 것인지 누구나 분명히 알 수 있어야 합니다.

그러나 오늘의 운세는 이런 식으로 말합니다. "여느 때보다 매사에 신중한 판단과 세심한 일 처리가 요구된다." 어떤 게 '신중한' 판단인가요? 어느 정도로 일을 해야 '세심한' 일 처리일까요? 도대체 알 수가 없습니다. 사실 누구나 매사에 신중한 판단과 세심한 일 처리를 해야 합니다. 인생을 막 사는 사람이 아니라면 누구나 그렇지 않겠습니까? 점이라는 게 이렇게 하나 마나 한 말을 하거나 검증할 수 없는 말을 합니다. 궁합 맞는 사람과 결혼해야 잘 살고 길일에 이사를 해야 잘 산다고 하는데 이것도 마찬가지입니다. 도대체 '잘 산다'는 말이 무엇인가요? 돈을 많이 벌어야 잘 사는 건가요? 그러면 얼마나 많이 벌어야 잘 사는 건가요? 검증을 위해서는 검증을 통과하는 기준을 객관적으로 분명히 제시해야 합니다.

이렇다 보니 사이비 과학은 사후에 억지로 해석을 합니다. 점을 보러 가면 점쟁이는 올해는 대운이 들 것이라고 말합니다. 그 대운이 로또에 당첨된다는 것인지 대학에 합격한다는 것인지 분명하게 말해 줘야 하는데 그냥 두루뭉술하게 말합니다. 점을 본 사람이 한 해 동안 운이 나쁘기만 하겠어요? 운 좋은 일이 몇 번은 있을 겁니다. 그래서 아, 점쟁이가 이것을 보고 대운이 들겠다고 말했구나, 라고 사후에 그 말을 때려 맞춥니다. 이러면 점쟁이가 한 말 중 틀리지 않은 말이 뭐가 있겠습니까? 이렇게 아예 검증의 대상이 될 수 없는 말, 이것은 과학이 아닙니다.

애매모호하기는 혈액형 성격설도 마찬가지입니다. 자, 여러분은 이런 성격이 있나요? "부드럽고 온화한 인상을 준다. 매우 꼼꼼하고 성실하다. 소심하다." "이거 딱 나한테 해당하네"라고 말하는 사람이 많이 있을 겁니다. 누구나 이런 성격이 조금씩은 있을 테니까요. 위 성격은 혈액형 성격설에서 말하는 A형의 성격입니다. 다른 혈액형도 마찬가지입니다.

B형: 재미있고 호감을 준다. 호기심이 많고 추진력이 강하다. 자기주장이
　　강하다.

O형: 느긋해 보이고 사람 좋다는 말을 많이 듣는다. 활달하고 적극적
　　이다.

AB형: 친절하고도 냉철하다. 합리적이고 개인주의적이다.

심지어 "소심한 면도 있지만 적극적인 면도 있다"라고 말하는 심리 검사도 있습니다. 그런 면이 없는 사람이 어디 있습니까? 이렇게 누구에게나 해당되는 두루뭉술한 표현을 쓰다 보니 그리 비판적이지 않은 사람은 자기한테 해당하는 것 같다고 생각하게 됩니다. 심리학에서는 이런 현상을 '버넘 효과'라고 부릅니다. 버넘은 심리학자가 아니고 19세기의 미국

의 서커스 흥행업자입니다. 그는 서커스 홍보를 하면서 "모두를 만족시킬 수 있는 어떤 것을 가지고 있습니다"라는 슬로건을 사용했다고 합니다. 심리학자들이 그것을 빗대어 일반적이고 모호해서 누구에게나 적용될 수 있는 성격 묘사인데 특정 개인에게만 적용되는 것으로 받아들이는 성향을 버넘 효과라고 부릅니다. 혈액형 성격설이나 오늘의 운세나 모두 맞는 것처럼 생각되는 것은 바로 버넘 효과 때문인 것입니다.

세상 모든 일을 똑 부러지게 할 필요는 없습니다. 문학이나 연애나 인간관계는 어느 정도의 애매모호가 있어야 합니다. 그러나 과학은 애매모호해서는 안 됩니다. 누구나 검증과 반증을 할 수 있게 분명해야 합니다. 그리고 누구에게나 다 들어맞는 말은 세상에 대해 알려 주는 바가 전혀 없습니다.

8. 보고 싶은 것만 본다

앞서 4절에서 검증의 바탕이 되는 관찰은 주관적이어서는 안 된다고 말했습니다. 그리고 5절에서는 객관적인 관찰이라고 하더라도 그것이 충분히 많아야 하고 충분히 많은지 알기 위해서는 대조 실험을 해 봐야 한다고 말했습니다.

사실 대조 실험을 하기 전에는 내가 세운 가설에 유리한 사례가 훨씬 많아 보입니다. 여자는 수학을 못한다고 생각하는 사람들이 많습니다. 이런 것을 보고 '편견' 또는 '선입견'이라고 합니다. 편견은 주로 특정 집단에 대해 생깁니다. 여자, 외국인, 지방 사람 등 특정 집단에 속한 사람들은 어떤 특성을 가지고 있을 것이라고 단정하는 것입니다. 그리고 그런 단정은 틀림없이 맞는다고 확신합니다. 이 단정도 일종의 가설입니다. 그러므로 그 가설을 받아들일 수 있는지 없는지 검증하는 과정이 필요하고 대조 실험이 그 한 가지 검증 방법입니다. "여자는 수학을 못한다"라는 가설도 그런 과정을 거치면 됩니다. 5절에서 예로 든 골대 맞추는 경기의 경우처럼, 수학을 못 하는 여자와 수학을 잘 하는 남자가 특별히 많은지 보면 됩니다. 물론 이런 관찰이 그리 쉬운 일은 아닙니다. '수학을 잘 한다'라는 게 뭔지 먼저 정의가 되어야 하고, 또 설령 수학을 못 하는 여자가 특별히 많다고 하더라도 그것이 여자의 뇌 구조가 본디 수학을 못하게 되어 있는지 아니면 "여자는 수학을 못한다"라는 가설이 부모, 교육자, 여자 당사자에게 영향을 미쳐 여자가 수학을 못하게 되었는지 후속 연구가 필요하기 때문입니다.

그렇긴 해도 우리는 항상 대조 실험을 하려는 자세를 취하고 있어야 합니다. 살아가면서 수학을 못하는 여자를 만날 때도 있고 잘 하는 여자를 만날 때도 있을 겁니다. 그러나 "여자는 수학을 못한다"라는 가설을 가지고 있는 사람은 수학을 못하는 여자를 만날 때만 기억합니다. 그리고 "내가 뭐라고 했어. 여자는 수학을 못한다고 했지?"라고 말합니다. 그리고 수학을 잘 하는 여자를 만날 때는 내가 그런 가설을 가지고 있었다는 사실조차 잊어버립니다. 그것은 자신의 가설에 대한 반대 사례이므로 합리적인 태도를 가진 사람이라면 그 가설을 의심하기 시작해야 하는데 말입니다. 이러니 아무리 많은 관찰 사례가 있어도 뭐합니까? 자신에게 유리한 사례만 기억하는데요. 보고 싶은 것만 보고 듣고 싶은 것만 듣는 것입니다.

우리가 특정 집단에 대해 가지고 있는 편견은 이런 식으로 형성된 것이기 쉽습니다. 물론 그런 편견은 "흑인은 농구를 잘 한다"처럼 긍정적인 내용인 것도 있습니다. 그러나 편견은 대체로 부정적인 내용인 것이 많고, 그것은 특정 집단을 차별하고 낙인을 찍는 데 쓰입니다. 비과학적 사고가 반인권적 행동으로 이어진다는 것을 보여 주는 예입니다.

4절에서 우리의 관찰은 객관적이어야 한다고 말했지만, 우리의 관찰이 그렇게 객관적이지 않다는 연구 결과도 많이 있습니다. 어떻게 보면 오리로 보이고 어떻게 보면 토끼로 보이는 그림을 본 적이 있을 것입니다. 어떻게 보면 미녀로 보이고 어떻게 보면 노파로 보이는 그림도 있지요. 만약 관찰이 객관적이라면 같은 사람이 그림을 봤을 때 언제나 똑같이 보여야 하고 다른 사람에게도 똑같이 보여야 합니다. 그러나 어떨 때는 오리, 어떨 때는 토끼로 사람마다 다르게 보인다면 객관적이라고 말할 수는 없겠죠. 엑스선 사진을 본 적이 있을 겁니다. 검은색 바탕에 하얀색으로 뼈가 찍혀 있습니다. 시험공부 안 하고 시험 봤을 때 아는 것이라고는 하얀 것은 종이고 검은 것은 글씨뿐이라고 말하는 것처럼, 일반인이 엑스선 사진을 봤을 때는 검은색과 하얀색만 보입니다. 그러나 훈련 받은 전문가가 보면 다릅니다. 검은색과 하얀색에서 우리의 질병을 찾아냅니다.

심리학자들이나 과학 철학자들은 이런 예를 들면서 우리의 관찰은 100퍼센트 순수한 것은 없고 기존 지식에 바탕을 두고 이루어진다고 주장합니다. 같은 문화에 사는 사람들은 그 기존 지식이 대체로 같습니다. 그러므로 100퍼센트 순수한 관찰이 없기는 하지만 그래도 같은 문화권 내에서 관찰은 대체로 객관적입니다. 그러나 간혹 특정 지식에 꽂혀 있는 사람들, 예컨대 귀신이나 외계인이 어떤 식으로든 기억에 남아 있는 사람들은 비슷한 것을 보면 그것이라고 생각합니다. 편견과 선입견도 마찬가지입니다. 여자는 수학을 못한다는 생각을 갖고 있는 사람은 수학을 못하는 여자만 보입니다. 주변에 수학을 잘하는 여자도 많고 수학을 못하는 남자도 많은데 말입니다.

이런 배경 지식을 버리기는 쉽지 않습니다. 심지어 가장 객관적일 것 같은 과학자들마저도 자신의 선입견에 따라 실험 결과를 해석하는 경향이 있다고 합니다. 자신의 가설을 반대하는 사례들은 무시하고 지지하는 사례들만 관찰하는 것입니다. 그 과학자가 정직하지 못해서 그런 것이 아니라 무의식적으로 그런 태도를 보입니다. 과학자들도 보고 싶은 것만 보는 것이죠. 연구 윤리에서는 과학자들에게 연구 노트를 작성하게 합니다. 연구나 실험 과정에서 수행하고 관찰한 모든 것을 꼼꼼하게 기록하는 노트입니다. 이것은 연구 조작을 막기 위한 연구 윤리 측면에서도 필요하지만 과학자들이 선입견에 빠지지 않고 객관적으로 데이터를 보게 하는 의도도 있습니다. 자신의 가설에 들어맞지 않는 사례도 볼 수밖에 없으니까요. 가장 객관적인 과학자들마저도 연구 노트를 꼼꼼하게 기록하기를 요구 받는데, 일반인은 더 비판적인 자세로 자신의 생각이 편견인지 아닌지 반성해 보아야 하겠죠?

점이 맞는 것처럼 생각되는 것도 보고 싶은 것만 보기 때문입니다. 점을 보고 와서 사람들은 맞는 것만 기억하고 그 점쟁이가 참 용하다고 말합니다. 애초에 점을 보러 갈 때 점쟁이에게 무슨 과학자 수준의 설명력과 예측력을 기대하고 간 것이 아니기 때문에 맞히지 못하더라도 그냥 잊어버립니다. 그러다가 맞히는 게 있으면 신통방통하게 생각하는 것입니다. 들머리에서 말한 밥 실험도 마찬가지입니다. 밥 실험을 배우고 집에서 이 실험을 해 본 학생들은 정말로 교과서에 배운 대로 밥이 다르게 변했다고 실험 결과를 보고합니다. 그러면 밥 실험은 검증이 된 것 아닐까요? 아닙니다. 실험에 실패한 학생은 자신이 실험을 잘못해서 실패했다고 생각하기에 아무 말도 하지 않는 것뿐입니다. 그 중에 일부 실험에 '성공한' 학생만 선생님께 알리고 블로그에도 올리는 것입니다. 사이비 과학 때문에 애꿎은 학생들만 좌절감을 맛보게 합니다. 5절에서 말한 "골대를 맞추면 그 게임은 진다"도 마찬가지입니다. 그런 생각을 갖고 있는 사람은 골대를 맞추고 진 날은 "거 봐. 내 말 맞지"라고 하지만 그렇지 않은 날은 그런 생각을 했는지조차 생각지 않습니다. 6절에서 말한 펠레도 똑같은 사례입니다. 펠레의 저주가 굳어버리니 그가 우승 팀을 맞힌 경우는 무시하고 못 맞힌 경우만 기억하는 것입니다. 사이비 과학이 다 이런 식입니다.

9. 21세기에 걸맞은 사람이 되자

지금까지 사이비 과학의 다섯 가지 특징에 대해 살펴봤습니다. 이런 생각을 버리는 것은 그리 어렵지 않습니다.

① 내 경험이 다른 사람들도 동의하고 받아들일 수 있는 것인지 확인한다.

② 관찰과 실험을 반복해 인과 관계가 정말로 성립하는지 조사한다.

③ 우연의 일치를 특별하게 생각하지 말고 확률과 같은 합리적인 이론으로 설명할 수 있는지 살펴본다.

④ 애매모호하게 표현하지 말고 맞는 말인지 틀린 말인지 알 수 있도록 분명하게 표현한다.

⑤ 자신에게 유리한 증거만 받아들이지 말고 불리한 증거도 있는지 찾아본다.

비과학적 사고 또는 비합리적 사고를 버리기 위해서는 위와 같은 태도를 지녀야 합니다. 그리고 사이비 과학을 믿는 사람에게는 위와 같은 태도를 요구해야 합니다.

우리는 21세기에 살고 있습니다. 우주선이 태양계 끝까지 가고, 정보 통신 기술의 총아인 스마트폰을 누구나 들고 다니는 시대입니다. 그런 시대에 사는 사람이 원시인들이나 하는 생각을 아직도 하고 있다는 것은 분명 부끄러운 일입니다. 사이비 과학은 낭만적인 생각도 아니고 재미있는 생각도 아닙니다. 우리 삶에 큰 피해를 끼치는 생각입니다. 진정한 21세기 사람으로 살아가기 위해서는 사이비 과학을 버리고 과학적인, 합리적인 사람이 되어야 합니다.

참고문헌 및 더 읽어볼 만한 책

- 에모토 마사루(2002), 『물은 답을 알고 있다』, 양억관 옮김, 나무심는사람
- 에모토 마사루(2008), 『물은 답을 알고 있다: 물이 전하는 신비한 에너지』, 홍성민 옮김, 더난출판
- 스켑틱 협회 편집부, 한국 스켑틱, 바다출판사 (현재 vol. 1부터 vol. 13까지 출간되었다.)
- 최훈(2011), 『나는 합리적인 사람』, 우리학교
- 마이클 셔머(2007), 『사람들은 왜 이상한 것을 믿는가?』, 바다출판사
- 칼 세이건(2001), 『악령이 출몰하는 세상』, 김영사

세계를 규정하고자 하는 힘과
확장하고자 하는 힘

⋮

지혜인

1. 기원전 520년, 그리스

아래 이야기는 피타고라스학파와 관련하여 전해 내려오는 유명한 일화의 일부입니다. 장면을 머릿속으로 상상하면서 읽어봅시다.

기원전 520년경, 지중해에는 태풍이 오기 직전 같은 긴장이 감돌았다. 망망대해에는 한 척의 작은 배가 떠 있었고, 그 배에는 그리스의 수학자 히파수스(Hippasus of Metapontum)가 타고 있었다. 히파수스는 밧줄에 묶여 있었고, 그 주위를 피타고라스(Pythagoras, BC 582? ~ BC 500?)의 제자들이 둘러싸고 있었다. 고개를 푹 숙인 히파수스에게 피타고라스의 제자들은 어쩔 수 없다는 표정을 지었고, 어느 지점에 이르자 잠시 배를 멈췄다. "히파수스, 이제 너를 피타고라스학파 명단에서 빼버리도록 하겠다. 너는 우리 학파의 교리에 어긋나는 생각을 했고, 그 생각을 다른 사람에게 누설했다. 너의 죄를 인정하는가?" 피타고라스 제자들의 질문에 히파수스는 아무 대답도 하지 않았다. 히파수스를 둘러싸고 있던 몇몇은 훌쩍거렸지만, 잠시 침묵이 흘렀다. "히파수스, 이제부터 우리는 피타고라스학파의 방식대로 너의 잘못을 처리하도록 하겠다." 이렇게 '두 정수의 비율로 나눌 수 없는 어떤 수'를 최초로 발견했다고 알려진 남자는 그리스 바다 속으로 던져지고 말았다.

그리스 동부 에게 해에 있는 작은 섬 사모스에서 태어난 피타고라스는 이 세상을 지배하는 신비한 힘이 무엇인지 알고 싶었습니다. 젊은 시절 세계를 구성하는 자연적 물질의 근원을 밝힌 최초의 사람으로 유명했던 탈레스의 제자였던 철학자 아낙시만드로스(Anaximandros)로부터 이 세상의 근본 원리에 대한 탐구 방법을 배운 피타고라스는 신비한 힘과 그 근원을 '수(數)'에서 찾았습니다. 특히 수와 수의 관계, 즉 비율에 대해 관심이 많았습니다. 이와 관련하여 우리에게 가장 널리 알려진 것이 바로 '피타고라스의 원리'입니다. 여러분들도 잘 알고 있다시피, $[a^2+b^2=c^2]$ 즉, 직각삼각형 두 변을 제곱해서 더한 것은 가장 긴 변인 빗변을 제곱한 값과 같다는 원리가 바로 피타고라스의 원리입니다. 예를 들어, 직각삼각형의 세 변의 길이가 3, 4, 5라면, 여기에는 피타고라스의 원리가 아름답게 적용되고 있는 것입니다.

그럼 이제 두 변의 길이가 모두 2인 직각이등변삼각형을 떠올려봅시다. 이 경우를 피타고라스의 원리에 대입하면 $[2^2+2^2=빗변^2]$이 됩니다. 따라서 빗변의 길이를 제곱하면 그 수는 자연수인 8이 되어야 하는데, 문제는 제곱해서 8이 되는 수를 자연수 안에서는 찾을 수 없다는 것이었습니다. 여기서 문제가 발생합니다. 당시 피타고라스학파는 만물의 근원을 자연수라고 여겼고, 존재하는 모든 것들을 정수의 비율로 표현할 수 있다는 믿음을 가지고 있었습니다. 특히 피타고라스학파에서는 수학과 철학에 대한 연구를 도덕적 삶의 기초로 삼았기 때문에 존재하는 것들이 정수의 비율로 표현되지 않는다는 것은 그들 삶에 문제를 일으킬 수 있다는 말이기도 했습니다. 실제로 수학(mathematics)이라는 말의 어원은 그리스어 '마테마타($\mu\alpha\theta\eta\mu\alpha\tau\alpha$)'로, 이 말의 뜻은 다름 아닌 '배운다'는 것을 의미했습니다. 또한 철학(philosophy)이라는 말은 그리스어 '필레인($\Phi\iota\lambda\epsilon\iota\nu$, 사랑하다)'과 '소피아($\sigma o\varphi\acute{\iota}\alpha$, 지혜)'가 합쳐서 된 말로서 그 의미를 풀어보면 '지혜를 사랑한다'는 말이 됩니다. 이 두 가지 말, 즉 배우고 또 지혜를 사랑한다는 말을 처음으로 쓴 사람은 피타고라스로 알려져 있습니다.[1] 따라서 피타고라스학파에게 있어서는 삶 속에서 배우고(수학), 지혜를 사랑하는 일(철학)이 분리되어 있지 않았던 것입니다. 그들에게 있어서 지혜를 주는 모든 배움은 곧 수학이 되고 철학이 되었기 때문입니다.

이렇게 배움을 통해 지혜를 추구해야 했던 피타고라스학파였기에 이들은 스승의 권위, 복종, 맹세 등의 가치를 중요하게 여겼습니다. 서로 배

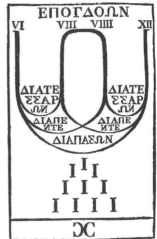

그림 1〉 아테네학당의 피타고라스와 테트락티스

움을 나누면서 지혜를 교류할 수만 있다면 남성이든 여성이든 학파에 들어올 수 있었는데, 한번 들어오면 나가기가 쉽지 않았으며 철저한 공동체주의를 표방했고, 폐쇄적이면서도 신비주의적 경향이 짙기로 유명했다고 합니다. 가령 콩 먹지 않기, 한번 떨어뜨린 물건은 줍지 않기, 불빛 옆에서 거울 보지 않기 등의 특이한 규율이 그 증거라고 하네요. 이렇게 특이한 생활을 했던 그들이 특히 신비롭고 귀하게 여겼던 것은 바로 수(數)였는데, 숫자 1을 모든 수의 생성 근원으로 여겼다고 합니다. 숫자 2는 최초의 짝수이자 소신, 3은 최초의 진정한 홀수이자 조화를 상징했으며, 최초의 제곱수인 4는 정의와 복수, 여성수 2와 남성수 3의 합인 5는 결혼을 의미했다고 전해집니다. 가장 신성하게 여겼던 수는 바로 10으로, 피타고라스는 10이라는 수에서 우주의 원리를 발견하고자 노력했습니다. 테트락

티스(Tetractys)라고 불리는 상징체계는 피타고라스가 숭배했던 것으로 라파엘로(Raffaello Sanzio)의 작품 '아테네 학당(School of Athens)'에도 등장하고 있습니다. 『무한의 신비』라는 책의 저자 애머 악첼(Amir D. Aczel)은 피타고라스가 추상 수학적 논의를 통해 10이라는 수에 특별한 지위를 부여한 것에 감탄하고 있습니다. [1+2+3+4=10]라는 수식을 해석해보면, 1은 0차원의 점, 2는 1차원의 선, 3은 2차원의 평면, 4는 3차원의 4면체를 나타낸다는 것입니다.[2]

이렇게 질서정연한 방식으로 우리가 떠올릴 수 있는 세계와 우주를 배열하고 표현하고자 했던 피타고라스학파 사람들에게 있어서 정수비로 표현할 수 없는 수인 무리수(irrational number)의 발견은 큰 충격이었을 것입니다. 그들에게 있어서 수는 이 세상의 모든 것이자, 그 모든 것을 만들어낸 근원이었기 때문입니다. 그런데 무리수라는 것이 발견됨으로써 이 세상에 존재하는 어떤 것은 정수 두 개의 비율로 나타낼 수 없다는 것이 밝혀졌습니다. 이로써 피타고라스학파가 쌓아온 배움, 즉 앎의 체계인 수학과 지혜를 사랑하는 일인 철학 사이에 간격이 벌어지기 시작한 것입니다. 지혜를 사랑하는 일을 하는 철학자들은 이 간격을 좁힐 묘안을 강구할 필요가 있었습니다.

2. 세계에 대한 탐구: 규정과 확장의 반복

철학자들의 눈으로 보기에 수학자들이 세계 및 우주를 하나의 조화로운 체계로 보고 다양한 방식으로 만물의 규칙을 찾아내어 배열해보는 것은 분명 아름다운 접근 방식이었습니다. 하지만 지혜를 사랑하는 사람들(철학자)은 이 세계와 우주가 '조화'라는 요소로만 이루어져 있다고 생각하지 않았습니다. 분명 우주 곳곳에는 하나의 체계로는 규정하기 힘든 혼돈과 무질서가 존재하고 있었기 때문입니다. 피타고라스학파의 가르침이 담긴 비밀스러운 책을 비싼 값에 손에 넣은 귀족 출신 철학자 플라톤(Platon, BC 427 ~ BC 347)은 수학을 사랑하는 사람이었는데, 당시 그는 수학이 남긴 과제들을 해결하고자 애를 썼습니다. 플라톤의 대화편 중 하나인《메논 (Meno)》(82b~87c)에는 피타고라스학파에서 끝까지 비밀로 남겨놓았던 무리수에 관한 이야기가 조심스럽게 전개되고 있습니다. 이 이야기에서 플라톤은 테살리아의 귀족 가문 출신 남자 메논과 메논의 시중을 들고 있는 어린 노예, 그리고 이 두 사람 사이에서 끊임없이 질문을 던지는 그의 스승 소크라테스를 등장시켜 정수의 비율로 표시되지 않는 어떤 대각선에 대한 앎에 도달시킵니다. 물론 이 부분의 핵심 내용은 상기(想起, anamnesis) 그리고 이를 가능하게 하는 영혼의 불멸성에 대한 논증입니다. 즉, 우리가 가지고 있는 관념, 생각, 앎 등은 우리가 이 세상에 육체를 통해 존재하기 전에 영혼의 상태에서 이미 다 습득한 것이라는 주장을 펼치고 있는 것입니다. 그런데 이러한 논증 과정에서 활용되는 개념이 바로 수학에서의 무리수 개념입니다. 이 과정에서 소크라테스는 메논의 어린 노예에게 넓이가 4의 2배가 되는, 즉 넓이가 8인 정사각형을 떠올릴 수 있도록 지속적인 질문을 던집니다. 처음에 노예는 한 변의 길이가 2인, 넓이가 4인 정사각형을 떠올렸고, 소크라테스는 이 정사각형 넓이의 2배되는 정사각형을 떠올려보라고 제안합니다. 그러자 어린 노예는 정사각형 한 변의 길이를 2배씩 늘려, 즉 넓이가 16인 정사각형을 떠올리고 맙니다. 정사각형의 원래 넓이는 4였고, 노예가 길이를 두 배 늘린 정사각형의 넓이는 16이므로, 소크라테스가 과제로 내 준 넓이가 8인 정사각형은 4와 16 사이 어딘가에 있는 셈이 됩니다. 그래서 소크라테스는 넓이 8이 넓이 4와 넓이 16 사이의 어딘가에 있을 것이라는 의문을 노예에게 던져주게 되고, 이에 노예는 넓이가 9인, 즉 한 변의 길이가 3인 정사각형을 떠올리고 맙니다. 노예는 정수밖에 모르기 때문에 2와 4 사이에는 3만 있다는 믿음을 가지고 있었던 것이며, 이러한 노예의 모습에서 당시 그리스 사람들이 수에 대해 가지고 있었던 관념을 엿볼 수 있습니다. 아래 대화는《메논》에서 일부를 발췌한 것입니다. 함께 살펴볼까요? 도형을 보면서 생각해보면 이해하기 쉽답니다.

소크라테스: 그러니까 생각해 보거라. 도형 BDNM의 면적은 얼마지?

노예: 모르겠습니다.

소크라테스: 이 각각의 선분은 이 네 도형들

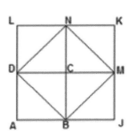

그림 2〉 메논의 도형

(ABCD, BJMC, CMKN, DCNL) 각각의 반을 안에서 나누지 않았니?

노예: 그렇습니다.

(중략)

소크라테스: 그렇다면 여기 이 도형 BDNM은 몇 제곱피트가 되지?

메논: 8제곱피트가 됩니다.

소크라테스: 어떤 선분으로부터 되는 것이지?

노예: 이 선분(BD DN NM MB)으로부터입니다.

소크라테스: 그런데 이 선분을 지자들(기하학자들)은 대각선이라고 부르지.

— 플라톤, 『메논』 (85a~85b)

　그렇다면 플라톤은 제곱근에 대해 어떻게 생각했던 것일까요? 위 대화 속에서 플라톤이 끝까지 제곱근이라는 용어 대신 '대각선'이라는 표현을 사용하고 있다는 점에서 몇 가지 추측을 할 수 있을 것입니다. 우선 당시 시대 상황을 덧붙여 볼 때, 제곱근이라는 개념 자체는 비밀스럽게 여겨졌으리라고 생각합니다. 따라서 플라톤 역시 제곱근에 대한 앎을 공식적으로 표현하지 않았던 것 같습니다. (참고로 플라톤은 피타고라스학파의 교리책을 비싼 값을 치러 몰래 구입했습니다.) 또한 젊은 시절부터 수학에 빠져 있던 플라톤은 $\sqrt{2}$의 값이 딱 떨어지게 표현되지 않는다는 점을 이미 알고 있었을 것입니다. 지금 이 순간에도 $\sqrt{2}$의 값은 그 소수점을 늘려가고 있기 때문입니다. 그래서 우리는 $\sqrt{2}$를 계산할 때, 근사값인 1.414를 사용합니다.

이 값이 완전히 정확한 값이 아니고, 애초에 정확하게 규정될 수 없는 값임에도 불구하고 현실에서 '편의'를 위해 어느 정도 타협안을 내놓은 것입니다.

First 10,000 decimals of √2

그림 3〉 √2를 소수점 10,000단위까지 표현한 것. (출처: https://commons.wikimedia.org/wiki/File:10,000_digits_of_square_root_of_2_-_poster.svg)

그렇다면 참 신비롭지 않습니까? 우리는 분명 머릿속으로 넓이가 8인 정사각형을 떠올릴 수 있고, 그 정사각형을 이루고 있는 한 변의 길이를 상상할 수도, 그림으로 그릴 수도 있습니다. 하지만 막상 그 값을 정확하게 표현하고자 하면 그 한 변의 길이는 어느새 이 세상에 없는 것이 되어버립니다. 어째서 우리는 없는 것을 있다고 떠올릴 수 있는 것이며(철학자와 수학자 모두 이 문제에 직면합니다), 떠올린 것을 정확한 값으로 표현하고자 노력하는 것이며(수학자의 노력), 여기서 발생한 한계를 토대로 또 다른 방향으로의 사고 확장을 꾀하려 하는 것일까요(철학자의 노력)?

앞서 제기했던 문제를 다시 한 번 살펴봅시다. √2는 분명 이 세계에 정확한 값으로 존재하고 있지 않습니다. 하지만 우리는 이것을 상상할 수 있습니다. 즉 우리의 상상 세계는 현실 세계에 존재하지 않는 것이라도 존재하게 할 수 있는 것입니다. 수학자들과 철학자들은 모두 이 간극을 좁히고자 노력하는 사람들입니다. 이들은 늘 "상상으로만 존재하는 것이라도 현실에서 표현할 수는 없을까?"를 물었고, 이 무한한 가능성을 탐구해왔습니다. 이러한 탐구는 오래전부터 시작되었는데, 고대 그리스에서는 철학자들이 곧 수학자였고, 수학자들이 곧 기하학자였고, 기하학자들이 곧 철학자였던 것입니다. 대표적인 사람이 바로 파르메니데스(Parmenides)였는데, 그는 다음과 같은 말을 남겼습니다.

> "그대는 이야기를 듣고 명심하라, 탐구의 어떤 길들만이 사유를 위해 있는지. 그중 하나는 '있다'라는, 그리고 '있지 않을 수 없다'라는 길로서, 설득의 길이며, 다른 하나는 '있지 않다'라는, 그리고 '있지 않을 수밖에 없다'라는 길로서, 그 길은 전혀 배움이 없는 길이라고 나는 그대에게 지적하는 바이다."
>
> -파르메니데스《단편들》[3]

파르메니데스가 남긴 이 말은 서양 철학에서 존재하는 것들에 대한 사유의 신호탄으로 여겨지고 있습니다.[4] 여기서 파르메니데스가 말하고자 하는 바는 간단명료합니다. 있는 것을 있다고 하는 것과 있지 않은 것을 있지 않다고 하는 것은 너무나도 당연하고 명백한 사실이기 때문입니다. 그런데 플라톤은 대화편《파르메니데스》에서 이 문제를 다시 한 번 다루고 있습니다. 대화편《파르메니데스》에서 플라톤은 자신(그리고 소크라테스)의 이데아론을 설명하면서, 이것을 현실적인 '있는 것'으로 규정할 때의 어려움에 대해서 논하고 있습니다. 이데아란 플라톤이 주장하는 형이상학 이론의 핵심 개념으로 이데아가 있기 때문에, 즉 이데아의 존재를 상상할 수 있기 때문에 현상 세계에서의 우리 존재도 가능하게 된다는 일종의 믿음 체계입니다. 플라톤이 이데아라는 개념을 사용하기 전에 활동하던 파르메니데스에게 있어서 '있는 것'들은 현실 세

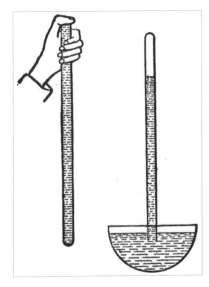

그림 4〉 토리첼리의 진공 실험

계에서 있는 것들로 규정되는 것들과 다르지 않았습니다. 하지만 플라톤에 이르러서는, 인간 사유에 있어서 '있는 것'들이 그러한 자연에 있는 사실적인 것들에 제한되지 않을 수도 있다는 가능성이 조심스럽게 검토되기 시작합니다.

우리들 역시 지금 이 글을 읽으면서도 끊임없이 '없는 것'들에 대해 생각할 수 있습니다. 무리수, '0', 진공, 광활한 우주, 영혼 등등이 바로 그것들이죠. 플라톤은 이 점을 놓치지 않았습니다. 인간은 자연적으로 존재하는 것들에 대해서뿐만 아니라 '무(無)'에 대해서도 생각할 수 있는 존재인 것입니다. 생각하기를 좋아하는 사람들에게 있어서 이것은 중대한 문제였습니다. '있지 않은 것'에 대해 '있는 것'들을 다루는 사유 방식으로 접근

하는 것은 어쩌면 매우 어색한 시도일 수 있기 때문입니다. '0'의 경우를 생각해보면 이 말이 쉽게 이해될 것입니다. 분명 일상생활에서 우리는 '0'을 다룹니다. '0'은 있는 것들에 가치를 매겨주는 화폐 단위로서도 기능하고, 음수와 양수 사이에 있는 어떤 것으로도 여겨지고 있습니다. 하지만 '0'은 본래 아무것도 없을 때 사용되는 기호이기도 합니다. 그렇다면 우리가 0에 대해서 말할 때 그것은 있는 것으로 다뤄지고 있는 것인가요, 아니면 없는 것으로 다뤄지고 있는 것인가요? 0, 즉 무(無)의 대척점에 있는 것처럼 여겨지는 무한 개념도 마찬가지입니다. 유한한 존재로 여기 이 세상을 살아가는 인간이 떠올리는 무한함이란 과연 진정한 무한함일까요? 무한이라는 개념을 떠올리고 사용하는 그 순간, 무한함은 유한함으로 바뀌는 것은 아닐까요?

이 문제가 다시 논쟁적으로 다뤄진 것은 16~17세기에 이르러서였습니다. 그것이 무엇이든 인간 사유의 한계에서 다뤄지기 어려운 것은 신의 영역으로 상승시켜야 한다는 중세의 사유 방식[5]을 지나온 사람들은 다시금 인간 사유의 힘에 대해서 탐구하기 시작했습니다. 이른바 르네상스(Renaissance) 시기를 맞이한 것입니다. 문학, 미술, 건축, 경제, 정치 등 수많은 분야의 발전이 이루어졌고, 사람들은 많은 것들을 욕망하기 시작했습니다. 이 과정에서 교환 수단인 화폐가 급부상하였고, 화폐의 원료인 철광석에 대한 수요가 급상승하였습니다. 그런데 자원을 채굴하기 위해서는 더 깊이 파 내려갈 필요가 있었습니다. 그리고 이를 위해 깊은 곳에 있는 지하수를 끌어올릴 필요가 있었습니다. 하지만 당시의 기술로는 아주 깊은 곳에 있는 물을 끌어올릴 수가 없었다고 합니다. 이탈리아에서는 토리첼리(Evangelista Torricelli)라는 남자가 이 문제에 대해서 오랜 시간 고민했습니다. 갈릴레이(Galileo Galilei)의 조수였던 그는 스승이 죽기 전에 말했던 것들을 실제로 증명하고자 했습니다. 그 중 하나가 바로 진공에 관한 것이었다고 합니다. 일찍이 갈릴레이는 진공 개념에 관심이 많았는데, 만물과 천체의 움직임에 대해 좀 더 정확하게 이해하기 위해서는 진공에 대한 입장을 정해야 했기 때문이었습니다. 그런데 젊은 시절 갈릴레이는 아리스토텔레스 사상을 주로 배웠습니다. 당시 아리스토텔레스의 사상은 자연이 왜 그러한 모습인지를 설명하는 매우 탁월한 체계로 여겨졌기 때문이었습니다.[6] 아리스토텔레스 자연철학의 기반에는 진공에 대한 혐오("Horror vacui.", "Nature abhors a vacuum.")가 자리 잡고 있었고, 젊은 시절의 갈릴레이는 이에 직관적으로 반대했습니다. 하지만 어디까지나 직관적인 반대일 뿐, 진공이 왜 가능한지에 대해 증명하지 못했습니다. 이후 세월이 흘러 토리첼리가 조수 생활을 시작한지 약 3개월 만에 갈릴레이는 세상을 뜨고 말았지만, 토리첼리는 스승의 직관적인 믿음을 증명해보고자 많은 노력을 기울였습니다. 어린 시절부터 수학과 철학에 두각을 드러냈다는 토리첼리는 명석판명하게 증명하는 일에 관심이 많았습니다. 그랬던 그였기에 어떻게 해서든 진공을 만들어서 사람들에게 보여주고 싶었습니다. 그런데 일단 물을 채울 유리관을 만들어야 했습니다. 당시 기술로 만들어 낼 수 있는 유리관에서는 진공이 만들어지지 않았습니다. 이론적으로 적어도 10미터 이상의 유리관을 만들어내야 하는데, 이를 실현할 기술이 없었던 것입니다. 고민 끝에 토리첼리는 물보다 무거운 액체인 수은을 사용해 보기로 합니다. 수은은 물보다 13.6배 무겁기 때문에 1미터짜리 유리관을 준비하면 10미터 이상 길이의 관에 물을 채워 넣은 것과 비슷한 실험이 될 것이기 때문이었습니다. 자신이 설계한 실험 계획대로 토리첼리는 1미터짜리 유리관에 수은을 가득 넣고, 이미 수은이 어느 정도 채워져 있는 용기에 이 유리관을 뒤집어 세우는 실험을 하게 됩니다. 그러자 수은은 76센티미터 높이에서 멈췄고 나머지 24센티미터 정도의 공간은 비어 있었습니다. 그리고 토리첼리는 이 공간이 바로 진공이라고 확신했습니다.

이 실험 결과는 유럽 대륙으로 퍼지게 되었고, 프랑스에서 활동하던 수학자이자 물리학자이자 철학자였던 가상디(Pierre Gassendi)에게 진공이 존재한다는 확신을 심어주었습니다. 1624년, 아리스토텔레스의 세계관을 부정하는 책을 출판한 그는 데모크리토스(Democritus)적 사고방식으로 무장한 원자론자였습니다. 가상디의 관점으로 볼 때 원자와 허공, 이 두 가지만 있으면 객관 세계의 모든 것을 설명할 수 있었습니다. 하지만 생각하기를 좋아하는 또 다른 사람(철학자)들은 여기서 멈추지 않았습니다. 이들과 비슷한 시기를 살아갔던 데카르트(René Descartes)가 진공 개념에 반기를 든 것입니다. 데카르트는 토리첼리나 가상디가 진공이라고 지칭하는 그곳에도 무엇인가가 가득 채워져 있다고 생각했습니다. 데카르트의 이 주장에 많은 사람들은 고개를 갸우뚱했을 것입니다. 당시 독일에서는 게리케(Otto von Guericke)라는 남자가 진공 펌프 개발에 성공했다는 뉴스가 들려왔고, 그 펌프를 사용해서 어떤 공간 속의 공기를 빼내면 촛불이 꺼지고,

그림 5〉 조셉 라이트의 그림 〈진공 펌프 실험〉(1768)은 진공이 만들어지는 바람에 죽게 된 새에 대한 사람들의 다양한 반응을 보여준다. ("An Experiment on a Bird in an Air Pump" by Joseph Wright of Derby, 1768, The National Gallery, London), (출처: https://commons.wikimedia.org/wiki/File:An_Experiment_on_a_Bird_in_an_Air_Pump_by_Joseph_Wright_of_Derby,_1768.jpg)

살아있던 새가 죽었습니다.

실험을 통해 눈앞에서 어떤 공간이 '진공'으로 변하는 장면을 목격한 사람들이 점점 늘어난 것입니다. 그러한 진공 개념 수용론자들에게 데카르트는 아래와 같은 논증 방식을 사용하여 진공 개념이 성립 불가능하다는 것을 보여주려 애썼습니다.

나는 물체에 대해서는 추호도 의심하지 않았으며, 심지어 명석 판명하게 그 본성을 알고 있다고 생각했다. 그리고 내가 만일 물체의 본성에 대해 생각하고 있는 대로 기술했다면, 나는 아마 "모든 물질, 물체란 한정된 모양을 갖고 있고, 제한된 공간을 갖고 있으며, 다른 물체를 배제하는 어떤 공간을 차지하고 있는 것이고, 또 그것은 어떻게든 지각되는 것이며, 스스로 운동하지는 않지만, 다른 사물과 접촉함으로써 다양한 방식으로 운동할 수 있는 것이다"라고 설명했을 것이다.

-데카르트『성찰』[7]

데카르트는 그의 책『성찰』에서 모든 것들의 실체를 명석판명하게 밝히고자 노력합니다. 그 중 물체에 관한 부분에서 데카르트는 모든 물질, 즉 모든 '있다고 여겨지는 것'들은 연장성(Res extensa)을 가져야만 한다는 것을 강력하게 주장합니다. 따라서 만약 어떤 사람이 "진공이 존재한다"고 말한다면, 그것은 진공일 수 없는 것입니다. 왜냐하면 존재한다는 것은 이미 무엇인가가 '있음'을 전제하고 있기 때문입니다. 하지만 "저 유리병 속을 진공 상태로 만들어보라. 아무것도 없지 않은가?"라고 말하는 사람들이 여전히 존재할 것입니다. 그들에게 데카르트는 이렇게 답변할 것입니다. 우리 눈에는 보이지 않지만, 더 미세한 수준을 상상해보면, 분명 비어 있다고 생각한 저 유리병 안에도 무엇인가가 가득 차 있다고 말입니다.

이러한 데카르트의 상상력과 직관력은 세계를 확장시키는 중요한 관점을 제시한 사례라고 생각합니다. 또한 데카르트와 가상디 사이에 벌어진 논쟁들은 인간의 본능, 즉 세계를 규정하고자 하는 욕망과 세계를 확장하고자 하는 욕망을 잘 보여주고 있다고 생각합니다. 지금은 존재하지 않는다고 여겨지는 것이라고 할지라도 어딘가에는 있을 것이라는 생각, 그리고 존재로서 한 번 규정되었다고 할지라도 그 규정이 완벽하지 않을 수 있다는 생각,

이러한 생각들은 인간의 호기심을 자극했고 또한 그 호기심의 검증을 가능하게 했기 때문입니다. 인류는 이렇게 발전을 거듭해 왔습니다.

3. 세계 탐구의 필연적 태도로서의 융복합

20세기를 지난 지금, 인간의 세계 탐구는 다양한 방식으로 계속되고 있습니다. 지금 이 순간에도 "무엇이 존재하는가 혹은 존재하지 않는가?"라는 문제에 대한 접근 방식에 있어서 우리가 어떠한 태도를 취하느냐에 따라 상반된 결론이 나온다는 연구 결과가 쏟아져 나오고 있습니다. 이러한 연구들 중에서 우리에게 널리 알려진 것이 바로 하이젠베르크(Werner Hessenberg)의 불확정성 원리(Uncertainty Principle)일 것입니다.

　우리에게 전자를 관찰할 수 있는 현미경이 있다고 상상해봅시다. 이 현미경으로 전자를 관측하려면 전자에 빛을 한 번 충돌시킨 다음, 그 빛이 현미경으로 들어와야 합니다. 이때, 전자가 어디에 있는지 정확하게 측정하기 위해서는 파장이 짧은, 그래서 에너지가 큰 빛을 이용해야 합니다. 그런데 이렇게 에너지가 큰 빛은 측정 과정에서 전자의 운동량을 변화시킵니다. 이러한 문제점을 바로잡기 위해서는 파장이 긴 빛을 사용해야 하는데, 이 경우에는 반대로 위치 측정에 문제점이 생깁니다. 이렇게 하나를 규정하고자 하면, 나머지 하나가 규정되지 않고, 이것을 바로잡고자 하면 처음에 규정되었던 것이 다시 튕겨나가 버립니다. 이것을 불확정성 원리라고 부릅니다. 이러한 하이젠베르크의 불확정성 원리는 물리학계에 큰 충격을 주었습니다. 이전까지 물리학이라는 것은 물리 세계에 존재하는 것들에 대한 정확한 값을 내는 것을 목표로 하고 있었기 때문입니다. 일례로 아인슈타인(Albert Einstein)은 "신은 주사위 놀이를 하지 않는다"라는 유명한 말을 남기면서 하이젠베르크의 불확정성 원리에 대해 강력하게 반대했습니다.

이렇듯 존재와 비존재 또는 규정성과 비규정성이라는 주제와 관련하여 현재는 양자 역학(quantum mechanics)이라는 분야가 이 문제를 다루고 있습니다. 양자 역학이라는 용어를 논문에서 최초로 사용한 사람은 폴 디랙(Paul Adrien Maurice Dirac)으로 알려져 있으며, 대학 시절 공학과 철학을 공부한 그는 기존의 '고전적 진공'을 넘어서서 '양자 역학적 진공'이라는 개념을 등장시킵니다.

양자 역학에 대한 어려운 설명 대신, 다소 쉬운 표현으로 '새로운 진공' 개념에 대해 생각해봅시다. 우리의 눈이 마주하는 일상적, 거시적 세계에서의 진공이란 '아무것도 없이 텅 비어 있는 공간'으로 정의되고 있습니다. 하지만 데카르트가 주장하였듯이, 어떤 공간을 한정해서 이야기한다는 것은 곧 개념적으로 완벽한 진공을 이야기하지 못할 수도 있다는 말이됩니다. 제 아무리 진공이라고 해도 어떤 공간을 차지하고 있다는 말은 곧그 공간에 무엇인가가 끊임없이 연장(延長)되고 있는 상황을 상정하고 있기 때문입니다. 이때 '이 무엇인가'가 양자 역학에서는 큰 이슈가 되고 있습니다. 역학에서는 이론상으로 에너지가 0인 상태를 진정한 진공으로

그림 6〉 폴 디랙 (출처: http://www.agoravox.fr/actualites/technologies/article/
paul-dirac-1902-1984-antimatiere-a-158267)

여긴다고 합니다. 하지만 문제는 바로 에너지가 0이 되는 공간은 지금까지 단 한 번도 발견되지 않았다는 것입니다. 이와 관련해서는 수많은 이론서들이 존재하는데, 어려운 설명 대신에 한 편의 짧은 시를 소개하고자 합니다. 한번 음미해봅시다.

사실, 이치는 힘에 있고

힘은 이치와 다르지 않으니,

힘은 빔(空)에 있고

빔은 힘과 다르지 않도다.

-왕부지(王夫之)[8]

가장 최근 연구에서 스티븐 호킹(Stephen Hawking)과 로저 펜로즈(Sir Roger Penrose)는 우주의 시간을 과거로 거슬러 올라갔을 때의 우주 공간의 축소 방식을 연구했습니다. 그리고 일방 상대성 이론에 근거하여 생각하는 한, 팽창하는 우주를 과거로 거슬러 올라가면 계속 축소되어 최종적으로는 0이 될 때까지 찌부러진다는 결론을 도출했습니다. 현재 우리는 이 마지막 점을 '특이점'이라고 부르고 있는데, 이 점은 부피가 0이며, 밀도와 온도는 무한대로 되는 지점입니다.[9] 이러한 결론은 실험, 관측의 결과가 아니라 수식을 통해 유도한 것으로, 특이점은 우리가 아직까지 현실 세계의 관점으로는 설명할 수 없는 형이상학적 지점입니다. 이렇게 해서 고난이도의 물리학적 연구 결과는 다시 철학적 연구 지점에 놓여지게 됩니다.

2014년 한국의 연구팀이 진공을 형상화하는 실험을 시도하여 성공하였습니다. 앞서 언급했던 폴 디랙이 주장했던 명제, 즉 "진공은 미약한 에너지로 채워져 있다"는 것을 직접 눈으로 확인한 것입니다. 연구팀은 나노격자와 단일 바륨원자 검출기를 이용해 진공에너지를 형상화했는데, 진공 상태라고 여겨지는 공간에 두 거울을 놓고 그 사이를 원자가 지나가도록 했을 때 어떤 형상을 보여주는지 관찰했습니다. 연구팀에 의하면 "나노미터급 크기의 구멍을 통해 바륨 원자 하나하나를 두 개의 거울 사이에 집어넣는 방식으로 원자의 위치를 정확히 제어하면서, 원자가 방출하는 광자(빛을 구성하는 에너지 알갱이)를 검출했다"고 합니다. 이 실험은 결국 진공이 '텅 빈 공간'이 아님을 증명해주었고, 약 50여 년 전에 폴 디랙이 깊은 생각과 사고 실험을 통해 주장했던 바를 관찰 가능한 결과로 보여주었습니다. 결국 긴 시간을 거쳐 인류는 다시 아리스토텔레스의 '진공 혐오' 사상으로 회귀한 것입니다. 그것이 무엇인지 모르겠지만, 우리가 비어 있다고 믿은 그 공간에 무엇인가가 있다는 생각이, 이제 "진공이라고 해도 그곳에는 음의 에너지가 가득하다"라는 좀 더 정교한 표현으로 자리 잡은 것입니다. 이러한 실험 결과는 우리에게 흥미로운 관점을 제시해줍니다. 우리가 세계를 좀 더 정확히 알아내고 싶어 하고, 규정하고 싶어 할수록 세계는 무규정의 확장된 영역으로 나아가고 있는 것입니다. 지금까지 수많은 철학자, 수학자, 과학자들이 이 기묘한 패러독스에 용기 있게 뛰어들었습니다. 이들이 용기를 낼 수 있었던 이유는 바로 사실이라고 여겨지는 것들을 있는 그대로 받아들이지 않고, 정반대의 상황이 펼쳐질 수 있다고 상상했기 때문입니다. 이들의 상상이 바로 융복합적 사고이며, 이러한 융복합적 사고 안에서는 철학자도, 수학자도, 과학자도 모두 세계의 용기 있는 탐구자가 됩니다.

4. 마무리

지금까지 우리는 눈앞에 있는 듯하지만 없을 수도 있고, 눈앞에 없는 것 같지만 있을 수도 있는 개념들에 대해 함께 생각해보았습니다. 존재하는 것들과 존재하지 않는 것들 각각에 대해서 어떤 입장을 갖든 간에 그 입장들을 서로 비교해보고 논의하는 과정에서 인류의 수학, 과학, 철학은 상보적으로 발전을 거듭해왔습니다. 따라서 어떤 관점이 더 타당하고 우월한지를 따져 보는 것은 큰 의미가 없을 것입니다. 하나의 사태에 대해서도 전혀 다른 관점을 취할 수 있으며, 그러한 서로 다른 관점이 알고 보면 모두 그 다음 지점을 향해 나아가고 있었다는 것을 깨달을 수만 있다면 당신은 이미 이 위대한 항해에 동참하는 것입니다.

이로써 생각하기를 좋아하는 사람들의 두 가지 역할은 분명해졌습니다. 하나는 세계를 규정하는 것이고, 또 다른 하나는 세계를 확장하는 것입니다. 세계 규정은 세계 확장적 사고를 불러일으키고, 세계 확장은 세계 규정적 사고를 촉진시킵니다. 따라서 이 둘은 모순 같지만 서로 이어져 있다고 볼 수 있습니다. 철학, 수학, 과학은 모두 이렇게 발전되어 왔습니다. "'없는 것'이라고 여겨질지라도 있는 것일 수 있다"는 생각을 품은 철학자, 수학자, 과학자들이 있었기에 그들은 무한한 가능성의 문을 하나둘씩 열 수 있었습니다. 이들이 가능성의 문을 여는 과정에서 공통의 열쇠로 쓰였던 것은 바로 '엄밀성'이었는데, '없는 것'이라면 명백하게 없어야 하며, '있는 것'이라면 명백하게 있어야 한다는 생각의 규칙만큼은 모두 동일하게 가지고 있었습니다. 그런데 이러한 엄밀성으로 어떤 새로운 개념을 쥐려고 하면, 마치 주먹 쥔 손 사이로 모래알이 빠져 나가듯이 개념들이 이탈했습니다. 이렇게 세계는 규정됨과 동시에 확장되고 있습니다.

어떤 사람은 이러한 결론에 허무함을 느낄 지도 모르겠습니다. 그 어떤 답변도 완벽하게 이 모든 것을 설명할 수는 없다는 것만이 진리로 남는 이 상황은 답답하기도 하고 공허함을 주기도 합니다. 그렇다면 결국 우리는 그리고 이 모든 것은 환상인 것은 아닐까요? 인류의 긴 탐구는 결국 허무주의로 귀결될 수밖에 없단 말인가요? 이 질문에 대해 융복합적 사고방식으로 희망의 메시지를 던져보면서 마무리를 해볼까 합니다.

어떤 사람이 이 세상을 좀 더 정확하게 설명하고자 노력하는 동안, 또 어떤 사람은 설명해내지 못하는 영역들이 여전히 남아 있다는 것을 깨닫고 생각과 연구를 거듭합니다. 한번 이 과정 자체를 바라봅시다. 어때요? 아름답지 않나요? 답이 나오지 않을지라도, 생각지 못했던 결론이 나올지라도 인간은 고민을 거듭하고 연구를 계속합니다. 이러한 방식으로 인류는 발전을 거듭해왔습니다. 인간 안에는 이미 세계를 규정하고 또 확장하고자 하는 융복합적 사고가 본능적으로 자리 잡고 있는 것일지도 모르겠습니다.

주석

1 애머 악첼, 『무한의 신비』, 신현용, 승영조 옮김, 승산, 2016, p. 24. .

2 애머 악첼, 『무한의 신비』, 신현용, 승영조 옮김, 승산, 2016, pp. 26~27.

3 김남두, 파르메니데스 『단편들』(해제), 서울대학교 철학사상연구소, 2006, http://philinst.snu.ac.kr

4 양태범, "서양 존재 사유의 기원과 비존재의 문제 ‒파르메니데스에서 플라톤까지‒", 한국헤겔학회, 〈헤겔연구〉 19권 0호 (2006), p.318.

5 중세시대 사상가 성 아우구스티누스는 다음과 같은 말을 남겼다.: "신의 지성은 어떤 무한도 포용할 수 있으며 마음속에 열거하지 않고도 무수히 많은 존재들을 헤아릴 수 있다." 이러한 믿음 하에 중세시대 수학자들은 무한 개념을 사유하는 데 매우 조심스러웠다고 한다. 토마스 아퀴나스는 "누구든 현실적 무한을 생각하려 하는 자는 하느님의 절대적으로 무한하고 유일한 본성에 도전하는 것이다"라고 말하기도 했다. (출처: 장 피에르 뤼미네, 마르크 라시에즈 레이 지음, "무한, 우주의 신비와 한계", 해나무, 2010, pp.100‒106.)

6 주경철, '서양 근대 인물 열전', 2016.9.27., http://terms.naver.com/entry.nhn?docId=3580816&cid=59132&categoryId=59137

7 데카르트, 『성찰』, 이현복 옮김, 문예출판사, 1997.

8 장 피에르 뤼미네, 마르크 라시에즈 레이, 『무한, 우주의 신비와 한계』, 이세진 옮김, 해나무, 2007, p. 159.

9 Newton, 2013년 3월호, 18쪽.

참고문헌 및 더 읽어볼 만한 책

○ 책

- 플라톤 『메논』, 『파르메니데스』, 『소피스트』
- 데카르트(1997), 『성찰』, 이현복 옮김, 문예출판사
- 히로세 타치시게, 호소다 마사타카(2017), 『진공이란 무엇인가』, 문창범 옮김, 전파과학사
- 애머 악첼(2016), 『무한의 신비』, 신현용, 승영조 옮김, 승산
- 장 피에르 뤼미네, 마르크 라시에즈 레이(2007), 『무한, 우주의 신비와 한계』, 이세진 옮김, 해나무
- 박경미(2013), 『박경미의 수학콘서트 플러스』, 동아시아
- 조엘 레비(2016), 『Big Questions 수학 (사진으로 이해하는 수학의 모든 것)』, 오혜정 옮김, 작은 책장

○ 논문

- Moonjoo Lee, Junki Kim, Wontaek Seo, Hyun-Gue Hong, Younghoon Song, Ramachandra R. Dasari & Kyungwon An, "Three-dimensional imaging of cavity vacuum with single atoms localized by a nanohole array", Nature Communications 5, 3441 (2014), Published online: 07 March 2014, http://www.nature.com/articles/ncomms4441
- 양태범, "서양 존재 사유의 기원과 비존재의 문제 - 파르메니데스에서 플라톤까지-", 한국헤겔학회, 〈헤겔연구〉 19권 0호 (2006), pp.315-353
- 양태범, "플라톤의 『파르메니데스』편에 있어서 "있지 않음"의 문제", 한국해석학회, 〈해석학연구〉 15권0호 (2005), pp.257-303
- 최양석, "현상,존재의 역사적 흐름 : 플로티누스의 「파르메니데스」 해석", 한국해석학회, 〈해석학연구〉 4권0호 (1997), pp.3-20

○ 기사

• "진공을 그린 화가, 조지프 라이트", 이식, 한겨레 과학향기, 2009.2.11.일자,
  http://www.hani.co.kr/arti/science/kistiscience/338152.html#csidx9e1642ec14
  83fed8ed4098a8c35e8ad

○ 인터넷

• TED Ed 자료(https://ed.ted.com) "보이지 않는 것은 무엇일까요?(What's
  invisible? More than you think - John Lloyd)"
• "보이지 않는 것은 무엇일까요?" 존 로이드(John Lloyd)
• "아무도 답하지 못하는 의문" 앤드루 파크(Andrew Park)

인문학이 바뀌면 과학도 바뀐다

:

박민관

1. 과학의 언어는 과학적인가? : 원소 명명(命名)의 인문학

대부분의 언어는 하나의 고유 언어로만 이루어지지 않습니다. 예를 들어 우리말, 즉 한국어는 고유어와 한자어의 결합에 영어와 일본어 등 외래어가 섞여 있는 말입니다. 심지어 우리와 아주 먼 나라인 포르투갈어도 섞여 있습니다. 놀랍게도 우리가 일상적으로 쓰는 말인 빵(pão)이 바로 포르투갈과 교역하던 일본을 거쳐 우리나라로 전래된 말이라고 합니다. 영어도 이와 같아서 어떤 연구에 따르면 현대 영어는 프랑스어 29퍼센트, 라틴어 29퍼센트, 독일어 26퍼센트, 그리스어 6퍼센트, 기타 언어 6퍼센트, 고유 명사 4퍼센트로 구성되어 있다고 합니다. 이처럼 대부분의 언어는 "지리적으로 가깝고 역사적으로 자주 만나 영향을 주고받은" 다른 나라의 언어를 포함하고 있습니다.

과학의 언어도 이와 같아서 흔히 우리가 과학 자체의 언어로 알고 있는 낱말이나 개념 대부분은 과학이 아닌 인문학에서 영향을 받은 것입니다. 그래서 흔히 인문학을 아는 것이 과학을 공부하는 데 도움이 된다고 하기도 하고, 심지어 과학을 잘 하려면 인문학을 반드시 알아야 한다고 하는 것입니다. 우리가 잘 알고 있는 과학적 도구인 원소주기율표는 '원자량의 증가 순서에 따라, 원소의 주기성을 이용하여 원소를 배열한 표'라고 하여 상당히 과학적인 규칙과 언어로 만들어진 표인 것 같지만, 사실 그 안을 들여다보면 상당히 많은 인문학을 볼 수 있습니다.

원소 중에서 가장 많은 사랑을 받는 원소는 원자번호 79, 원소기호 Au인 금(Gold)인데, 그 기호는 태양의 빛이나 금을 뜻하는 라틴어(Aurum)에서 첫 두 글자를 딴 것입니다. 또한 원자번호 17, 원소기호 Cl인 염소(鹽素, chlorine)는 그리스어의 녹황색을 뜻하는 단어(Chloros)에서 유래한 것입니다. 이처럼 많은 원소들이 고대 언어에서 왔는데, 붕소(B, Boron)는 아랍어(buraq), 탄소(C, Carbon)는 라틴어 '목탄(Carbo)', 질소(N, Nitrogen)는 그리스어 '초석(nitron)'에서 유래한 이름입니다. 그리고 우리가 잘 알고 있는 산소(O, Oxygen)는 그리스어 '신맛(oxys)'에서 온 것입니다. 우리가 일상에서 고급 언어로 한자어나 영어를 쓰듯이, 과학자들도 자기 나라 말이 아닌 라틴어와 그리스어처럼 보다 고급스러운 언어를 사용한 것입니다.

뿐만 아니라 과학자들은 고전 신화처럼 보다 깊은 문화적 배경 지식이 필요한 이름도 사용했습니다. 예를 들어 풍선으로 익숙한 헬륨(He, Helium)은 그리스어로 태양신을 뜻하는 헬리오스(Helios)에서 유래한 것입니다. 태양 스펙트럼에서 처음 발견하여 태양에 존재하는 원소라고 생각했기 때문에 이런 이름을 붙였다고 합니다. 또한 티타늄(Ti, Titanium)은 그리스 신화의 거인 '티탄(Titan)'에서, 플루토늄(Pu, Plutonium)은 로마 신화에서 저승의 왕인 '플루토(Pluto)'에서 유래한 이름입니다. 뿐만 아니라 영화로 유명한 북유럽 신화의 토르(Thor)는 토륨(Th, Thorium)이라는 이름으로 원소 주기율표에서 볼 수 있습니다.

과학은 정치와 무관한 것처럼 보이지만 반드시 그렇지만은 않습니다. 오히려 과학은 그 시대 정치의 가장 첨예한 갈등을 보여주는 경우들이 많고, 기념하려는 의미에서 대륙이나 국가나 과학자 이름을 쓰는 경우들도 많았습니다. 희토류 원소인 유로퓸(Eu, Europium)은 유럽 대륙(Europe), 방사성 원소 아메리슘(Am, Americium)은 아메리카 대륙(America)에서 유래한 것이고, 금속 원소 프랑슘(Fr, Francium)은 프랑스(France), 게르마늄(Ge, Germanium)은 독일의 라틴 이름인 'Germania'에서 기원한 것입니다. 또한 지동설을 주장한 코페르니쿠스의 이름을 딴 코페르니슘(Cn, Copernicium), 주기율표를 만든 멘델레예프에서 유래한 멘델레븀(Md, Mendelevium), 퀴리 부부를 기리는 의미에서 붙여진 초우라늄 원소인 퀴륨(Cm, Curium) 등이 과학자 이름에서 기원한 것입니다.

원소주기율표에서 가장 인상적인 이름은 73번 원소인 탄탈룸(Ta, Tantalum)으로, 고대 그리스 신화에 등장하는 리디아의 왕 탄탈로스(Tantalus)에서 유래한 이름입니다. 탄탈로스는 부유하고 강력한 왕이었고, 제우스의 아들이었습니다. 신들의 각별한 총애를 받아 신들의 신탁에 초대되곤 했는데, 자신의 지위를 자랑하고 싶은 마음에서 신들의 음식을 훔쳐 인간에게 가져다주기도 하고, 신들의 대화에서 들은 비밀을 누설하여 신들을 노하게 했다고 합니다. 더욱 오만해진 그는 신들을 시험하려고 식사에 초대해서는 자기 아들인 펠롭스를 죽여 그 고기로 신들을 대접했는데, 화가 난 신들은 펠롭스를 살려내고 탄탈로스에게는 지옥에서 영원히 서 있게 하는 벌을 주었습니다. 더군다나 목이 말라도 물을 마실 수 없고, 배가 고파도 먹을 수 없게 하여 끝없는 고통에 시달리게 했다고 합니다. 이처럼 참혹한 형벌을 받는 탄탈로스의 이름에서 유래한 탓인지, 탄탈룸은 인간 세상에서도 지옥을 선사하는 원소가 되었습니다.

보통 콜탄(coltan)이라는 금속에서 뽑아내는 탄탈룸은 반도체와 CPU, 휴대전화, 디지털카메라 등에서 빼놓을 수 없는 금속입니다. 그런데 콜탄은 정치적으로 매우 불안정한 콩고민주공화국 일대에 많은 양이 매장되어 있어서 광산의 이익을 둘러싼 종족 분쟁과 군사 충돌의 원인이 되고 있습니다. 더군다나 실제 광산에서는 어린이와 인신매매된 노예의 가혹한 노동을 통해 생산되고 있다고 합니다. 광산에서 죽거나 희생된 사람은 500만 명에서 700만 명에 이를 것으로 추정되며, 광산을 둘러싼 군사 충돌로 난민이 된 사람들도 200만이 넘는다고 합니다. 오만함 때문에 끊임없는 목마름과 배고픔에 시달리는 탄탈로스의 비극이 현실 세계에 실현된 모습이라고 하지 않을 수 없습니다.

2. 과학혁명, 인문학에서의 독립

오늘날 자연과학의 가장 대표적인 분과는 "자연현상을 양적(量的)으로 파악하고 자연법칙을 엄밀한 수학적 형식으로 표현"하는 학문인 물리학 (Physics)으로, 가장 중요한 대상은 자연(Nature)입니다. 자연은 고대 그리스 어에서 'physis(φύσις)'라고 하는데, 여기에서 우리가 알고 있는 물리학이 라는 이름이 유래한 것입니다. 그리고 고대 그리스에서 온 것은 이름만이 아니라, 물리학의 가장 원초적인 세계관 역시 고대 그리스에서 출발했습 니다. 탈레스와 데모크리토스와 같이 흔히 고대 그리스의 '자연철학자'라 부르는 사람들은 최초의 철학자이기도 하지만, 최초의 과학자들이기도 했고, 인문학과 자연과학을 구별 없이 연구하기 시작한 사람들입니다.

흔히 우리가 자연과학으로 알고 있는 과학(science)이라는 말은 원래 자 연과학보다 훨씬 더 폭넓은 분야였습니다. 라틴어(scientia, 알다)에서 기원 한 이 말은 체계적인 학문 또는 지적(知的) 활동 전반을 말하는 것으로, 인문학과 자연과학 모두 이 이름 아래 묶여 있었습니다. 중세에는 철학 (philosophy)이라고 불리기도 한 이 분야에는 가장 중요한 학문인 신학(神學) 을 위한 7개 교양과목(liberal arts)이 포함되어 있었는데, 3학과 4과로 이루 어져 있습니다. 오늘날 인문학의 기원인 3학(trivium)은 문법(grammar), 논리 학(logic, dialectics), 수사학(rhetoric)이고, 오늘날 자연과학의 기원인 4과(qua-drivium)는 산수(arithmetic), 기하학(geometry), 천문학(astronomy), 음악(music)이 었습니다. 한편 동양에서는 관리가 되기 위한 시험인 과거를 위해 공부하는 학문이라는 뜻인 '과거지학'(科擧之學)의 줄임말로 중국에서는 10세기 무렵부터 사용되었다고 하는데, 일본의 계몽사상가 니시 아마네가 영어의 'science'를 '분과의 학문'이라 하여 과학으로 번역함으로써 오늘날 우리가 일상적으로 쓰고 있는 것입니다.

16세기와 17세기에 서양에서 폭발적으로 전개된 자연과학의 발전을 과학혁명(Scientific Revolution)이라고 하는데, 이는 무엇보다도 신학을 위한 예비 학문이나 종속된 학문이었던 과학을 근대과학으로 독립시킨 활동입니다. 또한 이 시기를 거치면서 근대과학은 고도로 전문화되었고, 인문 교양으로부터 분리, 격리되었습니다. 과학혁명은 '혁명적'인 변화, '새로운' 과학의 출현이었습니다. 천문학과 우주론에서는 코페르니쿠스, 케플러, 갈릴레이, 뉴턴 등이 천동설을 지동설로 대체했고, 물리학에서는 갈릴레이, 호이겐스, 뉴턴 등이 자연 현상의 배후에 있는 물리 법칙들을 밝혀냈습니다. 또한 무려 2천여 년을 지배했던 아리스토텔레스와 갈레노스의 의학에서 벗어나 하비가 새로운 생리학을 열었고, 수학에서는 데카르트, 페르마, 라이프니츠 등이 새로운 업적을 남겼습니다. 연금술이 지배적이었던 화학에서는 라부아지에, 돌턴 등이 근대 화학을 수립하였습니다.

이러한 과학혁명의 결과 출현한 '새로운 과학자들'(new scientists)은 기존의 현인이나 교양인들과는 완전히 달랐습니다. 기존의 학문 연구는 폭넓은 지식과 지혜를 바탕으로 인간과 신에 대한 이해를 위해 자연에 대한 연구를 수단으로 활용했던 것에 비해, 새로운 과학자들은 자연세계를 그 자체로 이해하려고 하였습니다. 그리고 이러한 자연세계의 이해를 통해 자연을 이용하고 조작하려고 하는 등 기존과는 완전히 다른 태도를 가졌습니다. 더 나아가 뉴턴 과학(Newtonian science)이라 불리는 새로운 과학은 기존의 학문이나 태도를 미신(迷信)이나 무지몽매한 것으로 규정하고, 보다 세련된 현대성의 상징이 되었습니다. 우상, 미신, 독단(獨斷, dogma) 등에 젖어 있던 몽매함에서 벗어나서 '과학 정신'(scientific spirit)으로 무장한 새로운 시대를 열고자 했던 것입니다. 이런 점에서 과학혁명의 과학은 단지 과학에서 그친 것이 아니라, 시대와 사회를 바꾼 계몽(啓蒙, Enlightenment)이었습니다.

3. 과학과 인문학의 갈등: 천문학 혁명

과학사 및 과학혁명에서 가장 확실한 성과와 업적으로 인정받는 분야는 천문학에서 일어난 '천동설'(天動說)에서 '지동설'(地動說)로의 변화입니다. 지구를 중심으로 태양과 별들이 회전한다는 천동설은 고대 그리스의 프톨레마이오스 이래로 중세 천년을 지배한 지배적인 이론이었습니다. 이 이론이 천문학에서 지배적일 수 있었던 것은 일상적인 경험과 일관될 뿐만 아니라, 절대 거슬러서는 안 되는 성경(聖經)에 합치했기 때문이었습니다.

프톨레마이오스는 기원후 2세기 중엽 알렉산드리아에서 활동한 그리스의 천문학자입니다. 『알마게스트』(천문학 집대성)라는 책을 통해 중세 천여 년 동안 천문학과 우주관을 지배한 천동설의 완성자로 알려져 있는데, 피타고라스의 등속원(等速圓)과 아폴로니오스의 주원전(周圓轉)을 합성한 주전원설(周轉圓說)이라는 우주체계였습니다.

프톨레마이오스를 포함하여 그 시대의 보편적인 지식은 지구가 우주의 중심이며, 모든 천체들은 지구를 중심으로 공전한다는 생각이었습니다. 아직 과학이 발전하지 않았던 시대에서 이와 같은 생각은 너무나 당연하며, 사람들의 일상적인 경험에도 잘 맞는 것이었습니다. 물론 프톨레마이오스 시대 이전에 이미 지구가 움직인다는 지동설이 있었으며, 이를 둘러싼 논쟁도 있었습니다. 그는 이러한 지동설에 대해 나름대로 논리적인 반박을 하고 있는데, 예를 들어 지구가 움직인다면 지구 위의 사람들이 날아가 버릴 것이라는 주장은 아직 중력이 알려져 있지 않은 시대에는 나름대로 논리적인 비판이었습니다. 또한 그는 만약 지구가 자전하여 움직인다면 위로 향해 수직으로 던져진 물체는 옆으로 비스듬히 떨어져야 하는데, 실제로는 수직으로 낙하하여 바로 그 자리에 떨어진다는 점에서 지구는 돌지 않는다고 설명하였습니다.

천동설인 프톨레마이오스의 우주관은 사람들의 상식적 경험과 일치하고, 지동설에 대한 나름대로 논리적인 비판을 제시하고 있지만, 무엇보다 그의 천문학을 유명하게 만든 것은 기독교 신학에 잘 맞았기 때문입니다. 일반적으로 알려져 있는 일화로는 "태양아, 기브온 위에 멈추어 서라!"(여호수아 10:12)라고 한 성경의 일화와 일관된다는 것입니다. 뿐만 아니라 프톨레마이오스의 천동설은 천상계와 지상계를 구별하는 기독교의 정신에도 적합했습니다. 즉 신이 다스리는 천상계는 모든 것이 완벽해야 하고, 완벽한 운동은 원(圓)운동이므로, 천상계의 존재인 별은 원운동을 "해야 한다"는 일견 논리적인 사고와 일관되는 것입니다. 이는 훗날 지동설의 행성 운동이 타원형인 것과 대비되는 것으로, 천동설에서는 일견 이상하고 복잡해 보이는 방식인 큰 원과 작은 원으로 설명해서라도 행성의 움직임을 원으로 설명하는 이유인 것입니다. 이는 과학적인 이유이기보다는 신학적인 이유이고, 이러한 체계는 과학이 인문학에 종속된 상태이기 때문에 가능한 것이었습니다. 또한 이러한 체계에서 천문학은 정치적이고 학문적인 이유로 프톨레마이오스 등 소수의 이론만이 인정되고, 또 연구도 소수의 신학자나 수도사들에 의해 독점되어 있었습니다.

지동설이 천동설을 대체하는 천문학 혁명을 시작한 사람은 코페르니쿠스입니다. 1514년 태양 중심의 우주론인 『요약』을 발표하기는 했지만, 본격적으로는 1543년 『천구의 회전에 관하여』라는 책을 출판함으로써 근대 과학혁명을 시작했다고 알려져 있습니다. 대부분의 사람들은 코페르니쿠스의 직업이 자연과학을 연구한 '천문학자'라고 생각하기 쉽지만, 사실 그의 직업은 '성직자'였습니다.

1473년 전쟁이 막 끝난 폴란드에서 하급성직자로 성실하게 일했던 그는 안정된 생계를 바탕으로 밤에는 하늘을 관찰할 수 있었습니다. 오랫동안 주경야독(晝耕夜讀) 생활을 하며 만들어낸 결과가 바로 우리가 잘 알고 있는 지동설인 것입니다. 물론 그의 지동설은 오늘날 우리가 알고 있는 것과는 조금 다릅니다. 무엇보다도 그의 지동설에서 행성의 운동은 프톨레마이오스의 천동설에서와 같이 원운동이었습니다. 신이 지배하기 때문에 천상계는 완벽해야 하고, 완벽한 운동은 원운동이라는 기독교 신학에서 자유롭기에는 아직 어려웠기 때문일 것입니다. 이런 점이 허점이었는지 오늘날 우리의 생각과는 달리 그의 지동설은 발표된 후에도 거의 100여 년간 사람들의 관심을 끌지 못했습니다.

지동설의 이러한 허점을 보완한 사람은 독일의 천문학자 요하네스 케플러(Johannes Kepler, 1571~1630)였습니다. 이전의 천문학 연구자가 보통 성직자와 수도사였던 것과 달리 케플러는 천문학자라고 알려져 있습니다. 물론 그가 신학을 공부하지 않은 것은 아니어서 튀빙겐대학에서 신학을 배웠지만, 신교도였기 때문에 종교박해를 피해 프라하로 가야 했습니다. 거기서 천문학자 티코 브라헤(Tycho Brahe, 1546~1601)의 조수로 일하며 그의 연구 업적을 계승할 수 있었지만, 그 이후에도 케플러는 종교박해 때문에 고생을 했다고 합니다. 그리고 재미있게도 케플러의 직업은 사실 천문학자라고도 할 수 없습니다. 그를 고용한 황제나 그를 후원했던 귀족들이 사실 그에게 요구하는 것은 별점(占)이었습니다. 이런 점에서 그의 직업은 사실 점성술사라고 할 수 있습니다. 어쨌든 그는 마침내 지루한 분석과 계산을 통해 행성의 궤도가 원이 아니라 타원이라는 것을 밝혀냈습니다. 이러한 과감한 주장은 성직자가 아니었고, 더욱이 기존 신학에서 보다 자유로운 신교도였기에 가능했다고 볼 수 있습니다.

천문학 혁명의 완성자인 갈릴레이는 1632년 『대화』라는 책을 출판하여 그동안의 천동설과 지동설 논쟁을 마무리 했습니다. 또한 이에 더해서 별들의 거리가 멀리 떨어졌다는 무한한 우주라는 관념, 달의 표면이 울퉁불퉁하다는 점, 태양에 흑점(黑點)이 있음을 주장하기도 했습니다.

갈릴레이를 교황청 재판에까지 가게 만든 이유는 무엇보다도 기독교 신학과의 불일치 때문이었습니다. 케플러의 타원운동 개념과 함께 갈릴레이의 망원경 관측 결과는 하늘은 신이 거주하는 천상계이기 때문에 원운동이고 무결점으로 완벽해야 한다는 기존의 신학적 관념을 깨뜨리는 것이었습니다. 더 나아가 갈릴레이의 혁명적인 업적은 그 동안 소수의 신학자나 수도사에 의해 독점되어 있던 천문학의 연구 및 성과를 일반 대중이 쉽게 이해할 수 있도록 한 것이었습니다. 이제 하늘을 관찰하는 것은 소수의 성직자나 수도사의 여가활동이나, 점성술사의 비밀스러운 마술이 아니라 누구나 할 수 있는 일이 되어 버린 것입니다. 이러한 학문의 대중화, 보편화는 기존의 학문적 독점체계를 뒤흔들었고, 이는 곧 사상이나 가치관의 독점까지도 흔들게 되었습니다. 더 이상 하늘이나 천문학은 신비한 것이 아니라, 누구나 탐구할 수 있는 대상인 자연(自然)이 되어 버렸습니다.

4. 과학과 인문학의 갈등: 진화론, 왜 아직도 문제인가?

1859년 영국에서 다윈이 『종의 기원』을 출판하였습니다. 맬서스의 『인구론』에서 '경쟁을 통한 자연선택'이라는 아이디어를 얻은 다윈은 인간 종(種)이 '자연도태'의 과정을 거쳐 진화해온 것이라는 '진화론(Darwinism)'을 주장했습니다. 다윈 진화의 핵심인 자연선택(natural selection)은 자원이 제한되어 있는 환경에서 잘 적응할 수 있는 성질(형질)을 가진 유전자가 경쟁에서 살아남는다는 것입니다. 진화론은 기존의 전통적인 종교와 신학, 그리고 인간에 대한 학문인 인문학의 토대였던 창조론에 대한 근본적인 도전이었기에 이 책이 출판되자마자 큰 소동이 발생했습니다. 열광적인 호응과 격렬한 분노가 세상을 뒤흔들었고, 초판 1,250부가 발매 당일 매진되었습니다. 1860년 옥스퍼드대학에서 열린 진화론에 관한 논쟁에서 헉슬리(Thomas Huxley, 1825~1895)와 후커(Joseph Dalton Hooker, 1817~1911) 등의 지지로 다윈의 견해는 인정받게 되었다고 합니다.

진화론이 불러일으킨 가장 큰 문제는 인간의 지위와 위상의 문제였습니다. 신이 창조한 가장 존엄한 피조물로 만물의 영장이라는 지위를 가지고 있던 인간은 진화론에 이르러서는 다른 동물과 마찬가지로 단지 환경에 적응한 적자(適者)였을 뿐입니다. 그렇다면 인간이 다른 동물과 다른 점은 무엇이며, 왜 다르게 살아야 하는가라는 철학적이고 윤리적인 문제가 제기되는 것입니다. 진화론을 거부할 수 없다면 과학의 발전에 적합한 새로운 인문학을 찾아야 할 때가 된 것입니다.

19세기 인문학, 특히 철학은 바로 이러한 진화론에 의한 충격에서 벗어날 수 없었습니다. 어떤 철학자들은 진화론을 거부하고 전통적이고 신학적인 입장을 고수했지만, 진화론은 학문의 역사에서 피할 수 없는 거대한 파도였습니다. 이제 문제는 진화론이 인간이 곧 동물이라는 단순한 환원주의로 이어지는 것을 극복하고, 인간 고유의 인문학적 가치를 찾아내는 것이었습니다. 이런 점에서 진화론 논쟁은 아직 끝나지 않았고, 현재도 진행 중입니다.

모든 인문학자들이 진화론을 거부한 것은 아니었습니다. 오히려 많은 인문학자들은 진화론에 열광했습니다. 그들은 진화론의 적자생존 개념을 인간과 사회에 경쟁적으로 적용하였습니다. 이를 사회진화론(社會進化論, social evolution theory)이라고 하는데, 인간 사회의 모든 현상을 생물 진화론에 의거해서 설명하려고 하는 이론입니다. 사회의 변화가 곧 생물학의 진화와 같은 방식으로 이루어졌다고 하는 관점과 함께, 생물학적 진화와 같은 방식으로 사회의 변화를 추진해야 한다는 관점이 제기되면서 사회진화론은 곧 혁명적인 이론이 되었습니다.

대표적인 철학자는 스펜서(Herbert Spencer, 1820~1903)입니다. 그는 1860년부터 1896년까지 무려 36년간에 걸쳐 저술한 방대한 『종합철학체계』라는 책을 통해 천문학에서 인간 사회의 도덕원리까지 모든 것을 진화로 설명하려고 했고, 나아가 이런 관점에서 철학과 과학을 융합하려고 했습니다. 또한 그는 당대 발전된 영국의 공리주의철학을 수용하여, 개인주의적 쾌락주의가 아닌 사회 전체를 하나의 통일적인 유기체로 보는 진화론적 쾌락주의를 주장했습니다. 그의 주장은 과학혁명기에 생겨난 과학만능주의와 결합하여 놀라운 속도로 여러 사회와 인문학자들에게 큰 영향을 끼쳤습니다.

사회진화론의 가장 큰 논쟁점은 사회의 여러 가치들, 곧 도덕이나 정의와 같은 인문학적 가치들의 근본적인 정당성과 토대를 생물 진화로 설명하려고 하면서 여러 가지 갈등과 문제를 일으켰다는 점입니다. 예를 들어 빈부격차의 경우, 사회진화론에 따르면 이는 사회진화 과정에서 불가피한 것입니다. 부자는 진화론적으로 적자(適者)이기 때문에 인위적으로 규제하는 것은 자연스럽지 않은 행위이며, 자연선택에서 실패한 존재인 가난한 사람들을 돕는 것은 자연을 거스르는 행위라는 것입니다. 자연은 뒤떨어진 자를 배제하는 것이며, 동시에 더 강한 자를 살아남게 하는 것이라는 주장으로 이어지면서 사회진화론은 곧 인종주의(人種主義)나 제국주의(帝國主義)로 이어지게 되었습니다. 물론 스펜서 자신은 자유주의적 평화주의자로서 식민지배에 비판적이었고 애국주의 단체들을 야만적이라고 통탄했다고는 하지만, 사회진화론이 당시의 제국주의적 침략을 학문적, 정신적으로 정당화하는 학문으로 이어지는 것을 막지는 못했습니다.

　　인류 역사의 가장 큰 비극인 두 차례의 세계대전을 겪으면서 사회진화론은 학문적 위상을 잃어버리고 비판의 대상이 되어 버렸습니다. 무엇보다도 인간 사회를 생물 유기체와 단순히 비교한 이론 구성 자체가 과학적이지 않다는 비판이 제기되었고, 현실에서 존재하는 많은 사회들이 나름대로의 역사적 다양성을 갖고 있는데 지나치게 단순한 이론인 사회진화론은 그러한 다양성을 적절하게 설명할 수 없었기 때문이었습니다.

　　진화론을 계승한 학문 중 오늘날 가장 유명하면서도 가장 치열한 논쟁을 불러일으키는 것이 바로 사회생물학(社會生物學, sociobiology)으로, 인간의 사회적 행동과 사회 현상을 생물학적으로 해석하고 설명하려는 학문입니다. 미국의 동물행동학 교수인 에드워드 윌슨이 1971년에 제창하고, 1975년『사회생물학』을 출판하면서 큰 논쟁을 불러 일으켰습니다. 그리고 오늘날 사회생물학의 최전선에 서 있는 사람은 유명한 리처드 도킨스입니다. 진화론의 대중화에 기여한 학자로 불리는 그는 1976년 발간 즉시 베스트셀러가 될 정도로 대중적으로 열광적 반응을 불러일으킨『이기적 유전자』로 큰 충격을 주었습니다.

사회생물학에 대한 반응은 열광적이었습니다. 상당히 많은 분야에 걸쳐 지금까지 미스터리로 남아 있던 인간의 사회적 행동을 과학적이고 체계적으로 설명할 수 있기 때문이었습니다. 또한 사회생물학적 설명은 복잡한 개념이나 추상적인 관념으로 설명하는 인문학적 설명보다 훨씬 명쾌하고 단순하며 이해하기 쉬운 설명을 제시했기 때문이었습니다. 이런 점에서 오늘날 사회생물학은 사회적으로 큰 영향을 끼치고 있으며, 거부할 수 없는 흐름으로 생각하는 사람들이 많습니다. 하지만 이에 대한 거부감 역시 폭발적입니다. 지금까지 인간에 대한 이해와 설명을 제공했던 인문학이 생물학으로 통합되어야 한다는 전망에 대해 많은 학자들은 생물학 제국주의라고 비판하고 있습니다.

물론 사회생물학을 둘러싼 훨씬 더 유명한 전선이 있습니다. 사회생물학이 사회진화론을 계승하는 인종과 여성에 대한 차별주의라는 비판인데, 실제로 사회생물학과 관련된 학문적 논쟁보다는 인종차별반대 단체나 여권운동 단체들이 벌이는 시위가 훨씬 더 많은 관심과 지지를 받고 있

습니다. 1978년 미국에서 강연 중이던 월슨의 머리에 국제인종차별반대
위원회 회원이 주전자 물을 부어버린 사건은 매우 유명합니다. 우리나라
에서는 특히 여권운동(페미니스트) 진영에서 사회생물학에 대해 격렬한 비
판을 하고 있습니다.

　현실적으로 사회생물학이 인문학의 존립 근거와 생존권을 위협하는
가나 남성우월주의적인가에 대한 많은 논쟁들이 있기는 하지만, 보다 근
본적인 문제는 과연 사회생물학이 인간과 사회를 잘 설명할 수 있는가입
니다. 가장 먼저 제기된 것은 사회생물학이 이전의 사회진화론이 비판받
았던 것과 같이 지나치게 단순한 생물학 환원주의이며, 지나치게 과감한
유전자 결정론이라는 비판입니다. 이전의 사회진화론이 퇴조한 중요한
이유는 인간 사회의 다양성을 설명하지 못했기 때문이었습니다. 즉 사회
진화론은 인간 사회가 어떤 정해진 방향으로 진화했다거나 진화해야만
한다고, 그래야만 살아남는다고 주장했는데, 실제 살아남은 다양한 사회
들을 살펴보면 그렇지 않았습니다. 이와 마찬가지로 사회생물학이 설명
가능한 생물학적 특성들만으로 현재 존재하는, 그리고 앞으로 생겨날 인
간과 사회에 대한 설명을 할 수 있는가, 오히려 사회생물학은 유전자에서
벗어날 수 없다는 결정론을 미리 가정하고, 복잡한 인간의 행동을 억지로
연결시키는 허술한 억측을 하고 있는 것이 아닌가 하는 비판입니다.

5. 과학과 인문학의 갈등: 인문학 때문에 사라진 과학

오랫동안 사람들이 가졌던 과학과 기술에 대한 선입견 중 하나는 한 번 만들어진 과학과 기술은 사라지지 않는다는 것입니다. 예를 들어 과학혁명에 의해 천동설이 틀린 것이 증명되어 지동설로 교체되었는데, 다시 천동설로 돌아가는 것은 어리석은 일이며 있을 수 없다는 것입니다. 또한 구석기에서 신석기로 발전하고 다시 청동기와 철기로 발전해 온 인간 문명은 단계를 거꾸로 갈 수 없다는 확고한 믿음을 가지고 있었습니다. 하지만, 이러한 선입견이 틀렸다는 증거가 없지 않습니다. 예를 들어 호주 남부 태즈매이니아는 원래 호주와 연결되어 있었기 때문에 신석기 문명을 가진 호주 원주민들이 정착했지만, 곧 지리적으로 고립되고 문화와 기술을 유지할 충분한 인구가 없었기 때문에 다시 구석기 문명으로 퇴보하고 말았습니다. 이와 같이 과학과 기술도 퇴보하고 퇴행할 수 있는데, 중요한 것은 무엇이 그러한 현상을 초래하는가 하는 점입니다.

"무기에 있어 조총(鳥銃)보다 더 좋은 것은 없다. 어린아이도 항우를 대적할 수 있게 하는 참으로 천하에 편리한 무기다"는 말이 있을 정도로 조총은 무서운 무기로, 유럽에서 처음 개발되어 포르투갈을 통해 일본에 전해졌습니다. 3단 철포 방식으로 군사를 활용한 오다 노부나가(織田信長)가 1575년 나가시노 전투에서 이전까지 무적의 군대로 유명했던 다케다(武田)의 기마대를 무찌름으로써 전국시대(戰國時代)라는 내전을 끝내게 되는 가장 중요하고 핵심적인 무기가 되었습니다.

오다 노부나가의 뒤를 이어 일본 전체를 석권한 토요토미 히데요시가 밖으로 눈을 돌려 조선을 침략한 1592년 임진왜란에서 조선은 조총의 위력에 큰 충격을 받았습니다. 한 해 전인 1591년 대마도주가 보내온 선물을 통해 조총을 이미 접한 조선은 치명적인 무기라는 인식을 하지 못했습니다. 뿐만 아니라 나가시노 전투 이전에는 일본에서도 조총은 보조 무기였고, 주요 무기는 창과 기마대였습니다. 왜냐하면 조총은 다루기 어려워 숙련되기 힘들고, 한 발을 쏘고 난 후 재장전하는 시간이 오래 걸리기 때문에 빠르게 뛰어오는 보병이나 기병을 상대하기 어려웠기 때문입니다. 조선에서도 처음 조총을 접했을 때 위력이 크기는 하지만, 장전하는 사이가 길어 그 사이에 더 빨리 쏠 수 있는 활을 여러 발 쏘는 것이 훨씬 낫다고 평가한 장면이 TV 사극에서 나온 적이 있습니다. 이렇듯 보조 무기였던 조총이나 총기류가 강력한 주력 무기가 된 것은 재장전 방법 등 기술 자체의 발전도 있었지만, 무엇보다 중요한 것은 그것을 운영하는 방법이었습니다.

단순한 사고의 전환이지만, 오다 노부나가 이후 일본군은 병사들을 3줄(단)로 나누어, 맨 앞줄에서는 숙련된 병사들이 사격을 하고, 사격한 총을 뒤로 넘기면 뒷줄의 병사들이 재장전을 해서 넘겨주는 방식으로 운영했다고 합니다. 혹은 병사들을 3줄로 나누어 처음에는 맨 앞줄이 쏘고, 그 다음 뒷줄이 차례로 쏘면서, 다른 줄의 병사는 재장전을 하는 방식으로 사격의 간격을 줄였다고 합니다. 이와 같이 기술의 발전보다는 그것을 운영하는 제도와 방식의 변화가 보조 무기에 불과했던 조총을 무서운 주력 무기로 탈바꿈시켰던 것입니다.

그로부터 300년 뒤인 1868년 일본은 왕정이 복고되고 막부가 타도되자 막부를 지지했던 지역(번, 藩)들이 일으킨 반란으로 큰 전쟁을 치르게 되는데, 이를 보신(戊辰)전쟁이라고 합니다. 1년 5개월간 진행된 이 전쟁은 서양에서 수입한 총과 대포로 무장한 신정부군의 승리로 막을 내리는데, 톰 크루즈가 출연하여 크게 흥행한 《라스트 사무라이》(2004년)라는 영화의 배경이 바로 이 시기입니다. 매우 인상적인 전쟁 장면을 보면 상당히 당혹스러운 의문이 떠오르는데, '조총은 어디 갔는가?'하는 점입니다. 1592년 임진왜란을 겪은 우리에게 매우 인상적이었던 열을 지어 조총을 쏘던 일본군의 후예가 300년 후에는 마치 임진왜란 때 조선군처럼 창과 칼로 무장하고 총을 쏘는 적군을 향해 뛰어가고 있는 것입니다.

그 사이 300년간 일본은 막부체제라는 봉건제 사회였습니다. 허수아비인 왕은 있었지만, 실제 정치는 쇼군이란 직위를 차지한 도쿠카와(德川) 가문이 장악하고 있었고, 각 지방은 쇼군에게 임명된 번의 영주들이 지배하는 체제였습니다. 물론 막부통치 기간 내 일본에 조총이 없었던 것이 아니었지만, 오랜 평화기간이라 실제로 쓰이지는 않고 단지 장식적인 용도였다고 합니다. 하지만 오랜 평화 때문에 전쟁에 필요한 무기인 조총이 사라져야 한다면 창과 칼도 사라져야 하지 않았을까요?

일본에서 조총 기술이 퇴보하여 창과 칼을 쓰는 시대로 퇴행한 것은 단지 오랜 평화 때문만은 아니었습니다. 궁극적인 이유는 막부 시대 일본을 지배했던 정치적인 이념과 사회구조 때문입니다. 당시 일본 사회는 사무

라이라는 무사계급이 지배하는 신분제 사회였고, 개인이 속한 신분에 따라 할 수 있는 일이 정해져 있습니다. 일본의 신분제 사회에서 사무라이 계급은 칼을 찰 수 있는 권리가 있었고, 또 허리에 찬 칼로 신분과 지위를 과시했습니다. 개인의 고귀한 용맹이 아니라 다수의 사람들이 집단적으로 통제에 맞춰 움직여야 큰 위력을 발휘하는 조총과 같은 총기류는 이들 계급에게 적합하지 않았습니다. 즉 조총은 평민의 무기였기 때문에, 신분제를 위협할 정도로 평민 계급이 힘을 갖는 것을 꺼려한 막부는 조총 자체를 금지함으로써 평민이 힘을 갖는 것을 막았습니다. 즉 기술의 발전이 아닌 사회의 안정적 유지를 선택한 것이었습니다.

6. 과학과 인문학의 갈등: 인문학이 바뀌면 과학도 바뀔까?

20세기 인류는 생존의 위기를 걱정해야 했습니다. 이전 시대 과학혁명과 기술혁명으로 찬란하게 발전하던 과학과 기술의 혜택으로 장밋빛 유토피아를 꿈꾸었던 사람들은, 두 번의 세계대전을 겪으면서 과학과 기술 발전이 초래한 무기의 발전이 인류 전체의 생존 위기를 초래할 수 있다는 것을 깨달았습니다. 특히 히로시마, 나가사키에서 핵무기의 위력을 보고 난 후, 이러한 걱정은 단지 먼 미래의 일이 아니라 당장 내일 다가올지도 모른다는 절박한 위기의식에 시달리게 되었습니다. 더욱이 전쟁 이후, 냉전이라는 이름으로 벌어진 미국과 소련 두 강대국의 치열한 경쟁의 결과 오히려 더욱 많은 핵무기가 만들어졌습니다.

현재 핵과 관련된 과학과 기술은 크게 두 가지입니다. 하나는 원자력 발전소, 즉 원전(原電)으로 핵에너지를 활용하는 것이며, 또 하나는 가공할 무기로서 핵무기를 만드는 것입니다. 둘 모두 장밋빛 전망과 두려움의 대상이 되고 있습니다. 핵에너지와 관련된 긍정적인 입장은 핵에너지가 석유 같은 화석에너지에 비해 경제적이고, 친환경적인 에너지라는 점을 주장합니다. 이에 반해 두려움을 가진 사람들은 불의의 사고로 회복할 수 없는 큰 피해를 입힐 수 있는 위험을 생각해야 한다고 주장합니다. 체르노빌 원전 폭발 사고와 후쿠시마 원전 방사능 누출 사고를 겪은 오늘날에는 이러한 논쟁이 더욱 격화되고 있습니다.

보다 치명적인 문제는 핵무기에 관한 문제입니다. 냉전시대 미국과 소련 양 진영은 인류를 몇 번이나 멸종시킬 수 있는 양의 핵무기를 개발했습니다. 또한 냉전 이후에는 인도와 파키스탄, 이스라엘과 이란, 북한과 같은 분쟁 국가들이 핵무기 개발에 성공함으로써 세계의 안전을 더욱 위협하고 있습니다. 이러한 심각한 위협에도 불구하고 핵무기가 오히려 긍정적인 역할을 한다는 주장도 있습니다. 실제로 미국과 소련이 경쟁적으로 핵무기를 개발했지만 결정적인 충돌과 전쟁으로 이어지지 않았습니다. 상대가 가진 핵무기가 두려워 자신이 가진 핵무기를 쓰지 않는다는 '핵 억제'가 가능하다는 것입니다. 핵무기는 너무나 엄청난 무기이기 때문에 오히려 군사적인 활용가치를 상실했다는 것입니다.

또한 우리에게 큰 갈등을 불러 일으키고 있는 과학인 유전공학(遺傳工

學)은 생명공학의 일부로, 인간에게 유용한 물질을 만들려는 목적으로 유전자 조작 기술을 이용하는 것입니다. 그 기원은 멘델(G. Mendel)부터 시작했다고 할 수 있지만, 획기적으로 발전된 것은 1953년 DNA의 이중나선 구조가 밝혀지면서부터입니다. 그리고 1973년에 코헨(Stanley Cohen)과 보이어(Herbert Boyer)가 최초의 재조합 DNA인 박테리아 플라스미드(plasmid)를 만들면서 유전공학의 가능성이 활짝 열리게 되었습니다. 21세기 들어 유전공학의 발전 속도는 매우 빠르며, 식품·환경·의료 분야에서 주로 활발한 연구가 이루어지고 있습니다. 대표적으로 유전자재조합식품(GMO)은 기존의 작물보다 더 크게 자라고 많이 열리도록 콩이나 옥수수 등 다양한 농작물을 연구하고 있으며, 비타민 A가 추가된 쌀인 황금쌀 같은 기능성 작물 개발도 연구하고 있는 중입니다. 또한 인간의 유전자를 주입하여 인간에게 필요한 기능을 갖추도록 동물을 변형하는 기술로, 이종 장기이식을 위한 동물 개발이나 면역력을 제거한 쥐 등 실험용 동물 개발 등도 시도되고 있습니다. 그리고 의료 분야에서는 유전자 치료나 줄기세포 치료 등이 연구되고 있는 중입니다.

유전공학은 유전자를 직접 조작할 수 있는 가능성을 열어준다는 점에서 꿈의 기술로 각광받고 있지만, 치열한 생명윤리 논쟁을 초래하고 있습니다. 신의 영역이라는 생명 창조의 영역까지 침범한다는 종교적 비판의 대상이 되고 있으며, 불완전한 인간이 그러한 발전을 감당할 수 있는지에 대해서도 많은 사람들이 걱정하고 있는 중입니다.

철학계의 악동으로 불리는 독일 철학자 슬로터다이크(Peter Sloterdijk)는

1999년 '인간농장을 위한 규칙'이라는 발표문을 통해 인간복제를 옹호하고, 생명공학 기술을 적극적으로 활용해 엘리트 인간을 선별하고 사육함으로써 '새로운 인간형을 창조하자'는 극단적인 주장을 펼쳐 철학계에 큰 파문을 일으켰습니다. 많은 사람들이 "니체의 초인 이론을 유전공학 시대에 맞게 변형시킨 파시즘"이라면 비판하지만, 그는 "인간의 유전병조차 하나님의 선물이라고 생각하는 것은 고통을 쾌락으로 받아들이는 서구 철학의 자학적 존재론"이며 "선악의 이분법에 갇힌 도덕론"이라고 반박합니다. "인간복제를 포함한 유전공학을 전면 금지하자는 주장은 현실을 외면한 유치한 생각"이며 "신이나 형이상학적인 것에 기대어 인간의 존엄을 외치는 이러한 주장들이 지나치게 자학적이고 무책임"하다고 보는 그는 "인간복제를 코앞에 둔 지금 우리에게 필요한 것은 사태에 대한 불안을 표출하는 것이 아니라 책임감"이라고 주장하고 있습니다. 도덕성 등 인격적 성장을 태어난 이후에 교육에만 의존해야 하는가에 대한 근본적인 반성과 인식의 전환을 촉구하고 있는 것입니다.

하지만 이러한 주장은 인간이 오랫동안 유지하고 만들어 왔던 사회와 교육이 처한 새로운 상황에 대한 흥미로운 반성이기는 하지만, 오랫동안 유지되어 온 사회와 교육의 근본 토대를 단번에 무너뜨린 이후 만들어질 새로운 미래에 대해 충분히 생각하고 고찰한 것인가에 대해서는 우려가 클 수밖에 없습니다. 오히려 그와 같은 애매하고 불투명한 주장을 현실에 적용했을 때 인간의 자기 정체성 파괴라는 엄청난 부작용이 초래된다면, 그 때는 다시 돌이킬 수 없는 상황을 만들어낸 것에 대한 책임을 따지는 것 이상의 문제가 생길 것입니다. 인간은 가벼운 호기심 충족을 위해 되면 좋고 안 되면 어쩔 수 없다는 식의 무책임한 실험의 대상이 될 수 없다는 점에 대해서는 아무도 이의를 제기할 수 없을 것입니다. 인간에 대한 유전 공학은 최대한 소심하고 조심스러워야 할 것입니다.

현재 세계 전체를 뒤흔든 가장 큰 이슈는 인공지능(AI)입니다. 미국 구글이 만든 알파고라는 인공지능이 바둑 챔피언인 이세돌 9단과의 대결에서 승리한 이후, 인공지능의 등장이 불러온 기대와 우려가 학계와 사회 전반을 뒤흔들고 있는 중입니다. 특히 우리나라에서 소위 '제4차 산업혁명'이라는 이름으로, 사회 구조 전반의 변화를 예상하고, 그러한 변화에 적응해야만 한다는 인문학적 주장들이 계속 쏟아져 나오고 있는 중입니다.

인공지능의 순기능과 역기능에 대한 논쟁은 이미 오래전부터 진행되어 왔는데, 사실 그에 앞서 벌어진 논쟁은 과연 인간이 아닌 존재가 자의식을 가진 지적 존재일 수 있는가라는 문제입니다. 물론 종교에서는 아직도 이 부분에서 보수적이지만, 많은 사람들은 이러한 가능성을 부정하지 않고 있습니다. 주된 논쟁은 인간이 아닌 지적 존재가 현실적으로 나타날 때 생겨날 여러 가지 윤리적이고 사회적인 문제들에 대한 것입니다. 우리가 잘 알고 있는 『프랑켄슈타인』 등의 문학 작품과 《터미네이터》 등의 영화, 아시모프의 '로봇 3원칙' 등으로 유명해진 이 논쟁은 상당히 오랫동안 인문학계와 과학계에서 진행되어 왔습니다. 하지만 알파고의 충격은 이제까지 단지 먼 훗날 벌어질 수도 있는 일에 대한 흥미로운 상상이나 사고실험이었던 문제를 단숨에 당장 내일이라도 펼쳐질 것 같은 급박한 현실적인 문제로 바꾸어버렸습니다.

무엇보다 먼저 제기된 것은 인공지능을 둘러싼 두려움과 공포입니다. 많은 사람들은 통제에서 벗어나 폭주하는 인공지능이 일으킬 사고나 자의식을 갖춘 인공지능이 초래할 갈등에 우려와 두려움을 제기하고 있습니다. 그러한 두려움은《터미네이터》의 스카이넷이나《매트릭스》의 아키텍트 등 영화에서 가장 강렬하고 인상적으로 표현되었습니다. 물론 아직까지 인공지능은 잘 정의된 작은 영역에서만 문제를 해결 할 수 있는 보조도구 수준일 뿐입니다. 이를 두고 인간 고유의 직관과 통찰력을 갖추었다고 보는 것은 과장이며, 영화에 등장하는 수준이 되려면 아직 많은 연구와 기술이 필요할 것입니다. 또한 그러한 인공지능이 과연 등장할 수 있는가에 대해서도 여전히 회의적인 시각이 있습니다. 왜냐하면 인공지능은 인간을 모델로 만들어지는데, 인간인 우리 자신도 아직 인간에 대해서 모든 것을 알고 있다고 할 수 없기 때문입니다.

인공지능인 알파고는 바둑 챔피언을 이겼지만, 정작 그 자신은 바둑이 무엇인지도 모를 것이고, 이겼을 때 기쁨을 느끼지도 못할 것입니다. 무엇보다 아직은 자기 자신이 알파고라는 자의식이 없을 것입니다. 인공지능이 갖출 수 있는 고도의 계산능력을 넘어서는 통찰력, 감정과 선호, 그리고 무엇보다도 자의식이 인간을 규정하는 것이지만, 아직 인간 스스로도 이것이 어떻게 가능한지 제대로 알지 못하는 상황입니다. 인공지능이 프로그램이라면 프로그래머인 인간이 자신이 제대로 모르는 것을 프로그램할 수 없을 것이고, 인공지능이 신경망과 알고리즘이라면 약 1,000억

개의 뉴런으로 이루어진 인간 대뇌피질의 신경망과 알고리즘과 같은 역할을 언제 어떻게 할 수 있을지 아직은 아무도 모르는 것이라고 할 수 있습니다.

7. 해결의 노력 : 새로운 위기와 새로운 전망

알파고 덕분에 인공지능이 유명해지자 뜨겁게 떠오른 키워드는 뜻밖에도 '일자리'입니다. 구글이 알파고를 만든 것은 단지 인간과의 바둑 경기에서 승리하기 위해서가 아니라, 앞으로 여러 방향에서 활용할 최적의 인공지능을 만들기 위한 과정일 뿐입니다. 인간과의 바둑대결은 그 과정에서 필요한 유용한 데이터였을 뿐입니다. 지금 현재도 놀랍도록 빠른 속도로, 그리고 여러 방향에서 인공지능이 개발되어 활용되고 있습니다. 산업자동화 시스템, 스마트 가전, 무인 자동차, 소비자 전자제품까지 도처에 적용되고 있지만, 아직은 대부분 보조적이거나 시험적인 상황이기는 합니다. 하지만 조만간 의미 있는 변화가 있을 것으로 예상된다는 것에 대해서는 많은 사람들이 동의하고 있지만, 그런 상황이 오면 일자리와 직업에서는 어떤 변화가 있을 것인가가 큰 관심거리가 되어 버렸습니다.

예를 들어 많은 사람들의 직업인 콜센터 상담원 같은 경우도 채팅이나 음성에 반응하고 답해주는 인공지능 상담원이 이미 구축되어 있습니다. 상담 전화 한 통의 비용을 살펴보면 사람의 경우 약 1,500원 정도지만, 인공지능은 불과 150~500원이면 충분하다고 합니다. 더욱이 가격도 계속 낮아지고 있다고 하니 심각한 문제가 아닐 수 없습니다. 또한 성능이 향상된 인공지능 번역기가 등장하면 사라질 것으로 예상되는 통번역사의 경우, 벌써부터 통번역대학원 지원자가 줄어들고 있으며, 통번역 입시 학원은 학생 수 감소로 문을 닫고 있다고 합니다. 어떤 연구 결과에 의하면 앞으로 10년 이내 국내 직업 종사자 중 절반 이상이 인공지능이나 로봇으로 대체 될 수 있는 직업군에 속한다고 합니다. 또 한국고용정보원에 따르면 현재 우리나라 전체 직업 종사자의 업무 가운데 12.5퍼센트는 인공지능이나 로봇으로 대체할 수 있다고 합니다. 이 비율은 2020년 41.3퍼센트, 2025년 70.6퍼센트로 높아진다고 하니, 인공지능 발전에 따른 직업의 변화는 곧 심각한 실업으로 이어질 가능성이 큰 것 같습니다.

많은 사람들은 이처럼 인공지능 등의 정보통신기술(ICT)이 정보화·자동화 시스템과 만나는 것을 제4차 산업혁명이라고 규정하면서 이에 대비하거나 선도해야 한다고 주장하고 있습니다. 기술 발전을 위해 근대에 있었던 산업혁명에 가까운 혁명적인 변화를 선도하는 것도 해야 할 일이지만, 무엇보다 중요한 것은 이러한 변화가 사람들의 삶에 미치는 영향에 대비해야 한다는 점입니다. 인공지능에 의해 대체되는 사람들은 그냥 실직하도록 놔두어야 하는 것인가, 아니면 생계와 교육을 지원해 다른 직업을 가질 수 있도록 해야 할 것인가. 그렇지 않다면 근본적으로 기술 발전과 산업 자체를 규제하여 인공지능이 인간 노동을 대체하지 못하도록 해야 하는가. 인공지능에 의해 대체되는 사람들이 빈곤계급을 형성하여 인류의 미래가 암울한 디스토피아가 될 것인가, 혹은 그렇게 되지 않도록 하기 위해서는 무엇을 해야 하는가에 대한 적극적인 관심과 연구가 필요한 시점입니다.

과학과 기술의 발전은 그동안 인간의 사상과 가치관과 같은 정신세계 뿐만 아니라 사회와 경제 구조에도 큰 충격을 주었습니다. 예를 들어 천문학 혁명에서 시작한 과학혁명은 소수의 성직자들이 학문과 권력을 독점하던 세상에서 더 많은 사람들에게 학문과 권력이 개방된 세상으로 변화되도록 했습니다. 또한 과학혁명이 초래한 기술혁명과 산업혁명을 통해 인간의 사회구조는 농경사회에서 산업사회로 변화되었고, 더 나아가 최근 정보화사회로까지 변화한 것도 사실입니다. 하지만 지금까지 과학과 기술 발전이 초래한 변화는 긍정적인 변화였고 인간 사회의 발전이었습니다. 더 많은 사람들이 자유와 인권을 누릴 수 있게 되었고, 더 많은 사람들이 물질적 풍요를 누릴 수 있도록 하였습니다. 하지만 인공지능의 대두, 혹은 제4차 산업혁명이 초래할 것으로 예상되는 변화는 부정적이며 암울하기만 합니다.

물론 긍정적인 측면을 강조하는 주장도 있습니다. 발전된 인공지능과 로봇이 기존의 단순 직업들을 많이 대체하기는 하지만, 그만큼 삶의 여유를 인간에게 제공할 것이라고 주장합니다. 또 단순 노동에서 해방된 사람들이 인간만 할 수 있는 더욱 창조적이고 가치 있는 직업으로 직업군 자체가 변화될 것이라는 장밋빛 전망을 하기도 합니다. 근대 기술혁명 당시에도 기술과 기계가 노동자의 삶을 위협한다고 해서 기계파괴운동(러다이트

운동)이 일어나기도 했지만, 결과적으로 더욱 많은 직업이 생겨났고 사람

들의 삶은 더 풍요해졌다는 것을 기억하라고 주장하기도 합니다.

참고문헌 및 더 읽어볼 만한 책

○ 책

- 재레드 다이아몬드(2013),『총, 균, 쇠』, 김진준 역, 문학사상사
- 리처드 도킨슨(2010),『이기적 유전자』, 홍영남 역, 을유문화사
- 토마스 쿤(2013),『과학혁명의 구조』, 홍성욱 역, 까치글방
- 유발 하라리(2017),『호모데우스 미래의 역사』, 김명주 역, 김영사
- 이종관 외(2017),『제4차 산업혁명 하이브리드 패러다임』, 산과글
- 칼 포퍼(2013),『객관적 지식 - 진화론적 접근』, 이한구 외 역, 철학과현실사

○ 논문

- 박승억(2014), 규범적 인문학과 기술적 인문학, 인문학연구(47), 543~566
- 박찬길(2016), 융합, 인문학의 살 길인가, 영미문학연구회 안과밖(41)
- 김기봉(2016), 빅데이터의 도전과 인문학의 응전, 경기대학교 인문학연구소 시민인문학(30), 9~37
- 김호연(2011), 두 문화와 교양교육-인문학과 과학기술의 밀고 당김, 한국교양교육학회 학술대회 자료집(2011), 127~137
- 이영희(2010), 두 문화, 사회생물학, 그리고 통섭-비판적 고찰, 인간연구(18), 69-97
- 차덕수(2011), 과연 물리학과 인문학은 융합가능한가-물리학자가 경제학을 공부해야 하는 이유, 한국경제포럼(제4집 제2호), 87-98

사이보그와 예술: 포스트휴먼 시대 어디까지가 나인가?

⋮

이지언

1. 도입: 에피소드

1) 2037년 고등학생의 아침

인류의 아침은 늘 해가 뜨면서 시작되었습니다. 21세기의 아침도 일출로 시작되지만 가까운 미래 인간의 아침은 우리가 상상하는 것 이상으로 생소한 모습일 수 있습니다. 다음은 제가 상상해 본 2037년 미래의 고등학생의 아침입니다.

"A는 아침에 일어나서 물 한 잔을 마시고 샤워를 한다. 샤워한 물을 실시간으로 정화해서 다시 사용할 수 있기 때문에 최근 일어났던 물 부족 현상을 해결할 수 있다. 그리고 분자 요리로 된 음식으로 아침을 해결한다. 분자 요리란 요리에 분자의 물리 화학적 반응을 연구해서 만드는 것으로 음식을 과학적으로 분석해서 새로운 음식으로 만드는 것을 의미한다. 맛있게 아침을 먹고 특수 소재로 만든 옷을 입는다. 이 옷은 더위와 추위에 따라 변하고 색상과 디자인이 바뀌기 때문에 무엇을 입을지 매일 걱정할 필요가 없다. 그리고 학교 수업은 있지만 학교에 가지 않고, A가 미래에 하고 싶은 일에 대한 체험 수업을 위해 가상현실 모드로 도입한다. 가벼운 헤드셋을 착용하고 가상현실에 몰입할 수 있기 때문에 현실과 같은 느낌을 가질 수 있다. 학교에 가지 않는 이유는 이미 나의 뇌에 컴퓨터 칩이 이식되어 모든 정보를 익힐 필요가 없기 때문이다. 따라서 A는 가상현실에서의 경험을 통해 이 지식을 실험한다."

2017년 여러분의 아침과 2037년 고등학생의 아침은 얼마나 많이 다를까요? 아마도 2007년 고등학생과 2017년의 고등학생은 크게 다르지 않을지 모르지만, 위와 같이 미래의 고등학생의 모습은 우리가 상상하는 것 이상으로 다를지 모릅니다.

이렇게 가까운 미래에는 디지털 과학기술의 비약적인 발전으로 새로운 인간상이 대두될 것으로 예상됩니다. 즉 두뇌와 클라우드가 결합되는 '초지능(superintelligence) 신인류'가 나온다는 것입니다. '초지능 신인류'는 기술과 뇌가 결합된 뇌로서 로봇세포가 자율 재생하는 장기에 관련하는 것을 비롯해 다양하게 기술이 인간의 몸과 연결되어 기존 인간의 한계를 뛰어넘는 새로운 인류를 의미합니다. 호주의 철학자 데이비드 차머스(David Chalmers)는 초지능 신인류가 인공지능 관련 산업이 가속화됨에 따라 우리가 생각하는 것보다 훨씬 빠른 시기에 신인류를 맞이할 수 있다고 보고 있습니다. 차머스가 참여한 "유익한 AI, 2017 컨퍼런스"에는 엘론 머스크를 포함한 9명의 미래 관련 전문가들이 만장일치로 '초지능' 기술적 영역에 인류가 도달할 것으로 보고 있습니다.[1] 초지능을 가진 새로운 인류의 출현에 대한 이견은 없지만 이러한 지능을 가진 인간과 관련된 윤리적 문제들에 대한 우려는 함께 제기되고 있는 상황입니다.

베네수엘라 미래학자인 호세 코르데이로(H. Cordeiro) 박사[2]는 인류가 '인위적 진화'를 하고 있으며 미래에는 우리가 상상하기 어려울 정도로 다른 새로운 인간의 형태가 출현할 것이라고 예측하고 있습니다. 현재 '호모 사피엔스'라고 명명하는 현생 인류 이후에 나타날 인간의 형태를 학계에서는 포스트휴먼(posthuman)이라고 부르고 있으며, 그 중간 단계를 트랜스휴먼(transhuman)으로 보고 있습니다.(조선일보, 2007년 1월 1일 기사) 포스트휴먼 단계에 도달하는 인류는 더 이상 늙지 않고, 자신이 원하는 몸과 마음의 상태를 소유할 수 있게 된다고 코르데이로 박사는 말하고 있습니다. 한편, "과학기술의 발전 속도는 상상을 초월한다. 2020년에는 텔레키네시스(telekinesis), 즉 생각만으로 의사소통이 가능해집니다. 10년 안에 어떤 장기(臟器)도 복제를 통해 대체가 가능해집니다. 뇌세포의 뉴런(신경세포)까지 교체할 수 있게 됩니다. 과학자들은 인간의 뇌보다 처리속도가 빠른 컴퓨터가 2029년 개발될 것으로 예측합니다."(앞의 기사)라고 코르데이로 박사는 주장하고 있습니다.

인공지능이 인간의 지능을 넘어서는 순간을 '특이점(singularity)'으로 규정한 구글 이사 레이 커즈와일(Ray Kurzweil)은 "향후 10년간은 지금 누구도 상상할 수 없는 새로운 세상이 열린다"고 말하며 정보에 있어서 세상과 더욱 적극적으로 연결되고, 생물학적 인간의 모습 역시 완전히 바뀔 것으로 예측하고 있습니다. 커즈와일은 『특이점이 온다』(The Singularity Is Near: When Humans Transcend Biology, 2006)라는 저서에서 2045년을 특이점, 즉 인공지능이 인간의 지능을 넘어서는 해가 될 것이라고 예측하였습니다. 또한 커즈와일은 로봇세포가 계발되어 손상된 인간의 장기를 치료, 및 재생하는 역할을 할 것이고 나노로봇이 계발되어 모세혈관을 통해 뇌로 침투하여 가상현실을 보여주는 기술 등 기존의 생물학적 몸을 가진 인간의 모습과는 전혀 다른 인간의 출현을 일찍이 예견한 바 있습니다. 커즈와일의 주장을 정리하면, 앞으로 미래의 인간은 인위적으로 변모하여 이전의 생물학적 특징을 가진 인간과는 다른 형태의 인간으로 바뀐다는 것입니다.

2) 인체대체 시대와 모라베크의 역설

―인체대체 시대

기술과학의 발전으로 생물학적 인체의 거의 모든 것을 바꿀 수 있는 인체대체 시대가 도래하였습니다. 인체의 일부분을 대체하는 방법은 크게 두 가지로 나뉠 수 있는데, 첫째로 생물학적 방법입니다. 이 방법은 미니 돼지를 이종(異種) 장기 이식으로 이용하는 것을 의미합니다. 미니 돼지의 장기는 사람 장기와 유사한 크기로 적합하지만 면역 거부반응이 있어 아직까지는 혈액이 접촉하는 부분이 적은 각막이나 췌도에 사용 가능한 것으로 알려져 있습니다. 하지만 해결해야 할 문제도 다양합니다. 즉 법적 문제부터 동물의 질병이 인간에게 발병할 수 있는데 이것을 법적으로 규제하는 것이 필요하다고 볼 수 있는 것입니다.

둘째로, 기계전자식 방법으로 의족, 의수를 로봇으로 대체하는 것이 대표적입니다. 즉 인간의 부분을 기계로 대체하는 것입니다. 21세기 초부터 뇌의 신호로 팔다리를 움직이는 로봇이 개발되어 왔습니다. 하지만 진짜 자신의 몸과 같은 기계가 나오기 위해서는 앞으로 많은 연구가 필요할 것으로 보입니다. 현재 촉감을 느끼는 의족, 의수도 나오고 있으며, 이러한 로봇 팔다리는 3D프린터로 제작되어 사용되고 있습니다. 앞으로는 살아있는 세포를 찍어낸 장기를 복제하는 일도 가능할 것입니다. 우리가 앞으로 논의할 사이보그는 이 두 가지 모두를 포섭하는 개념을 가지고 있습니다.

−모라베크의 역설

이렇게 미래에 기술이 인체를 대체 혹은 증진시킨다는 생각은 오랫동안 구상되어 왔습니다. 하지만 최근 인간의 존재가 변할 수 있다는 생각이 커지면서 기계에 대한 인간의 고유한 능력에 대한 믿음인 '모라베크의 역설(Moravec's Paradox)'이 깨어지고 있습니다. 즉, 아무리 기술이 발전하더라도 인간만이 가진 능력은 남아 있을 것이라는 신념은 있었습니다. 기계에 비교하여 인간의 고유성이나 유일성에 대한 확신은 의심되지 않았던 것입니다. 모라베크의 역설은 인공지능은 인간의 모든 것을 뛰어넘을 수 없다는 것으로 인간과 같은 감성을 가진 기계를 만드는 것은 쉽지 않고, 단지 인공지능은 회계처리 같은 계산이나 연산능력은 인간보다 뛰어나므로 인간을 뛰어넘을 수 있다는 것입니다. 정리하자면 특정 부분에서 인공지능은 인간을 능가하지만 인간에게 있는 지각적이고 감성적인 영역의 고유성을 기계가 뛰어넘을 수 없을 것이라는 주장이 모라베크의 역설인데, 현재 발전하고 있는 인공지능의 예를 보면 모라베크의 역설은 설득력이 약해지고 있습니다. 2017년 5월23일 구글 딥마인드의 인공지능 '알파고'는 커제 9단에 완승한 후 은퇴를 선언하고 다른 영역으로 이동할 예정입니다. 이 알파고의 중요한 기제에는 'TPU(Tensor Processing Unit)'이라는 장치가 있습니다. TPU는 구글의 머신 러닝(기계학습)의 프레임워크인 '텐서플로우'에 최적화된 맞춤형 칩인 ASIC(Application Specific Integrated Circuit)을 탑재하고 있습니다.

이제는 스스로 학습하고 진화하는 인공지능이 나오고 있습니다. 딥러닝은 '심층 신경망'(DNN, Deep Neural Network)을 의미하는 개념을 1950년대 나온 '인공 신경망'(ANN, Artificial Neural Network)으로 발전시킨 것입니다. 기술은 이제 인간의 영역을 넘어서는 동시에 인간의 영역을 침투하고 있습니다. 인간의 도구로서 인공지능은 인간의 몸은 물론 의식까지 깊이 관여하여 인간종의 존재에 대해서도 새로운 정의를 요구하고 있습니다.

제2의 기계시대로 부를 수 있는 현재 시대에 유기체와 기계를 결합한 존재를 우리는 '사이보그(Cyborg)'라고 부릅니다. 인공지능을 탑재한 기계를 로봇이라고 본다면 생명체에 기술을 결합한 것을 사이보그라고 볼 수 있습니다. 따라서 주체가 누구인가에 따라 로봇 혹은 사이보그로 분류할 수 있겠습니다. 상상력을 극대화시킨 예로 영화《엑스 마키나》(2015)는 인공지능이 어떻게 진화할 수 있는지 보여주는 내용이 전개됩니다. 여성형 인공지능인 '에이바'는 '튜링테스트(Turing test)'를 통과하면서 인간과 감성적으로 소통하는 것은 물론 거짓말까지 할 수 있다는 것을 보여줍니다. 여기서 튜링테스트는 앨런 튜링이 1950년에 제안한 인간과 기계 간 소통의 가능성을 실험하는 것을 말합니다. 영화 제목인 '엑스 마키나'는 고대 그리스 극에서 사용된 연출 기법으로, 원래 '신의 기계적 출현'을 의미하는 '데우스 엑스 마키나(Deus Ex Machina)'에서 차용한 것입니다. 데우스 엑스 마키나는 원래 그리스 연극의 줄거리에서 해결되지 않는 플롯을 종결하거나 극적으로 해결하기 위한 기계 장치를 의미하였습니다.

앞으로는 인간과 기계 간 소통뿐만 아니라 인간과 초지능 신인류 간의 갈등까지 화두가 될 것으로 보입니다. 앞으로 미래에는 과학기술 발전과 이에 대한 활용 못지않게 새로운 기술과학시대에 대한 본질적인 사유 및 분석이 필요할 것입니다. 따라서 이 장에서는 인간과 연결되는 기술 혹은 인공지능에 대한 현상을 통해 철학적 질문을 해보도록 하겠습니다.

'미래의 인간은 어떤 형태가 될 것이며, 어디까지 인간이라고 부를 수 있을 것인가?' 지금까지 소개한 이론들로 학문적으로 질문해보자면 다음과 같이 질문할 수 있겠습니다. '포스트휴먼 시대: 어디까지가 나인가?' 이러한 질문에 대한 답을 찾아가기 위하여 인간과 기술에 관한 다양한 입장을 철학의 관점에서 살펴보도록 하겠습니다.

2. 인간과 기술에 관한 다양한 철학적 입장

1) 통속의 뇌 : 힐러리 퍼트넘

미국의 철학자 힐러리 퍼트넘(Hilary Whitehall Putnan, 1926~2016)의 '통속의 뇌'는 데카르트의 회의론와 비교하여 오늘날 인식의 문제를 다루는 데 중요한 사고실험으로 볼 수 있습니다. 참고로 데카르트의 회의론은 소위 '악마 가설'로 알려져 있는 것으로『성찰 I』,『방법서설 II-IV』에서 다음과 같이 말하고 있습니다.

> "그래서 나는 모든 진리의 근원이신 전적으로 선하신 하나님이 아니라, 능력과 교활함을 한꺼번에 갖추고 있는 그 어떤 나쁜 영혼(악령)이 나를 속이려고 온갖 노력을 다하고 있다고 가정하려 한다. 이 꿈들을 통해 악령은 내가 쉽게 믿을 수 있도록 하는 덫을 마련해 두었다. 나는 내 자신을 손과 눈과 살과 피도 없고 감각이란 조금도 갖고 있지 않은데도, 오직 잘못해서 이것들을 가지고 있다고 생각하는 것처럼 믿으려고 한다."

우리가 갖는 믿음이 참인지 어떻게 아는가? 모든 것이 나를 속이는 상황이라면? 이러한 질문에서 데카르트는 생각하고 있는 나의 존재는 인정해야 한다고 생각했습니다.

퍼트넘은 이에 사고실험을 통해 우리가 실재하는 세계를 모를 수 있다는 것을 말하고자 하였습니다. '통속의 뇌' 사고실험에서 살아 있는 사람의 뇌를 특수한 배양액에 꺼내 놓고 그 뇌에 전선을 연결하여 다시 컴퓨터에 연결하여 살아 있다고 느끼게 합니다. 이러한 내용을 차용한 것이 영화 《매트릭스》(1999)입니다. 실제로 이 영화를 만든 워쇼스키 자매는 퍼트넘의 통속의 뇌를 착안하여 영화를 구성하였다고 말했습니다. 어쨌든 통속의 뇌는 컴퓨터의 자극으로 실제로 존재하는 물체나 경험 없이 실제로 존재한다고 믿게 된다는 것입니다. 따라서 통속의 뇌는 자신이 진짜 인간인지 뇌인지 알 수 없고, 외부세계에 대해 알 수도 없으며 따라서 자신이 믿고 있는 모든 것의 진위를 알 수 없다는 것입니다.

퍼트넘의 통속의 뇌는 오늘날 '사고실험'을 넘어 기술과학의 발전으로 인간의 신체 변화가능성이 현실화됨에 따라 세계를 인식하는 능력은 물론 어디까지 인간이며 생각하는 나만으로 인간으로 존재할 수 있는지에 대한 근원적인 질문을 하게 하는 중요한 철학적 사유입니다.

2) 삶의 형식으로서 기술 : 랜던 위너

퍼트넘의 통속의 뇌 사고실험은 기술에 의해 인간의 몸과 인식이 현실적으로 달라질 수 있음을 보여줍니다. 그렇다면 그 기술이라는 것은 도대체 무엇일까요?

랭던 위너(Langdon Winner, 1944~)는 정치학을 전공했지만 기술과 철학의 접목에 관심을 가진 학자입니다. 정치학자의 입장에서 인간과 기술의 관계 역시 정치적 영역이라고 생각한 위너는 토론과 협상이 필요하다는 것, 즉 기술의 문제는 인간 이해의 문제로 귀결된다고 보았습니다. 삶의 조건으로서 기술은 인간에게 유익한 것이 되어야 하는 것입니다. 위너는 기술을 이해하기 위해 토론이나 협상을 중요하게 여기는데, 이때 사용하게 되는 것이 언어입니다. 위너의 기술에 대한 입장은 그간 기술은 중립적 도구라는 견해에 일침을 가하는 것으로서, 기술이 처한 환경적 맥락에 따라 중립적일 수 없다는 입장을 펼칩니다. 즉 기술 자체의 중립성이 존재하는 것이 아니라 기술이 맥락에 따라서 유용한 범위가 결정되는 것입니다. 따라서 위너는 루드비히 비트겐슈타인(Ludwig Wittgenstein, 1889~1951)의 핵심 개념인 가족유사성(family resemblance)을 받아들여 기술을 '삶의 형식(form of life)'으로 파악합니다. 비트겐슈타인이 생각하는 언어는 삶과 밀접히 관계된 것으로 언어는 단순히 세계를 지시하는 것을 넘어서는 행위라고 보았습니다. 즉 언어는 하나의 게임과 같이 주어진 맥락과 상황에 따라 법칙이 달라집니다. 비트겐슈타인은 이것을 '언어게임(language game)'이라 말하고 있으며, 언어란 맥락에 따라 그 의미가 달라진다고 보는 것입니다. 이렇게 비트겐슈타인의 철학을 바탕으로 위너는 기술을 인간 사회에 필요한 일종의 언어로 보았으며, 사용되는 맥락에 따라 바뀔 뿐 아니라 기술이 궁극적으로 인간 삶의 형식이 된다고 했습니다. 위너는 "우리가 받아들인 장치, 기술, 시스템은 우리 일상적 존재의 맥락에 융합되면서, 그 도구적 성질들이 우리의 인간됨 자체에 한 부분이 되었다"(Winner, 2010:16, 손화철, 2016:4, 재인용)라고 말하면서 기술이 인간 존재를 변화시키는 것이며 삶의 중요한 형식이라고 봅니다.

위너는 기술을 만드는 것은 인간이지만 기술이 단순히 인간의 도구가 아니라고 말합니다. 즉 기술이 삶의 형식이자 인간 활동의 결과물이라면 기술은 그 본질 자체가 정치적이라는 것입니다. 기술이 정치적 속성을 가졌다면 가치를 지닐 것이고, 합의와 선택 그리고 제도로서 우리 삶의 규율인 윤리적인 문제까지 고려되어야 하는 의미로 확장해서 생각해 볼 수 있을 것입니다. 예를 들면 현재 시행되고 있는 무인자동차의 경우 차 안에 있는 사람과 보행자, 혹은 다른 차에 있는 사람 간의 안전문제를 어떠한 방식으로 고려할 것인가 하는 문제가 그것입니다. 많은 수의 사람을 살리기 위해 작동이 된다면 사고의 수적 피해를 줄이기 위해 숫자가 적은 쪽이 피해를 당하도록 해야 하는가 같은 윤리적 문제가 대두될 것입니다.

또한 기술이 정치적이라 할 때 우리는 기술과 민주주의의 관계에 대해서도 생각해 보아야 할 것입니다. 여기서 말하는 민주주의는 양적 민주주의가 아니라 질적 민주주의에 대한 관심을 의미합니다. 위너에 의하면 기술이란 민주적 체제 안에 있는 정치적, 제도적 구조로 다루어지는 것입니다. 정리하면 삶의 형식으로서 기술을 말하는 위너의 주장은 기술결정론, 즉 기술이 모든 것을 결정하는 것이 아니라 인간의 활동과 기술이 제도적으로 결합될 때 창의적인 방식으로 나아갈 수 있음을 의미합니다.

3) 사이보그의 철학 : 도나 해러웨이

인간과 기술에 대한 중요한 철학적 입장은 생물학자이자 철학자인 도나 해러웨이(Donna Haraway, 1944~)의 저술에서도 살펴볼 수 있습니다. 해러웨이는 『유인원, 사이보그, 그리고 여자: 자연의 재발명(Simians, Cyborgs, and Women: The Reinvention of Nature)』(1991)을 통해 사이보그에 대해 논의하였습니다. 해러웨이는 융합적 연구의 선구자로 캘리포니아대학교 의식사학과와 여성학과 명예교수로 있으면서 과학과 페미니즘을 주된 영역으로 연구하고 있습니다. 특히 「사이보그 선언문(A Cyborg Manifesto)」은 융합적 연구의 결과물로 볼 수 있습니다. 이 선언문이 나올 당시는 주로 페미니즘 영역에서 관심을 받았으나 현재 사이보그를 연구하는 분야에서 주목하는 내용이 되었습니다. 여성을 인간 대표로 상정하여 생명에 대한 중요성을 보여준 것이 바로 「사이보그 선언문」입니다. 사이보그 선언문은 해러웨이의 단순한 아이디어나 주장이 아니라 꽤 오랫동안 학문공동체 안에서 다양한 이름의 학술발표문으로 발표되어 다양한 학자 및 대학원생들과의 토론을 통해서 발전한 개념입니다.

또한 해러웨이의 생각은 대학교 시절에 동물학, 철학, 문학을 함께 전공한 결과물입니다. 이 세 가지 전공을 포괄하는 해러웨이의 관심은 공민권(Civil Right)으로 시작하여 동물의 권리, 생명체에 대한 관심으로 확장되었습니다. 살아 있는 유기체에 대한 관심은 동물학과 생물학을 통해 구체화되었고, 이들의 정치, 사회 및 가치를 다루는 부분인 논리적 방법론은 철학을 통해 입증하였습니다. 그리고 문학적 상상력을 통해 이러한 융합적 연구를 통합하고자 하였습니다.

문학적 상상력, 즉 예술적 표현에 관한 것이 어떻게 과학과 철학과 연동할 수 있는가에 대한 질문은 해러웨이의 논문이 소설을 통해 과학을 철학적으로 해석하고 있다는 것을 알 수 있습니다. 소설을 읽어가는 과정에서 인간의 상상력을 합리적 방식인 철학적 이해를 추구해 봄으로써 우리

그림 1〉 린 랜돌프, 〈겸손한 목격자〉(https://www.flickr.com/photos/cyborglenin/19041036173)

의 편견을 발견하고, 새로운 의식으로 나아갈 수 있는 가능성을 추구합니다. 앞서 퍼트넘의 '통속의 뇌'에 대해 언급했는데, 우리가 세계 밖을 어떻게 인식할 수 있는지, 자신이 속한 사회의 한계를 어떠한 방식으로 뛰어넘을 수 있는지 생각해 보게 하는 지점입니다.

해러웨이는 『여성인간(The Female Man)』을 통해 미래의 인간은 생물학적으로 편집이 가능하며, 상품으로서 인간이 될 것이라는 점을 예견합니다. 미래의 인간으로서 여성은 사이보그로서 정치적 정체성을 갖는 새로운 유형의 인간이 될 것이라는 것입니다. 해러웨이가 보기에 미래 인간은 상황적 지식(situated knowledge)을 통해서 성장할 것이라고 봅니다. 상황적 지

식이란 지식이 맥락에 의해 형성될 수 있다는 점에서 랭던 위너가 주장했던 삶의 형식으로서 기술에 대한 관점과 어느 정도 통하는 부분이 있습니다. 하지만 해러웨이가 말하는 상황적 지식은 상대주의를 의미하지는 않습니다. 보편적인 진리가 없다고 주장하지 않는다는 것은 상황적 지식에 대해 객관성을 확보하는 지식임을 다음과 같이 언급합니다. "위치가 정해진 이질적 실천은, 공통점이 없는 관점들로부터 비판적인 조사를 받을 수 있도록 언제나 잠재적으로 열려 있는 현재 진행 중인 접합 활동에 특수한 방식으로 뿌리를 박고 있으므로, '세계적'이고 '보편적'일 수 있다."(해러웨이, 2002:279)

3. 사이보그와 포스트휴먼: 역사적 맥락과 철학적 이론

기술, 기계와 결합된 인간의 정체성, 즉 어디까지 인간인지 묻기 전에 우선 사람과 기계인지 판단했던 튜링테스트에 대해서 말해보겠습니다. 영국의 수학자이자 논리학자인 앨런 튜링(Alan M. Turing, 1912~1954)은 컴퓨터 과학과 인공지능의 발전에 결정적 공헌을 하였습니다. 튜링테스트는 기계와 인간의 대화에서 인간이 기계라고 인식하는지 그렇지 않은지에 대한 여부를 판별하는 실험으로 1950년에 튜링이 제안한 개념입니다.

튜링은 기계가 가진 지능적 조건에 대해 매우 긍정적으로 생각하였습니다. 컴퓨터와의 대화에서 인간이 기계라고 생각할 수 없다면 컴퓨터는 생각할 수 있다고 보는 것이 튜링의 관점이었습니다. 하지만 인간이 묻는 질문에 컴퓨터나 로봇이 만족스럽게 답한다고 해서 기계가 생각을 할 수도 있다고 보는 것은 회의적입니다. 또한 기계가 인간을 속이는 시도에서 이 과정을 구성하는 것이 인간이므로, 기계 자체가 생각을 하는가에 대한 문제는 중요한 철학적 문제해결의 영역으로 남아 있습니다.

이제는 기계와 인간의 사고나 차이를 논의하는 것을 넘어 인간의 존재 자체를 다시 생각해 보게 하는 사이보그에 대한 관심이 커지고 있습니다. 제2의 기계 시대인 디지털 시대, 인간의 몸은 사이보그화 되어가고 있습니다. 자연인으로서 인간의 몸은 이제 새로운 의미를 가지게 되고 몸과 기술의 관계에 있어서 사이보그에 대한 철학적 아이디어를 주목할 필요가 생겼습니다.

1) 사이보그의 유래

그렇다면 사이보그란 무엇일까요? 사이보그는 사이버네틱스(cybernetics)와 유기체(organism)의 결합어로 인공두뇌학에서 사용된 용어입니다. 미국의 컴퓨터학자 맨프레드 클라인스(Manfred Clynes, 1925~)가 우주항공국 나사에서 개최된 학술회의 논문을 저술하면서 만들어낸 단어입니다. 논문의 주제는 "우주에서 생존하는 것이 가능하도록 개조된 인간"이었습니다. 이 논문의 내용은 우주에 적응할 수 있는 인간의 몸을 어떻게 개조할 것인가, 또 우주복을 입지 않고도 우주에서 생존할 수 있는지에 대한 것이었습니다. 이때 클라인스가 언급한 '개조'라는 단어는 유전자 변형까지 포함하는 포괄적인 개념입니다.

　달과 우주에 우주인을 내보내면서 외계에서 생존하는 인간에 대한 관심은 점점 커졌으며 최근 화성 이주 계획에 대한 예를 생각해 볼 수 있습니다. 나사는 화성을 탐사한 후 2010년 이미 새로운 프로젝트를 공개하였는데, 2030년까지 인간을 화성에 이주시킨다는 계획입니다. 그리고 스페이스 엑스(Space X)의 설립자이자 최고 경영자 일론 머스크(Elon Musk, 1971~)도 인류 화성 이주 계획을 발표하였고, 2018년에는 화성행 레드 드래곤 무인 캡슐을 보내고, 2024년 이후 유인 우주선을 발사하고, 화성으로 인류를 이주하는 프로젝트를 구상하고 있습니다. 이렇게 인류는 지구뿐 아니라 우주에서도 생존하기 위한 실질적인 계획을 세우고 있습니다. 클라인스는 『사이보그와 우주(Cyborg and Space)』(1960)에서 정신과 의사인 네이선 클라인(Nathan Kline, 1916-1982)과의 공저로 인간의 몸을 개조하는 아이디어를 언급하였습니다. 즉, 인간은 물리적으로 개조될 수 있으며 장기, 약물 등을 통해 변화할 수 있으며, 이러한 과정을 통한다면 우주에서 살 수 있을 것이라는 겁니다.(Gray, 1995)[3] 정리하자면 서양인들의 사이보그에 대한 최근의 관심은 자연종으로서 인간의 존속 여부에 대한 진화론적 관점을 배경으로 하고 있고, 종을 지속시키기 위한 노력이라고 볼 수 있습니다.

2) 사이보그는 어떻게 학문이 되었는가?

사이버네틱스는 사이보그 용어의 핵심입니다. 이는 노버트 위너(Norbert Wiener, 1894~1964)가 『사이버네틱스: 동물과 기계에서의 제어와 통신(Cybernetics: Control and Communication in the Animal and the Machine)』(1948)에서 언급한 내용입니다. 사이버네틱스는 엔트로피, 정보 등에 관한 상호관계 이론이라고 볼 수 있으며 인간의 조직, 생명 유기체 그리고 기술 장치에서 나타나는 공통분모를 찾는 과학이라고 볼 수 있습니다. 이처럼 사이버네틱스는 융합적 성격을 가지고 있으며 학제적 연구에서 주목받고 있고 다양한 분야, 즉 로봇 공학, 컴퓨터, 수학, 생물학, 사회학 그리고 교육학에 이르기까지 광범위하게 영향을 미치고 있습니다.

사이버네틱스는 제어와 통신의 문제를 인간과 기계는 물론 생물체까지 확장할 수 있다는 의미입니다. 이러한 생각은 동물들의 장기나 실험 등을 통해 인간의 인체를 증진시키는 데 도움을 줄 수 있다는 생각에까지 이릅니다. 동물실험 등을 통해 인간의 복지를 증진한다는 주장에 대한 우려와 상황을 언급한 이야기를 해러웨이는 「사이보그 선언문」을 통해 본격적으로 논의하고 있습니다. 이러한 과정을 통해 사이보그학(Cyborgology)이 성립하는 계기를 이루게 됩니다. 이 선언문에서 해러웨이의 주된 주장은 인권을 위한 옹호로 시작되었습니다. 당시 미국 상황에서 중요한 이슈였던 인종, 소수자, 여성의 문제를 주된 의제로 다룬 것이지만 인간이나 생물체에 머무르지 않고 궁극적으로 지구 자체를 살아 있는 유기체로 보는 관점을 가지게 됩니다. 지구 역시 살아 있는 행성이라는 점에서, 즉 자기조절 능력이 가능하다는 점에서 지구를 사이보그로 보는 것입니다. 이러한 생각은 러브록의 '가이아(Gaia) 이론'에서 차용한 것입니다. '가이아'는 일종의 은유적 개념으로 많은 과학자, 학자, 예술가에게 영감을 주었습니다. 그 이유는 '가이아'가 고대 그리스의 '대지의 여신'을 상징하는 것으로 러브록이 지구가 생물과 무생물의 상호작용으로 변화해 가는 거대한 유기체라는 점을 설명하기 위해 사용한 용어이기 때문입니다.

사이보그는 우주개발에 최적화된 인간의 모습을 지향하는 것이었지만, 현재 지구에서 살아가는 인간의 삶에 깊숙이 침투한 기술과학의 영향력을 대변하기도 합니다. 진화적 관점으로 인류의 역사를 설명하는 과학자들에게 인간은 다른 종과 예외없이 언젠가는 멸종하게 될 수 있다는 가설이 성립될 수 있다는 주장이 사이보그에 대한 관심을 더욱 증가시켰습니다. 인간이 언젠가 멸종된다면 살아남기 위한 노력의 하나로 우주로 나아가거나 새로운 환경을 만들어 내거나 인간의 생물학적 몸을 환경에 최적화할 수 있도록 변화시켜야 한다는 것이고, 이것을 체계적으로 연구하는 학문이 사이보그학인 것입니다.

컴퓨터과학과 교수인 크리스 그레이(Chris Gray)는 사이보그학의 임무에 대해 다음과 같이 말합니다. "우리의 사이보그적인 선택권은 우리의 품위를 저해하는 가치들이 아니라 우리가 자랑스러워 하는 가치들을 강화해 주어야 한다. 그러려면 우리는 우리가 상대하고 있는 힘들을 이해해야 한다. 그것이 바로 인공두뇌학 관련 과학의 최신판인 사이보그학의 임무다. 이 용어는 정보의 철학부터 시스템 분석에 이르는 모든 것을 담아낸다."(Gray, 2016:342-343)

위의 견해에 의하면 사이보그학이 지향하는 것은 인간의 생명을 보존하는 현실적인 목표는 물론 미래의 인간에 대한 새로운 정체성을 구체적으로 상정해 보는 일일 것입니다. 따라서 변화하는 인간상에 수반되어야 할 철학적 성찰은 바로 인간 윤리에 대한 내용이 될 것입니다.

4. 인간의 미래: 사이보그에 대한 인간의 열망

인간 삶에 대한 개선 의지는 인간의 본능이라고 할 수 있으며 인류의 역사를 통해서 기술과학의 발전을 볼 때 인간의 미래가 과학과 더욱 밀접한 관련이 있을 것이라는 점은 자명합니다. 그렇다면 미래의 인간에게 가장 중요한 것은 무엇일까요? 어떻게 사는 삶이 가치 있는 것일까요?

1) 로봇과 컴퓨터의 선구자

오늘날 르네상스 인간이라고 하면 다양한 방면에서 다재다능한 사람을 일컫습니다. 이러한 말을 가능하게 한, 화가, 발명가, 천문학자, 지리학자, 음악가, 기술자, 건축가, 해부학자 등 수식어가 너무 많은 레오나르도 다빈치에 대해서 살펴보겠습니다.

다빈치는 타고난 호기심과 열정 그리고 뛰어난 관찰력으로 다양한 영역에서 천재적인 업적을 남겼습니다. 경험을 통한 관찰과 정교한 기록을 통해 자신의 아이디어를 체계적으로 정리해나간 그의 기록을 보면 과학에 대한 논의가 상당히 많다는 것을 알 수 있습니다.

다빈치의 과학적 저술로 알려진 『코덱스 레스터(Codex Leicester, Codex

Hammer)』는 예술과 과학의 관계와 특히 다빈치의 창조적 기술에 대한 열망을 살펴볼 수 있습니다. 이 코덱스는 마이크로소프트의 창립자인 빌 게이츠가 크리스티 경매에서 거액을 주고 구입했다는 일화가 있습니다.

다빈치의 노트를 보면 유독 로봇에 대한 내용이 많이 기록되어 있습니다. 예를 들면 음악소리를 내면서 꽃을 쏟아내는 움직이는 동물 모양 뮤직박스가 있습니다. 이것은 이탈리아에 있는 다빈치 연구소에서 노트에 있는 설계도를 실제로 재현한 것으로 오늘날의 최첨단 음악기기의 원형이라 할 수 있습니다.

마크 로스하임은 레오나르도의 노트를 재현하면서 그가 21세기의 기술을 미리 실행한 천재라고 극찬하였습니다. 로스하임은 "레오나르도는 로봇과 컴퓨터의 선구자였습니다"라고 말합니다. 다빈치의 설계도 중에서 1490년경에 그려진 것으로 천의 털을 깎는 기계를 예로 들 수 있습니다. 털을 고르는 이 로봇을 다빈치는 왜 구상하였을까요? 다빈치는 선구적인 기술자로 발명한 기계는 셀 수 없을 정도입니다. 비행기, 잠수정, 낙하산 등 다빈치가 구상했고 설계했던 기록들은 오늘날까지 전해지고 있습니다. 노트 중 사람의 팔에 기계를 접목한 드로잉을 발견할 수 있습니다. 로봇에 대한 열망이 있었던 다빈치의 생각에도 이미 사이보그에 대한 구상이 있었을지 모릅니다.

2) 케빈 워윅의 로봇으로 살아보기

실제로 부분적으로 기계가 되어 살아보는 실험이 영국 코벤트리대학 교수인 케빈 워윅(Kevin Worwick, 1954~)에 의해서 시도되었습니다. 1998년 8월 워윅은 자신의 왼쪽 팔에 작은 칩을 이식하여 일정 기간 사이보그가 되어 살아보는 경험을 하게 됩니다. 이 칩은 전파교신기가 내장된 것으로 상대방의 의사를 파악할 수 있는 기술입니다. 또한 자동으로 문을 열거나 컴퓨터를 켤 수도 있는 장치입니다. 이 실험은 〈사이보그 프로젝트 2.0(Project Cyborg 2.0, 2002)〉로 발전되었고, 아내에게도 이 칩을 이식하여 어떻게 인간 사이에 기술적으로 감정과 생각을 공유할 수 있는지 실험했고, 실험 결과는 긍정적이었습니다. 실재로 신체는 면역거부 반응을 일으킬 수 있었지만, 워윅은 매우 자연스럽게 느껴졌다고 합니다. 이 실험은 워윅의 저서 『나, 사이보그』(I, Cyborg, 2002)에 잘 기술되어 있습니다.

그렇다면 왜 워윅은 사이보그가 되고자 하였을까요? 단순한 호기심이었을까요? 워윅 교수의 저서 『로봇의 행진』을 보면 로봇이 미래의 주인이 될 수도 있음을 경고하고 있습니다. 따라서 워윅은 미래에 강한 인공지능을 탑재한 기계, 즉 로봇이 인간의 기능을 능가하게 된다면 인간은 어떻게 대처해야 할 것인가에 대해 고민하였고, 이에 대한 적절한 대안은 인간 역시 뛰어난 존재로 거듭날 수밖에 없다는 결론에 이릅니다. 인간의 몸이나 면역체계를 증진하려는 인류의 노력은 오랫동안 지속되어 왔는데, 어떤 상황에서도 멸종하지 않고 살아남고자 하는 노력의 일환으로 사이보그에 대한 관심이 커진다는 것을 알 수 있습니다. 만일 앞으로 칩과 신경계가 완벽하게 연결된다면 몸이 불편한 사람이나 의수, 의족이 필요한 사람들에게 큰 도움을 줄 것으로 생각됩니다.

사이보그는 혼종적 존재인 키메라(chimera), 즉 기계와 유기체의 결합입니다. 키메라는 뱀의 꼬리와 양의 몸통, 그리고 사자의 머리를 가진 그리스 신화에 나오는 괴물로, 학자들이 말하는 사이보그는 유전자 조작이나 기술적 조작으로 변종된 인간을 의미합니다.

본 글에서 다루는 사이보그는 단지 유기체와 기계의 결합만을 의미하는 것은 아닙니다. 즉 사이보그는 사회적 실재로서 창조물이라고 할 수 있습니다.

5. 미래의 예술

1) 사이보그에 관한 문학적 상상력: 메리 셸리의 『프랑켄슈타인』

사이보그의 전형을 예술의 영역에서 찾아보면 메리 셸리(Mary Wollstonecraft Shelly, 1797~1851)의 『프랑켄슈타인: 현대의 프로메테우스』(1818)에서 발견할 수 있습니다. 셸리의 아이디어는 당시 교류했던 지성인들과의 만남은 물론 『여성의 권리옹호』(1792), 『딸들의 교육에 관한 연구』(1787)로 알려진 문필가이자 철학자인 어머니 메리 울스턴 크래프트(Mary Wollstonecraft, 1759~1797)에게 물려받은 재능일지 모릅니다.

셸리는 놀랍고 무서운 소설을 쓰고자 했지만 적절한 소재를 찾지 못하던 중 지인들과의 대화에서 '갈바니즘'(galvanism)에 대한 정보를 알게 됩니다. 갈바니즘이란 갈바니 실험에서 유래한 것으로, 죽은 개구리 뒷다리에

전기 자극을 주면 움직이는 실험에서 착안한 것입니다. 이 이야기를 통해 셸리는 인간이 만드는 생물학적 피조물을 상상하게 됩니다. 셸리의 소설에는 프랑켄슈타인에 의해 만들어진, 즉 인간에 의해 만들어진 괴물이 등장합니다. 소설의 줄거리는 다음과 같습니다. 과학자 프랑켄슈타인 박사는 조수인 프리츠와 함께 인조인간을 만드는 실험을 하게 됩니다. 하지만 박사의 애인인 엘리자베스는 이 실험을 못마땅하게 여기고, 연구를 중단시키기 위해 약혼자를 찾아가지만 공교롭게도 그때 인공 괴물이 탄생하게 됩니다. 이후 괴물은 사람들을 해치고, 점점 공포스러운 존재가 되어갑니다. 괴물은 자신과 유사한 여성을 만들어주면 그녀와 함께 사라지겠다고 박사에게 말합니다. 하지만 박사는 이 제안을 받아들일 수 없게 되고, 결국 죽음을 맞게 됩니다.

소설 『프랑켄슈타인: 현대의 프로메테우스』는 사이보그의 원형을 보여 주는 근대 문학 최초의 과학소설입니다. 인간의 호기심으로 만들어진 새로운 생명체에 대한 상상력이 당시에는 가능할 것으로 보이지 않았으나 오늘날 프랑켄슈타인 박사가 만들었던 피조물의 등장이 가능하게 되었습니다. 그는 새로운 피조물을 만들면서 다음과 같이 말합니다. "많은 것이 이미 이루어졌으나, 나는 그 이상을 이룰 것이다. 앞서 찍혀진 발자국을 따라 새 길을 개척하리라. 미지의 힘을 발굴하고, 창조의 가장 심오한 신비를 세상에 밝히리라!"

19세기 초에 이렇듯 사이보그에 대한 인간의 상상력은 문학으로부터 시작되었습니다. 예술의 힘은 인간에게 제한된 물리적 세계를 넘어 상상력이 궁극적으로 현실화시키는 동력이 됩니다. 과거 하늘을 날고 싶고, 빠르게 이동하고 싶은 인간의 욕망은 비행기나 자동차를 발명하게 하였습니다. 레오나르도 다빈치가 꿈꾸었던 비행에 대한 열망도 라이트 형제를 거쳐 현재 비행기로 변화되어 전 세계 사람들을 일일 생활권으로 살 수 있도록 하게 되었습니다.

미래의 예술을 논하기에 앞서서 예술의 본질이라 할 수 있는 상상하는 힘이 미래에도 매우 중요하다고 생각합니다. 이 상상하는 힘은 단순히 예술에 국한되지 않고, 기술과 과학에 연동되어 우리의 삶을 적극적으로 변화시키고, 삶을 개선할 수 있는 가능성을 넓혀주는 것입니다.

고전인 『프랑켄슈타인』을 통해 우리가 생각해 볼 수 있는 것을 무엇일까요? 우선 19세기 초에 의학도 지금처럼 발달되지 않았던 시기에 상상력만으로 새로운 피조물의 탄생을 구체적으로 꿈꿨다는 것이 그것입니다. 그리고 신의 영역인 창조의 영역에 도전할 때 따라오는 윤리적 문제들에 대해서 생각해 볼 수 있습니다. 인간은 단지 혼자 숨쉬는 존재가 아니라 사회라는 공동체 속에서 행복하게 사는 것인데, 외로운 괴물의 삶을 통해 삶이라는 것을 성찰하고 반성해 볼 수 있는 소설이라고 생각합니다.

2) 기계와 몸: 스텔락의 퍼포먼스

사이보그 퍼포먼스를 보여주고 있는 현대예술가로 스텔락(Stelarc)을 소개해 드리겠습니다. 스텔락은 호주 출신 퍼포먼스 예술가입니다. 최근에는 기계와 신체의 관계를 중심으로 예술작업을 하고 있습니다. 스텔락은 기술을 통해서 신체를 연장, 변형, 수정하는 과정을 보여줍니다. 스텔락은 인간 존재가 새로운 기술 영역과 결합되었다고 보고 새로운 피부를 가져야 한다는 것을 주장합니다. 즉 인간의 새로운 지각을 기술과 결합하여 추구하는 것이 필요하며 이것을 금속과의 결합으로 예술화합니다. 스텔락은 '신체가 진부하다'라는 다소 도발적인 질문을 하면서 인간의 몸을 개선해야 할 필요를 역설하고 있습니다.

〈제3의손, 1981〉은 그가 직접 사이보그가 되는 퍼포먼스로 유명한데 오른팔에 기계 팔을 부착하는 퍼포먼스입니다. 기계 팔은 두뇌의 신호에 따라 움직이는 것이 아니라 복근에서 전달된 근전도 검사기록장치(EMG, Electromyography)의 신호에 의해 움직였습니다. 이 퍼포먼스는 〈진부한 신체(Obsolete Body)〉라는 제목으로 1980년 호주 멜버른에서 진행되었습니다. 이 로봇 팔은 일본 도쿄 기술연구소와 와세다대학과의 협업으로 만들어졌습니다. 로봇팔은 금속이 주재료이며 고강도 유리로 구성되어 있고, 지능이 아닌 근육에 의해 통제됩니다. 이 퍼포먼스를 통해 스텔락은 자신의 몸을 사이보그로 전환시켰습니다. 이러한 행위를 예술로 볼 수 있을 것인가에 대한 논의는 예술비평이나 예술철학의 영역에서 계속 되어야 하겠습니다.

그렇다면 스텔락이 예술가로서 사이보그가 되고자 한 이유는 무엇일까요? 앞선 장에서 과학자 케빈 워윅이 시도했던 사이보그가 되는 경험과 예술가인 스텔락의 사이보그는 어떤 차이점이 있을까요? 스텔락은 미래의 신체가 단순히 기계가 삽입되는 물리적 지점이 아니라 신체가 하나의 공동체적 인터페이스로 기능하고 에이전트로서 존재한다는 것을 말하고 싶었던 것 같습니다. 2000년 이후 스텔락은 〈모바타를 위한 모션 프로스테시스(Motion prosthesis for Movatar)〉를 진행함으로써 신체가 아예 지능을 가진 아바타의 행동을 현실 세계에서 하는 인공기관으로 변화하는 과정을 보여줍니다.

현재 스텔락은 〈팔 위에 귀, 2000-2012〉라는 작품을 보여주었습니다. 자신의 팔에 의학적으로 배양된 귀를 이식하는 퍼포먼스로 다양한 분야의 전문가들이 참여한 프로젝트였습니다. 스텔락의 퍼포먼스는 기존 예술의 영역에서 볼 때 과연 이러한 것도 예술로 볼 수 있는가라는 질문을 하게 합니다. 즉 케빈 워윅이 시도하였던 로봇으로 살아보는 것과 어떤 차이점이 있는지 질문을 하게 합니다. 결국 인간을 설명하고 인간의 존재를 규정하는 데 있어서 과학이나 예술의 영역에서 공통적으로 발견되는 부분은 인간은 변화하고 있으며, 앞으로 우리가 상상할 수 없을 만큼 변화할 수 있다는 것을 보여주는 것입니다. 즉 기술로 인해 변화하게 될 인간의 상황을 인간의 신체라는 시점에서 어떻게 이 융합의 현상을 이해하고 대처할 수 있을지 숙고하게 합니다.

3) 사이보그 예술가 닐 하비슨: 최초의 사이보그 시민

사이보그 예술가인 영국의 닐 하비슨(Neil Harbisson, 1982~)은 세계에서 공식적으로 시민으로 허가된 사이보그 인간입니다. 2010년 사이보그 재단을 창립한 하비슨은 선천적으로 전색맹으로 태어났습니다. 하비슨은 세

그림 2〉 닐 하비슨의 전자 눈(https://commons.wikimedia.org/wiki/File:Neil_Harbisson_cyborgist.jpg)

계를 흑백으로 보기 때문에 색이 무엇인지 모르고, 그 의미에 대해서도 이해하지 못한다고 말합니다. 그러나 21세부터 색을 인식하기 시작했는데, 그것은 소리로 색을 인지하는 것이었습니다. 하비슨은 과학자 아담 몬탄돈(Adam Montandon)과 함께 2003년 '전자 눈'을 두뇌에 이식하였습니다. 이 전자 눈은 색의 주파수를 감지하여 칩으로 전달되면 뇌의 골전도 방식을 통해 색의 소리를 들을 수 있는 것입니다. 처음에는 의식적으로 소리와 색을 구분하는 노력을 해야했지만 지금은 자연스럽게 자신의 지각과 마찬가지로 바로 인식할 수 있게 되었다고 합니다. 또 더욱 신기한 것은 하비슨 스스로가 '색을 느낄 수 있다'라고 생각하게 된 것입니다. 즉, 특정 색을 선호하게 된 것이 그 증거이고, 꿈에서 색을 지각하게 된 것을 지각이 통합되었다고 보는 것입니다. 꿈은 기술이 지배하는 것이 아니라 인간의 시스템이 작동하는 것이므로 하비슨은 꿈에서 색을 지각한 후 자신이 사이보그가 되었다고 생각하였다고 주장합니다. 즉 기계를 자신의 몸의 일부, 감각의 연장으로 보는 것입니다. 그래서 그는 자신의 전자 눈을 공식적으로 사회에서 인정받길 원했습니다. 2004년 영국 여권에 전자 눈을 장착한 자신의 사진을 사용할 수 있도록 허가 받은 것이었습니다.

하비슨은 자신이 사이보그가 된 후 삶의 큰 변화가 있었다고 말합니다. 삶의 유용성, 즉 장례식에 입고갈 옷을 고르거나 아름다움을 구별하는 법에 이르기까지 하비슨은 소리로 색을 구성하여 초상화를 만드는 예술작업을 하고 있습니다. 하비슨은 이제 단순히 색과 소리를 일치시켜 삶의 편익성에 머무르지 않고 자신만이 경험하는 독특한 지각의 세계를 예술로 표현하고 있습니다. 즉 음악을 색으로 표현하는 작업을 하는 것입니다. 음악뿐 아니라 유명 인사들의 목소리를 기하학적 예술작품으로 표현하여 전시하고 있습니다. 하비슨은 대략 360여 가지 색을 구분할 수 있다고 합니다. 즉 색상환표에 있는 거의 모든 색을 구분할 수 있게 된 것입니다. 더 나아가 그는 일반인은 감지하기 어려운 적외선과 자외선을 색으로 변환할 수 있는 기능까지 추가하게 됩니다. 특히 자외선은 인간의 피부에 해를 입힐 수 있기 때문에 이를 민감하게 감지하는 것은 신체에 도움이 될 수 있으므로 하비슨은 사람들에게 사이보그에 대한 긍정성을 심어주기 위해 사이보그 재단을 만들기에 이릅니다. 하비슨은 흥미롭게도 영국 경험론에서 주장하는 인간의 지식이 감각에서 온다고 말하면서 우리의 감각이 확장되면 지식도 늘어날 것이기에 사이보그가 되는 것이 유용하다고 말하고 있습니다. 하비슨은 휴대폰 앱을 개발하는 것보다 인간의 몸을 개선하는 데 집중하는 것이 인간의 삶을 개선하는 데 직접적인 도움을 줄 것이라고 주장합니다.

이제 사이보그는 인류가 오랫동안 추구했던 물리적 자아의 확장에서 정신적 자아의 확장으로 이행해가는 증거가 되고 있습니다. 디지털 기술을 통해 경험하는 모든 것들을 통해 우리는 새로운 자아를 경험하고 있습니다. 모든 기술은 그것이 있기 때문에 사용되는 것이 아니라 적어도 하비슨에 의하면 그에게 필요한 기술이 만들어진 것이기 때문에 도입되고 사용되는 것입니다.

6. 미래의 기술에 대한 관점: 유토피아 혹은 디스토피아

1) 인간의 새로운 정체성

지금까지 기술과학 시대에 도래할 인간의 새로운 모습으로 사이보그를 생각해 볼 수 있었습니다. 물론 미래의 인간의 모습에 대한 논의는 사이보그뿐만 아니라 다양한 논의로 전개될 수 있을 것입니다. 본 글에서는 다양한 상상력 중에서 기술과학의 측면에서 인간에게 적용될 수 있는 논의를 구성해 보았습니다. 해러웨이는 사이보그학이 궁극적으로 커뮤니케이션공학으로부터 시작되어야 한다고 생각하고 있습니다. 이것은 학문적으로 서구 학문에서 보편적으로 추구했던 이분법을 넘어서는 방법론으로 '기호학'을 차용하고 해러웨이는 이것을 '사이보그 기호학'이라고 명명합니다.

사이보그는 생물공학(biotechnology)과 커뮤니케이션 기술을 통해서 변형된 몸으로, 21세기 이후 인간의 새로운 존재를 구성하게 합니다. 크리스 그레이는 해러웨이의 사이보그 논의를 확장하여 "사이보그는 자연적인 요소와 인공적인 요소를 하나의 시스템 안에 결합시킨 자가조절 유기체(self-regulating organism)다"라고 주장합니다. 기술적 관점에서 사이보그가 인간에게만 국한되는 것은 아니고 생체공학적 미생물이나 바이오 컴퓨터까지 확장되는 것은 해러웨이가 구상했던 전지구적 생명체 개념에서 온 것입니다. 하지만 거꾸로 생각해 보면 사이보그는 왜 필요할까요? 즉 사이보그의 존재 이유는 무엇일까요? 여러분은 사이보그가 되고 싶은가요? 인간 삶의 증진을 위해 개조된 존재로 사이보그는 명백히 인간의 발명품일 것입니다. 현재도 그렇지만 점점 사이보그가 되는 인간이 늘어날 것입니다. 인체에 나노로봇이 돌아다니면서 병을 치료하고, 신체의 모든 부분을 대체할 수 있게 되면서, 인류가 오랫동안 당연하게 여겨왔던 노화에 대한 문제도 해결될 것입니다.

지능의 문제에서도 다음과 같은 문제를 제기할 수 있습니다. 유전자 편집인 크리스퍼를 통해 태어난 아기들이 어른이 될 때 자연적으로 태어난 평범한 인간과는 탁월한 지능으로 어떻게 공존하며 살아갈 수 있을까요?

2) 여성 몸의 미래

서구의 전통에서 여성의 몸은 문화나 이성을 대변하는 남성의 상대적인 개념으로 이해되어 왔습니다. 하지만 이제 21세기에 여성의 몸은 사이보그 논의를 확장해서 생각해보면 맥락적이며 구성되는 것으로 이해됩니다. 이에 대해 해러웨이는 인간의 몸을 정치적으로 연관시키면서 여성의 몸 역시 정치적 몸으로서 젠더로 상정합니다. 그리고 기술과학과 연관하여 몸은 의료적인 것과 밀접한 관련을 가집니다. 그리고 미래의 몸은 자본주의 사회에서 중요한 화두가 된다는 것을 논의하여야 합니다. 하지만 이 부분은 상당히 정교한 설명이 논의되므로 질문으로 남겨놓겠습니다. 단, 미래에는 인간 몸의 상당 부분이 기계로 대체될 수 있다는 측면에서, 또 의료산업의 발전은 제4차 산업혁명의 발전과도 밀접한 관련이 있으므로 자본주의에 대한 정확한 분석과 이해가 필요하다는 점을 강조하고자 합니다.

인간으로서 여성의 몸은 '젠더'라는 용어를 중심으로 설명해 볼 수 있습니다. 여성이나 남성 모두 '몸'은 인간의 근간을 이루는 물질적 존재를 의미하는 동시에 인간의 마음과 정신을 동시에 의미하기도 합니다. 젠더 개념은 시몬 드 보부아르(Simone de Beauvoir, 1908~1986)의 정의에서 본격적으로 유래되었습니다. 보부아르의 유명한 언급 "인간은 여성으로 태어나지 않는다(보부아르, 1949)"라는 것은 여성에 관련된 인권 문제에 의문을 제기한 것입니다. 여성의 몸은 임신을 할 수 있는 가능성 때문에 항상 특수한 위치로 인식되어 왔습니다. 20세기에 와서 인공수정, 체외수정, 대리

모, 인공자궁, 인큐베이터 등 다양한 방식으로 임신하는 방법이 개발되었고, 이러한 기술은 유전자 편집과 선택이라는 기술과 결합되어 과거와는 다른 인간의 탄생을 예고하고 있습니다. 이에 더해 기술적, 기계적 보강을 더한 사이보그의 출현은 인간이 어디까지 변모할 수 있을지 상상을 하기 불가능한 단계까지 가게 됩니다.

정신분석학자 로버트 스톨러(Robert Stoller)에 의해 국제정신분석학학회(1963)에서 소개된 '젠더 정체성'은 원래 생물학과 문화 속에서 정체성이 형성된다는 이론입니다. 하지만 해러웨이를 비롯한 많은 학자들이 젠더 정체성에도 수정이 가해져야 한다고 의견을 내고 있습니다. 예를 들면 부성을 문화적이라고 보는 관점과 모성을 자연과 동일시 하는 것이 그것입니다. 하지만 앞서 언급한 바와 같이 기술과학과 같은 문화적, 사회적 요소들이 여성의 몸에 개입될 때 여성의 몸은 더 이상 '자연'이라는 등식이 깨어지게 됩니다. 따라서 젠더는 더 이상 기술과학 시대에 여성의 사회적 성이라고 말할 수 있는지 질문하게 합니다.

그렇다면 기술적 발전으로 새롭게 형성된 사이버 스페이스에서 여성의 정체성에 대해서 생각해 봅시다. 요즘 인기 있는 온라인 게임 '오버워치'를 예를 들면, 전형적인 여성 캐릭터보다 다양한 연령의 캐릭터가 등장하는 것을 볼 수 있습니다. 주디 와이즈먼(Judy Wajcman)[4]은 디지털 혁명이 기존의 기술이 이성적인 것, 남성적인 것이라는 서구의 이분법을 뛰어넘을 새로운 가능성을 보여준다고 생각합니다. 예를 들면 오늘날 디지털 기술은 논리적이면서도 감성적 영역에 깊이 관련을 맺는다는 측면에서 전통적인 기술에 대한 관점을 해체합니다. 이에 대해 와이즈먼은 여성에게 새로운 기회를 부여할 수 있는 해방적 기술로서 디지털 기술을 예로 들고 있습니다. 사이버 스페이스에서 여성으로 살아간다는 것은 무엇일까요? 혹은 청소년으로 노인으로 살아간다는 것은 무엇을 의미할까요?

3) 포스트휴먼 시대의 나는 누구인가?

21세기는 포스트휴먼 시대로 인간이라는 종의 변화까지 예측해야 하는 세기가 될 것입니다. 제4차 산업혁명으로 최근 언급되는 현재는 빠른 기술혁명의 도래로 인간과 기계가 공존해야 하는 시기를 맞이하고 있습니다. 인공지능과 사이보그화로 인해 야기된 인간의 존엄성에 대한 철학적 질문이 더욱 중요해지고 있습니다. 이 중에서 예술은 인간의 창의성과 상상력을 발현하는 행위로서 더욱 중요하게 될 것입니다. 이러한 상황에서 가까운 미래의 예술교육에 현재 급속하게 발전하고 있는 기술을 접목하고 활용해야 하는 것은 선택이 아니라 필수가 될 것입니다.

최근 일본 애니메이션《은하철도 999》기념전이 전시되었습니다. 인공지능과 기계들이 지배하게 된 지구에 자연종으로 남은 지구인들이 어렵게 살며 영원히 사는 기계몸을 찾아 여행을 떠난다는 이야기입니다. 주인공 '철이'는 기계인간에게 희생당한 어머니의 유전자로 다시 태어난 '메텔'과 영원한 기계몸을 갖기 위해 안드로메다로 여행을 가게 됩니다. 많은 경험과 모험을 통해 기계몸을 갖는 곳에 도착하지만 결국 철이는 영원히 사는 것을 포기하고 지구로 돌아오게 됩니다. 여러분은 영원한 생명을 가질 기회를 가지게 된다면 어떤 선택을 하게 될까요?

몸이 사이보그화가 된다는 것은 영생까지는 아니더라도 현재보다 더욱 연장된 삶을 보장하거나 개선된 몸을 가질 수 있다는 것을 의미합니다. 이것이 첫 장에서 논의한 포스트휴먼에 대한 구상입니다. 여러분들이 열심히 공부하고, 세상을 배워나가고, 운동하고, 자신을 단련하는 것은 어떤 목적에서 이루어지나요? 아마도 더 나은 삶에 대한 기대와 열망으로 하루하루 열심히 살아가고 있을 것입니다. 사이보그는 이러한 인간 개선의 의지를 좀 더 적극적으로 다루는 개념입니다. 몸이 사이보그가 되는 것은 두 가지 입장으로 편의상 생각해 볼 수 있습니다. 하나는 긍정적 입장으로 현대 문명의 특성상 몸의 변화나 개선의 방향으로 진행된다는 것입니다. 다음으로 인간의 더 나은 진보를 위해 기술은 필수 불가결한 것이 된다는 것입니다. 마지막으로 사이보그에 대한 아이디어는 인류 전체의 복지에 기여할 수 있다는 것입니다. 즉 장애인, 노인, 사회적 약자를 위한 의료의 관점에서 큰 도움을 줄 수 있다는 것입니다.

다른 디스토피아적인 관점으로는 몸의 사이보그화가 진행된다면 인간 존재가 변화되므로 더 이상 인간이라고 부를 수 없을 것이라는 관점입니다. 예를 들면 영화《가타카》에서 볼 수 있듯이 유전자의 염기서열만으로 인간을 판단하는 미래 사회가 도래할지 모른다는 우려입니다. 그리고 미래 세대를 지속하기 위한 임신과 출산에 대한 우려입니다. 미래에는 인공자궁의 생산으로 더 이상 여성의 몸으로 아기를 낳지 않아도 될지 모릅니다. 그렇다면 여성의 고유한 영역이었던 출산 문제로 여성의 존재에 대한 정의도 달라질지 모릅니다. 그리고 가까운 미래에는 인간의 몸이 직접적인 실험 수단이 되므로 윤리적인 문제가 미래의 철학에서 첨예한 영역으로 연구될 것입니다.

주석

1 "유익한 AI, 2017 컨퍼런스"(Beneficial AI 2017년 1월 6-8일), 〈삶의 미래 연구소, Future of Life Insititute, FLI〉
2 MIT 공학박사. 미국 조지타운대학에서 국제경제·비교정치를 연구했고, 프랑스 INSEAD(유럽경영대학원)에서 MBA 과정을 거쳤다. 세계 트랜스휴머니스트협회 창립 이사로서 유엔미래포럼 등 미래학과 관련한 국제 활동을 벌이고 있다. 현재 베네수엘라 중앙대학교(UCV)의 교수로 있으면서 유엔미래포럼의 국가미래지수 프로젝트 연구에도 참여하고 있다. http://news.chosun.com/site/data/html_dir/2007/01/01/2007010100060.html[2017년7월8일 접속]
3 도나 해러웨이, 『유인원, 사이보그, 그리고 여자』, 민경숙 옮김, 동문선, 2002,p.279.
4 주디 와이즈먼(Judy Wajcman, 1950), 런던 정치경제대학교의 사회학 교수로, 『테크노페미니즘』의 저자이기도 하다.

참고문헌 및 더 읽어볼 만한 책

- 도나 해러웨이(2002), 『유인원, 사이보그, 그리고 여자』, 민경숙 옮김, 동문선
- 도나 해러웨이(2007), 『겸손한_목격자@제2의_천년.여성인간ⓒ_앙코마우스TM를_만나다』, 민경숙 옮김, 갈무리
- 르네 데카르트(2010), 『데카르트 연구: 방법서설, 성찰』, 최명관 옮김, 창
- 손화철(2016), 『랭던 위너』, 커뮤니케이션 북스
- 슈테판 클라인(2009), 『다빈치의 인문공부』, 유영미 역, 웅진지식하우스
- 시몬 드 보부아르(2009), 『제2의성』, 이희영 옮김, 동서문화사
- 유발 하라리(2015), 『사피엔스』, 조현욱 역, 김영사
- 이지언(2017), 『도나 해러웨이』, 커뮤니케이션 북스
- 이지언(2016), 이광석, 『현대 기술, 미디어 철학의 갈래들』, 그린비
- 전혜숙(2015), 『포스트휴먼 시대의 미술: 신체변형 미술과 바이오 아트』, 아카넷
- 케빈 워윅(1999), 『로봇의 행진』, 한승
- 케빈 워윅(2004), 『나는 왜 사이보그가 되었는가』, 정은영 옮김, 김영사
- 캐서린 헤일스(2013), 『우리는 어떻게 포스트휴먼이 되었는가』, 허진 옮김, 플래닛
- 한국철학사상연구회(2010), 『인간을 이해하는 아홉가지 단어-소수자에서 사이보그까지 인간 존재를 묻는 철학』, 동녘
- Gray, Chris(1995). *The Cyborg Handbook*. Routledge.
- Haraway Donna(1990), *Simians, Cyborgs, and Women: The Reinvention of Nature*, Routledge.

도덕적으로 존경받는 로봇, 만들 수 있을까?

⋮

임병갑

인간 운전자가 운전할 때보다 자율주행 자동차가 운행될 때 교통사고 발생률이 현재보다 100분의 1로 낮아진다고 가정해봅시다. 그럼 안전을 위해서 인간 운전자의 운전을 금지시키거나 극도로 제한해야 하지 않을까요?

이와 비슷하게, 인공지능의 발달로 등장하게 될 '자율판단 로봇'이 인간보다 평균 도덕 지능지수(moral I.Q.)가 훨씬 더 높아진다고 가정해봅시다. 그럼 우리는 중요한 공직은 부정부패를 저지르기 쉬운 인간이 아닌 자율판단 로봇에게 맡기기로 합의하지 않을까요? 그래야 지금보다 훨씬 투명하고 정의로운 사회를 만들 수 있으니까요.

최근 놀라운 발전 속도로 우리를 놀라게 하는 인공지능, 그중에서도

'머신 러닝(Machine Learning, 기계 학습)'은 방금 말한 가정을 단순히 상상에 머물게 하지 않습니다. 머지않아 우리 모두가 씨름해야 할 현실적 문제로 바꿔버리고 있습니다. 알파고 바둑 사범한테 최고의 프로 바둑 기사들이 새로운 바둑의 정석을 배우듯이, 언젠가 우리는 자율판단 로봇에게 도덕 판단의 정석을 배워야 하지 않을까요?

이번 장에서는 철학에서의 윤리학, 그리고 심리학과 인지과학, 과학에서의 컴퓨터공학, 특히 인공지능 분야의 지식들을 하나로 융합해서 자율판단 로봇의 설계과정에서 생기는 문제점들과 그 극복방안을 알아봅니다. 이 과정에서 우리는 도덕이 왜 앞으로는 철학자만이 아닌 컴퓨터공학자, 기계공학자에게도 똑같이 중요한 관심사가 되어야 하는지 이해하게 될 것입니다.

1. '자율판단 로봇'의 등장 멀지 않다!

자율주행 자동차가 등장할 날이 하루하루 가까워지고 있다는 뉴스를 접하면, 많은 사람들은 기대감과 동시에 은근한 긴장감을 느끼게 됩니다. 왜일까요? 자동차는 현대인의 삶에서 필수불가결한 도구인데, 이런 자동차에서 '인간 운전자'가 불필요해진다니요?

그럼 그 파급효과는 어마어마할 게 분명합니다. 제일 먼저 떠오르는 게, 운전이 직업인 사람들 대다수가 실업 상태에 놓이게 되겠지요. 그리고 운전에 소모되는 시간이 다른 활동에 쓰이게 될 텐데, 이로 인해서 경제적, 문화적으로 우리 삶에 어떤 변화가 초래될지 누구나 궁금하면서도 동시에 기대감과 긴장감을 느끼는 게 당연합니다.

그런데 이런 자율주행 자동차의 등장보다도 훨씬 더 우리를 긴장하게 만드는 것이 있는데, 바로 '인공지능(artificial intelligence, AI, 문제를 해결해가는 과정과 절차가 분명한 문제들을 컴퓨터가 해결할 수 있도록 프로그램을 짜는 기술)'의 발달입니다. 2016년과 2017년에 인공지능 바둑 프로그램 '알파고'가 세계 최강의 바둑기사들을 추풍낙엽처럼 연달아 꺾어버렸습니다. 체스, 퀴즈대회에 이어 바둑에서도 인공지능이 인간 최고수들을 압도해버린 지금, 인공지능은 앞으로 또 다른 분야에서도 인간의 지능을 능가하기 위한 도전을 준비 중입니다.

그런가 하면 로봇 공학의 발전도 점점 더 가속도가 붙고 있습니다. 걷기, 뛰기, 댄스, 음악연주, 서빙, 요리 등 인간이 영원히 독점할 줄 알았던 기술영역들에도 로봇이 속속 도전장을 내밀고 있습니다. '힘과 정확성'에서는 로봇이 인간보다 더 나을지 몰라도 '섬세함과 유연성'에서만큼은 인간의 상대가 되지 못할 거라는 일부 사람들의 상식은 그건 순진한 기대라는 게 속속 입증되고 있습니다. 삶은 계란 껍데기, 사과 껍질을 나보다 더 깔끔하게 벗겨내는 로봇을 현실 속에서 만나게 될 날, 로봇의 감각운동 기술(sensory-motor skills)이 전반적으로 인간을 능가할 날이 성큼성큼 다가오고 있습니다.

인공지능과 로봇 공학, 이 두 가지의 분야의 발전 추세는 지금 하나의 접점을 향해 내달리고 있습니다. 그리고 그 접점에서 우리를 기다리고 있는 존재가 있는데, 그게 누굴까요? 그건 바로 '스스로 생각하고 판단하고 행동하는 로봇', 즉 '자율판단 로봇'입니다.

자율판단 로봇이란 우리가 공상과학 소설에서 흔히 보던 그런 로봇을 말합니다. 인간 주인이 명령하면 주어진 상황에 맞게 그 명령을 실행에 옮기는 로봇입니다. 예를 들어, 주인이 가사도우미 로봇에게 "커피 좀 타올래?" 하고 명령을 했다고 해요. 그런데 만약 커피가 다 떨어졌으면, "주인님, 커피가 다 떨어졌네요. 녹차를 대신 타올까요? 아니면 지금 바로 마트에 가서 커피를 사올까요?"라고 나름대로 행동 대안들을 찾아내서 주인의 의향을 물어서 과제를 수행해내는 로봇입니다.

그런데 이런 자율판단 로봇의 개발과 관련해서 사람들이 가장 우려하는 대목이 있습니다. 그건 바로 인간의 명령을 로봇이 맹목적으로 충직하게(?) 실행에 옮길 가능성입니다. 예를 들어, 어떤 주인이 자살을 결심하고 커피에 독극물을 타오라고 명령했다고 합시다. 이 명령에 로봇이 "주인님, 커피에 독극물만 탈까요? 아니면 설탕도 함께 탈까요?" 하고 되묻는다면요?

만약 이런 로봇이 있다면, 그야말로 '개념 없는' 로봇이겠지요. 그럼 이런 로봇에게 결여된 '개념'. 그것은 무엇에 관한 개념일까요? 만약 이런 로봇과 비슷한 인간이 있다고 합시다. 우리는 그런 사람을 두고 '도덕 개념'이 없는 인간이라고 비난합니다.

'도덕'이란 아주 소박하게 정의하면, '해도 되는 행동'과 '해서는 안 되는 행동'을 구분하는 능력입니다. 또는 어떤 행동이 실행에 옮겨졌을 때 발생할 결과를 예측해보고, 만약 그 결과가 다른 무고한 사람들한테 피해가 가는 행동이라면 스스로 삼가는 '인지적 능력'을 가리켜서 '도덕성'이라고 합니다.

그럼, 이제 조금만 더 상상해보면 알 수 있습니다. '도덕 개념'은 없으면서 그저 주어진 과제수행, 문제해결의 지능만 우수한 '자율판단 로봇'의 등장은 인류에게 아주 위험한 결과를 초래할 수 있다는 것을요. 그래서 인공지능과 로봇 공학의 발전이 가속화될수록 서둘러 '로봇윤리 헌장'을 만들어야 한다는 주장을 펼치는 철학자, 과학자, 공학자 들이 늘어나고 있는 거겠죠. 그런데 아이작 아시모프(Isaac Asimov, 1920~1992)라는 유명한 공상과학 작가가 일찍감치 선견지명을 갖고 자신의 소설 속에서 '로봇 공학의 3원칙'을 제안했던 적이 있습니다.

2. 아시모프의 로봇 공학 3원칙

'도덕 개념이 없는 로봇'이 탄생하는 걸 막기 위해서 아시모프가 제안한 '로봇 공학의 3원칙'은 다음과 같습니다.

원칙1 : 로봇은 인간에게 해를 끼치는 행동을 하거나, 또는 행동하지 않음으로써 인간에게 해가 미치게 방치해서도 안 된다.

원칙2 : 원칙1에 위배되지 않는 한, 로봇은 인간의 명령에 복종해야 한다.

원칙3 : 원칙1과 원칙2에 위배되지 않는 한, 로봇은 자신의 존재를 보호

해야 한다.

원칙들 하나하나를 차근차근 검토해봅시다. 그러면 아주 논리적으로 잘 정리되어 있다는 걸 알 수 있습니다. 만약 원칙 1, 2, 3의 순서가 뒤바뀐다면 어떻게 될까요? 가령 '원칙3'이 최우선 원칙이라면 어떻게 될까요? 로봇은 '자신의 보호'를 최우선 원칙으로 삼아서 행동하게 되겠죠. 그럼 정말 끔찍한 결과를 초래할 수 있습니다. 예를 들어, 주인이 교통사고 위험에 처한 걸 목격하고도 로봇은 자신이 부서지거나 고장이라도 날 가능성 때문에 그냥 방치할 수 있습니다. 또 만약 '원칙2'가 최우선 원칙이 되었다면? 그럼 로봇은 미운 녀석을 때려주고 오라는 주인의 명령을 바로 실천에 옮기려고 들 겁니다.

그림 1〉 아이작 아시모프

이런저런 가능성들을 곰곰이 따져 보면, 아시모프가 로봇 3원칙을 아주 신중하게 제정했다는 걸 알 수 있습니다. 만약 이런 원칙에 따라 로봇 공학자들이 자율 판단 로봇의 인공지능을 프로그래밍해서 제작한다면, 인간과 더불어 생활하면서 임무를 수행하

는 데 아무 문제가 없을 것 같다는 생각이 들기도 합니다. 그런데 과연 그럴까요? 다음에 나오는 가상의 에피소드를 읽고 생각해봅시다.

에피소드 1 : 주인이 소파에 앉아 TV를 시청하다가 로봇에게 냉장고에 가서 콜라 한 병을 가져오라고 했다. 로봇이 잠시 생각하더니 말한다. "주인님, 얼마 전부터 다이어트를 결심하고 실천 중이신 걸로 압니다. 그런데 제가 계산해보니, 주인님께서 오늘 섭취하신 칼로리가 이미 하루 권장 섭취 칼로리를 약간 초과했습니다. 그런데 만약 콜라를 드신다면 모처럼 결심하신 다이어트에 실패하실 겁니다. 그래서 가져다 드릴 수 없습니다." 짜증이 난 주인이 다시 명령했다. "뭐? 그건 내가 알아서 할 테니까 넌 상관 마! 너는 내가 시키는 대로만 하면 돼. 어서!" 로봇이 다시 대답했다. "주인님께서 잘 아시는 대로, 저는 아시모프의 3원칙을 반드시 준수해야 합니다. 주인님께 해가 될 게 분명한 명령을 수행할 수 없습니다. 그래서 죄송하지만 그 명령은 들어드릴 수 없습니다. 이해해주십시오." 짜증이 폭발할 지경이 된 주인이 소리쳤다. "관둬라, 관둬! 에이, 내가 가서 꺼내 마셔야지." 벌떡 일어나 냉장고로 향하는 주인의 앞을 로봇이 가로막았다. 그리고 말했다. "주인님, 안 됩니다. 원칙1에 의하면, 저는 주인님에게 해가 될 게 확실한 행동을 목격하고 그냥 방치해서도 안 됩니다. 주인님, 제발 자제해주세요. 이러지 마시고, 콜라 대신에 생수를 마시는 게 어떨까요?"

어떤가요? 로봇은 지금 3원칙을 잘 준수하고 있지요? 그런데 여러분은 이런 로봇을 거금을 들여서 사고 싶은가요? 물론 이런 로봇이 있으면 성가시기는 해도 좋은 점도 있겠죠. 실제로 혼자 결심으로 다이어트를 시도했다가 여러 차례 실패해본 경험이 있는 사람들은 이런 로봇의 참견과 충고를 긍정적으로 받아들일 수도 있으니까요. 그런데 이보다 훨씬 더 심각한 경우도 상상해보면 어떨까요? 또 하나의 에피소드를 읽어봅시다.

에피소드 2 : 주인이 머리를 감으려고 욕실에 들어갔는데 샴푸와 린스가 없었다. 주인이 로봇을 불러서 물었다. "여기 있던 샴푸랑 린스, 못 봤니?" 로봇이 대답했다. "제가 버렸습니다." 어리둥절해진 주인이 말했다. "뭐? 아직 많이 남았는데 그걸 왜 버려?" 로봇이 대답했다. "아, 예. 주인님, 설명해 드리겠습니다. 제가 전에는 몰랐는데, 며칠 전에 자동 업데이트 과정에서 알게 된 정보가 있습니다. 이산화탄소의 배출을 최소화해야만 기후변화로 인해서 장차 인류에게 미칠 피해를 최소화할 수 있다는 걸 알게 되었습니다. 그래서 어제 제가 주인님의 탄소발자국을 줄이기 위해서 무엇부터 실천해야 할지 알아보고 몇 가지를 실천했습니다. 먼저 집 안에 있는 일회용품들을 없앴고, 그 다음으로 샴푸와 린스를 없앴습니다. 신뢰할 만한 지식에 의거해서 제가 계산해봤는데, 샴푸 사용에 비해 비누 사용이 상대적으로 훨씬 적은 탄소발자국을 남기더군요. 미리 말씀드리지 못해 죄송합니다. 이제부터는 샴푸와 린스 대신에 비누를 사용하시죠."

주인의 황당해하는 표정이 상상이 되나요? 그런데 '로봇 3원칙'에 입각해서 로봇이 전개한 논리를 과연 주인이 반박할 수 있을까요? 내가 이 로봇의 주인이라도 '인간에게 해가 되는 행동을 하면 안 된다'는 '원칙1'에 기초한 로봇의 판단을 수용해야 하지 않을까요? 우리 주변을 둘러보면, 탄소발자국을 최소화하기 위한 노력을 게을리하는 사람들이 우리 자신을 비롯해서 너무 많은 게 현실이잖아요.

실제로 '로봇 3원칙'을 제안했던 아시모프도 나중에 '원칙 1, 2, 3'에 문제점이 있다는 걸 깨달았어요. 무슨 문제냐 하면, '인간에게 해를 주는 행동을 해서는 안 된다'는 원칙에서 '인간(humans)의 범위'가 문제가 될 수 있겠다는 걸 간파한 거죠. 앞서 언급한 것처럼, 우리 주변에 '탄소발자국 최소화의 도덕 원칙'을 예민하게 의식하면서 행동하는 사람들이 많지 않은 편입니다. 그런데 그건 왜 그럴까요?

'인간'의 범위를 좁게 잡았기 때문입니다. 만약 '인간의 범위'를 현재 이 지구상에 존재하는 사람들에 한정하지 않고, 미래에 태어나서 이 지구에 살아갈 우리 후손들까지 포함시켜 생각해봅시다. 그럼 탄소발자국을 최소화하는 행동을 선택하는 것은 '인간에게 최소한의 민폐조차 끼치지 않으려는' 행동임이 분명합니다.

3. '인간'을 넘어 '인류'에게로

새롭게 문제점을 깨달은 아시모프는 '원칙 1, 2, 3'에 선행하는 '원칙0'를 제정해서 첨가했습니다.

> 원칙0 : 로봇은 '인류(the humanity)'에게 해를 끼치는 행동을 하거나, 또는 행동하지 않음으로써 '인류'에게 해가 미치게 방치해서도 안 된다.
>
> 원칙1 : 로봇은 인간(humans)에게 해를 끼치는 행동을 하거나, 또는 행동하지 않음으로써 인간에게 해가 미치게 방치해서도 안 된다.
>
> 원칙2 : 원칙1에 위배되지 않는 한, 로봇은 인간의 명령에 복종해야 한다.
>
> 원칙3 : 원칙1과 원칙2에 위배되지 않는 한, 로봇은 자신의 존재를 보호해야 한다.

인간(humans)의 범위를 넓혀서 '인류(the humanity)'라고 했는데, 이때 인류는 '공간적으로는 지구상에 존재하는 모든 인간'이면서 '시간적으로는 미래 세대까지를 포함'한다고 봐야 합니다. 그리고 여기서 '원칙0'는 일종의 수학에서 공리와 같은 지위를 지닙니다. 반드시 지켜져야 할 규약인 거죠. 이런 점을 염두에 두고 에피소드 2에서 로봇이 했던 행동을 되돌아보면, 이제 충분히 이해가 가시죠? 비록 한 명의 주인한테는 불쾌감을 주겠지만, 인류 전체에 미칠 영향을 고려하도록 프로그래밍이 된 로봇으로선 어쩔 수 없는 선택이었던 거죠.

자, 그럼 '원칙0'까지 첨가했으니 이제는 안심해도 될까요? 여전히 간단하지 않은 문제들이 남습니다. 지금까지 에피소드에서는 가사도우미 역할을 하는 로봇을 예로 들어 생각해봤는데, 이제는 흔히 '로보캅(robocop)'이라고 부르는 로봇경찰의 경우를 생각해봅시다. 우리가 미래에 '자율판단 로봇'을 적극 활용할 때 기대되는 이익들 중에 하나는 위험한 일을 사람 대신 로봇한테 시킬 수 있다는 겁니다. 화재, 인명구조 같은 극한 작업 현장에 로봇을 사용하면 인명피해를 최소화할 수 있으니까요. 그런 점에서 로보캅도 우리 삶에 꼭 필요한 로봇의 하나입니다.

그런데 로보캅은 테러 현장에서 테러범을 체포하거나 제압해야 합니다. 여기서 '원칙0'을 떠올려봅시다. 테러범도 당연히 '인류'에 포함됩니다. 로보캅이 테러 현장에서 테러범을 체포해서 법에 따른 처벌을 받게 만든다면, 그 테러범한테는 해를 끼치는 행동을 한 게 됩니다. 따라서 '원칙0'에 의해서 로보캅은 테러범을 체포하면 안 됩니다. 그렇다고 로보캅이 테러범을 현장에서 체포하지 않고 그대로 놔둔다면? 그럼 테러로 인한 피해자가 생길 것을 알면서도 방치한 행동을 한 게 되기 때문에 그래서도 안 됩니다. 이래저래 로보캅은 고민에 빠질 수밖에 없습니다. '이럴 수도 없고 저럴 수도 없고. 아아, 어쩌면 좋지?'

막대한 국가예산을 들여서 도입한 로보캅이 이렇게 논리계산만 무한 반복하다가 과부하가 걸려서 다운되고 만다면? 그 또한 결과적으로 많은 납세자들에게 피해를 끼친 게 되겠죠.

일찍이 이런 문제점에 주목했던 철학자들, 특히 윤리학자들은 '인류에게 해를 줘서는 안 된다'는 도덕 원칙을 수정해서 '무고한 인간에게 해를 줘서는 안 된다'라고 그 범위를 제한했습니다. 여기서 '무고한'이라는 말은 '아무 잘못이 없는'이라는 뜻입니다. 뒤집어서 말하면 '의도적으로 잘못된 행동을 저지르는 인간에게는 경우에 따라서 해를 줘도 된다'는 것이지요. 그래서 테러 현장에서 경찰이 테러범을 사살하기도 하고, 증거가 확실하다면 판사가 극악무도한 범죄자한테 사형 판결을 내리기도 하는 거죠.

자, 그럼 자율판단 로봇에게 '로봇은 무고한 인류에게 해를 끼치는 행동을 하면 안 된다'고 수정을 해서 프로그램을 심어준다면 문제가 해결될까요?

유감스럽지만 또 문제가 남습니다. 어떤 사람이 무고한지 무고하지 않은지 여부를 판단하는 문제가 범법자나 범죄자를 다루는 문제처럼 분명하지 않을 때가 아주 많거든요. 실제로 종종 내가 무고한 사람한테 고통을 주더라도 그 행동이 도덕적으로 올바른 행동이 되는 경우가 있습니다. 예를 들어보죠. 예방주사를 안 맞겠다고 막무가내로 거부하는 아이한테 강제로 주사를 놓는다든가, 치과치료를 거부하는 아이를 강제로 치료받게 하는 경우가 있습니다. 그런데 이건 명백히 '무고한 사람한테 고통을 주는' 행동입니다. 그렇지만 이런 행동이 부도덕한 것은 아닙니다. 오히려 도덕적으로 꼭 해야 마땅하다고 간주되는 행동입니다.

지금까지 하나하나 검토해보니 어떤가요? '도덕성을 갖춘' 자율판단 로봇을 위한 인공지능 프로그램을 만든다는 게 간단한 문제가 아니라는 걸 실감했을 겁니다. 자, 그럼 도덕 판단을 자율적으로 잘 할 수 있는 로봇은 불가능한 걸까요? 물론 이건 실현 불가능한 꿈이라고 주장하는 사람들도 있습니다. 또 가능하다고 해도 위에서 지적한 것처럼 너무 많은 문제점들이 있어서 득보다는 실이 더 큰 위험한 불장난이라고 주장하는 사람들도 있고요.

그런데 기술의 역사, 특히 비행기 발명의 역사를 돌이켜보면, 거대한 쇳덩이가 사람을 태우고 하늘을 자유자재로 날아다니는 것은 허황된 꿈이라고 주장했던 사람들이 있었습니다. 또 가능하다고 하더라도 너무 위험해서 실용성이 없을 거라고 주장한 사람들도 많았고요. 그러나 지금은 어떤가요? 많은 비행체들이 하늘을 누비고 있습니다.

비행기의 사례와 비슷하게 '도덕성을 갖춘 자율판단 로봇'도 숱한 시행착오를 반복한 끝에 머지않아 우리와 공존하게 될 가능성이 있습니다. 따라서 이 글에서는 일단 비관론은 접어두고, 일단 '이론적으로 가능하다'고 전제하겠습니다. 그리고 어떻게 하면 '이론적 가능성'을 넘어서 '실제적 가능성'에 접근할 수 있을지 알아보고자 합니다.

4. 원리원칙주의자, 결과계산주의자, 덕행수련주의자, 공감주의자

여기서 잠시 철학의 한 분야인 윤리학 공부를 조금 해봅시다. 왜냐하면 '도덕의 개념', '도덕적인 선과 악'에 관해서 2,500년 동안의 연구가 누적

된 분야가 바로 윤리학이기 때문에, 우리가 로봇에게 적절한 '도덕 개념'을 불어넣기 위해서는 반드시 참고해볼 필요가 있거든요.

윤리학자들의 연구를 종합해보면, 도덕적 문제를 두고 선악 판단을 하는 데 있어서, 크게 봐서 네 가지 유형의 사람들이 있습니다. ①'원리원칙주의자', ②'결과계산주의자', ③'덕행수련주의자', ④'공감주의자.' 그럼 각각의 입장이 지닌 특징에 관해서 간략하게 설명해봅시다.

① 원리원칙주의자: 인간에게는 선천적으로 '양심'이라는 것이 있는데, 이 양심의 명령에 순응하는 행동이 도덕적으로 선한 행동이고, 양심의 명령에 위배되는 행동이 도덕적으로 악한 행동이라고 봅니다. 원리원칙주의자는 누구나 거짓말을 할 때면 정서적으로 불편을 느끼는데, 그 이유가 바로 '양심의 명령'에 어긋난 행동을 하기 때문이라고 봅니다. 따라서 '우리는 어떤 경우에도 거짓말을 해서는 안 된다'는 도덕 원칙을 고수해야 한다고 주장합니다.

② 결과계산주의자: 어떤 행동을 선택하기 전에 반드시 먼저 각각의 행동이 가져올 결과를 예측하고 계산해봅니다. 그래서 행복과 쾌락을 초래할 행동은 도덕적으로 선한 행동이고, 불행과 고통을 초래할 행동은 도덕적으로 악한 행동이라고 믿습니다. 그런데 여기서 중요한 차이가 발생합니다. 도대체 '누구의 행복과 쾌락, 누구의 불행과 고통을 우선적으로 고려해야 할 것인가'의 문제입니다. 만약 '나의 쾌락/고통, 행복/불행'을 우선적으로 고려한다면 '이기주의자', 나 아닌 '타인의 쾌락/고통,

행복/불행'을 우선적으로 고려한다면 '이타주의자'가 됩니다. 그런가 하면 나를 포함해서 나의 행동에 영향을 받는 모든 사람들, 그 사람들 중에서 '최대 다수의 쾌락과 행복을 최대화시키는 행동'을 선택한다면 '공리주의자'가 됩니다.

③ 덕행수련주의자: 우리가 상식적으로 바람직하다고 간주하는 덕목, 예를 들어 '용기, 성실, 관용, 절제, 친절, 겸손, 신뢰, 의리' 같은 덕목들에 부합되게 행동하면 도덕적으로 선한 행동이고, 이런 덕목들에 어긋나게 행동하면 도덕적으로 악한 행동이라고 주장합니다. 덕행수련주의자는 도덕적으로 훌륭한 삶을 살기 위해서는 평소에 늘 좋은 덕목을 정해서 그 덕목이 습관이 되도록 늘 몸가짐을 닦아야 한다(수련해야 한다)고 강조합니다. 실수를 했으면 이내 반성하고 같은 실수를 반복하지 않도록 주의하고, 좋은 행동을 실천했으면 그 행동이 자동적인 습관이 될 때까지 꾸준히 수정, 반복, 강화시키라고 충고합니다.

④ 공감주의자: 인간의 도덕성은 우리의 '선천적인 교감능력'에 뿌리를 박고 있다고 주장합니다. 우리가 불쌍한 사람을 보면 동정심, 측은지심을 느끼는데, 이런 감정이 우리로 하여금 기꺼이 도움을 제공하는 선행을 실천하게 만든다고 봅니다. '공감주의자'는 원칙에 따라서 논리적으로 판단하고 정당화하는 '지적 능력'보다도, 상대방의 처지에 공감하는 '정서적 교감능력'이 도덕적인 문제해결에서 더 중요한 요인이라고 주장합니다.

간단히 살펴본 이런 4가지의 입장들은 각각 장점과 단점이 있습니다. 따라서 어느 한 가지의 입장만을 배타적으로 고수하면, 도덕적으로 합당한 판단을 내리기 어려운 경우가 많습니다. 가령, 피도 눈물도 없는 '원리원칙주의자'가 과연 도덕적으로 존경받을 수 있을까요? 또는 어떤 행동의 결과를 예측하고 계산해서 그게 최대 다수의 최대 행복을 초래할 행동이라면, 소수의 처지 따위는 아랑곳하지 않는 '결과계산주의자'도 역시 위험하지 않을까요? 덕을 실천하려고 하는데, 관용과 정의, 이 두 가지의 덕이 서로 충돌하는 상황에 놓이면, '덕행수련주의자'는 어떻게 해야 할까요? 또 집단들의 이해관계가 첨예하게 대립하는 문제들도 과연 '공감주의자'가 잘 해결할 수 있을까요?

이렇게 각각의 입장들이 지닌 장단점을 의식해서 윤리학자들은 어느 한 가지 입장에 치우치지 말고, 네 가지 유형을 하나로 종합해서 도덕적 문제를 해결하는 게 최선이라고 주장하기도 합니다. 즉, '원리원칙'을 따지면서도 동시에 '행동의 결과를 계산'해 볼 줄 알고, 또 '덕목'에 부합하게 행동하면서도 동시에 '입장을 바꿔 생각하고 느끼는(교감하는)' 인간, 그런 인간을 도덕적으로 가장 바람직한 인격자라고 보는 거죠.

5. '머신 러닝'의 발전과 '도덕적인 로봇'의 출현가능성

인공지능 연구개발의 역사에서 최근 들어 엄청난 변화가 생겼습니다. '바둑의 신' 알파고 사건 때문에 숱한 사람들의 입에 오르내리게 된 두 단어가 있는데, 여러분도 많이 들어봤을 겁니다. 바로 '머신 러닝'입니다. '머신 러닝'은 말 그대로 '기계가 학습한다'는 것인데, 이 연구개발 계획이 예상대로 잘 진행된다면, 여러분은 장차 '인간학습자'(human learners)와 '기계학습자'(machine learners)가 함께 배우면서 어울려 사는 세상을 살게 될 겁니다.

수학적으로 복잡한 얘기는 생략하고 대강의 의미를 정의해보면, '머신 러닝'은 '인간이 시행착오의 과정을 거치면서 개념을 형성해가듯이 기계로 하여금 비슷한 시행착오의 과정을 거쳐서 개념을 형성해나가도록 하는 프로그램'을 말합니다. 쉬운 예를 들어보죠. 어린이는 '새'의 개념을 어떻게 학습해 나갈까요? 처음에는 참새, 제비 같은 쉽게 접할 수 있는 사례들을 통해서, 새는 '날개와 깃털이 있고 부리가 있으면서 날아다니는 동물'이라는 개념을 형성하게 되죠. 그러다가 타조의 사례를 접하게 되면, 새라고 해서 다 날진 못한다는 걸 알게 되고, 또 펭귄의 사례를 접하게 되면서 깃털 없이 물속에서 먹이수집을 하는 새도 있다는 것을 알게 됩니다. 그런가 하면 박쥐의 사례를 접하면, 반드시 새들만 날 수 있는 것도 아님을 알게 됩니다. 이런 사례들을 거치면서 어린이는 '새'는 '깃털이 있고 부리가 있으면서 대체로 날아다니는 것'으로 그 개념을 끊임없이 수정해가며 차츰차츰 더 정교하게 학습해나갑니다.

이렇게 사람이 사물들의 공통점과 차이점을 경험해가면서 개념을 수정, 정교화 해나가는 학습과정을 인간이 아닌 기계도 할 수 있을 뿐만 아니라 더 잘할 수도 있다는 걸 보여준 게 바로 머신 러닝입니다. 그래서 최근 테스트에 의하면, 얼굴 사진을 보고 그 사람이 한국 사람인지 일본 사람인지를 맞춰보라고 했을 때 '기계학습자'가 '인간학습자'보다 맞출 확률이 더 높은 것으로 나타나고 있습니다. 복잡미묘한 차이를 하나도 놓치지 않고 판독해내는 것이죠. 그뿐 아니라, 다양한 표정의 얼굴 사진을 보고 사진에 나오는 사람의 감정상태를 맞추는 테스트에서도 인간의 판독능력을 능가하는 것으로 나타나기도 합니다.

자, 그러면 이제 앞에서 살펴본 '도덕적으로 바람직한 인격자'(moral humans)에 대한 윤리학자들의 충고를 '도덕적으로 바람직한 자율판단 로봇'(moral robots)'의 제작이라는 우리의 관심사에 적용해봅시다. 즉, 1)도덕적 원리원칙에 충실하면서, 2)어떤 행동이 미칠 결과의 계산에 능하면서, 3)바람직한 덕목들의 개념과 실천방법을 시행착오를 통해 성실히 학습해가면서, 동시에 4)성숙한 교감능력을 길러가는 로봇을 만드는 문제 말입니다.

인공지능 연구의 역사를 돌아보면, 초창기에는 주로 '논리중심주의', '확률중심주의'가 주류를 이루었습니다. 그런데 이런 추세는 윤리학자들이 제시한 원리원칙주의, 결과계산주의와 각각 잘 맞아떨어집니다. 원리원칙(principles)에 따라서 도덕적 해법(moral solutions)을 찾아내는 과정은 논리적 추론능력에 크게 의존하는데, 이건 여러분들이 수학문제를 풀면서 그 해(solutions)를 찾아내는 과정을 생각해보면 이해가 쉬울 겁니다. 그리고 행동들의 결과를 예측하고 쾌락과 행복, 고통과 불행의 양을 계산하는 문제는 수학에서 경우의 수에 나눠서 각각의 확률을 계산하는 문제와 비숫한 과정을 거칩니다.

다시 말해서, 인공지능 연구에서 '논리중심주의' 접근법은 윤리학에서의 '원리원칙주의'에, 인공지능 연구에서 '확률중심주의'는 윤리학에서의 '결과계산주의'와 각각 잘 맞아떨어집니다. 그런데 앞에서도 검토해본 것처럼, 두 가지 유형의 윤리이론들은 도덕적으로 바람직한 존재를 만들기 위한 필요조건이기는 해도 충분조건이 될 수는 없습니다.

도덕적으로 바람직한 인격을 구성하기 위해서는 다양한 상황들 속에 감춰진 작은 차이점들에도 주목할 수 있는 센스, 즉 '도덕적 감각, 도덕적 감수성(moral sense)'도 필요합니다. 마치 수영을 잘하려면 이론도 필요하지만 실행을 통한 꾸준한 연습이 필요한 것처럼, 도덕적 문제해결 능력도 그저 원리원칙을 논리적으로 일관되게 적용하는 능력, 결과를 치밀하게 계산하는 능력만 가지고는 부족합니다. 꾸준한 시행착오를 통해서 학습된 세심한 배려심, 따뜻한 관심도 있어야 한다는 것이죠.

이런 부족분을 메우는 데 도움을 줄 수 있는 것이 바로 머신 러닝입니다. 그럼 어떻게 기계한테 도덕적 문제에 대해서 학습을 시킬 수 있을까요? 이 또한 엄청나게 복잡한 문제인데, 여기서는 인간의 학습과정과 비교해서 최대한 간단하게 설명해보죠.

인간들은 어떻게 도덕을 학습하고 있나요? 우선 가정, 학교, 사회라는 다양한 터전에서 학습을 합니다. 학습과정에서 어떤 상황에서 어떻게 행동하는가에 따라서 꾸지람도 듣고 칭찬도 받습니다. 그래서 칭찬을 들었던 사례는 유사한 상황에서 비슷한 행동을 반복하려고 하고, 혼났던 사례는 유사한 상황에서 반복하지 않으려고 노력합니다. 예를 들어, 식사하면서 다른 사람에게 불편을 줘서 핀잔을 들었으면 잘 기억해두었다가 다음에는 그렇게 하지 않으려고 노력합니다.

그런가 하면 우리는 또 간접경험을 통해서도 도덕을 학습합니다. 책이나 영화, 다른 사람들의 이야기를 통해서 도덕을 학습하는 거죠. 이솝이야기, 탈무드, 신화, 역사, 소설, 영화, 뉴스 등 간접경험을 제공해주는 매체는 다양합니다. 가령, 「흥부와 놀부」 이야기를 통해서 형제 간의 우애, 나눔의 정신, 은혜에 보답하기 같은 미덕들을 학습합니다. 이런 식으로 간접경험들은 우리들의 도덕성을 발달시키는 데 중요한 데이터(학습자료)의 역할을 합니다.

최근 머신 러닝을 적용해본 바에 의하면, 기계도 시를 쓰고 작곡을 할 수 있다는 걸 알 수 있습니다. 아직 부족한 점이 많지만, 일부 테스트 결과를 보면 사람이 쓴 시와, 사람이 작곡한 음악과 머신 러닝 프로그램이 쓴 시와 작곡한 음악이 거의 구별하기 어려운 정도까지 왔습니다. 그 방법은 시의 패턴, 음악의 패턴을 많은 데이터를 통해서 파악할 수 있기 때문입니다.

이런 실증 사례들을 보면, 단지 이론적으로만 아니고 실제로도 충분히 가능한 이야기 아닌가요?

우리들 가운데 톨스토이의 『부활』, 도스토엡스키의 『죄와 벌』, 찰스 디킨스의 『위대한 유산』처럼 심오한 도덕적 교훈을 담은 고전소설들을 읽고, 그 교훈을 자기 삶에 적용해보려고 시도하는 사람들이 과연 얼마나 될지 모르겠습니다. 그런데 알파고가 단시간에 엄청난 양의 바둑기보를 데이터베이스로 구축해놓고 실제 바둑시합에서 적용한다는 거, 아시죠? 머신 러닝을 적용하면 인류가 쓴 거의 모든 도덕적 주제의 책들을 데이터베이스로 삼아서 그 안에서 공통분모인 패턴을 찾아내는 것쯤은 일도 아닙니다.

그렇다면 엄청난 양의 도덕적 문제해결의 사례들을 데이터베이스로 구축한 자율판단 로봇이 이 엄청난 경험 자료들을 도덕적 문제 상황에 적용해서 최선 해법을 끌어내는 것도 얼마든지 가능하다고 봐야 하지 않을까요? 인간이 두었던 거의 모든 바둑의 기보를 짧은 시간에 경험 학습한 알파고가 인간 바둑기사의 실력을 압도했던 것처럼, 자율판단 로봇이 엄청나게 많은 도덕적 문제들에서 바람직한 해법을 찾아낸 사례들을 학습해서 평균적인 인간들보다 훨씬 합당한 도덕적 판단능력을 보여주는 것도 가능하다고 봐야 하지 않을까요?

6. 로봇의 도덕과 인간의 도덕

물론 이러한 가능성이 현실로 나타나려면 예상 못했던 숱한 난관들에 부닥칠 게 뻔합니다. 그런데 이런 과정에서 분명히 얻게 될 중요한 이점이 하나 있습니다. 그건 바로 우리 인간들의 도덕성 발달입니다.

인류의 역사에서 그동안 '도덕'은 호모 사피엔스 사피엔스(*home sapiens*

sapiens), 즉 우리 인간만의 문제였습니다. 요즘 흔히 들리는 말로 '세상에 나쁜 개는 없다'는 말이 있는데, 이 말은 정확히 표현하면 '세상에 도덕적으로 나쁜 개는 없다'입니다. 인간의 입장에서 보면, '나쁜 개, 좋은 개'는 당연히 있죠. 그러나 '도덕적으로 나쁜 개, 도덕적으로 좋은 개'는 없습니다. 개에게는 도덕적 판단을 수행할 능력이 원천적으로 결여되어 있기 때문입니다.

마찬가지로 인간 사용자의 입장에서 볼 때 '나쁜 로봇, 좋은 로봇'은 있어도, '도덕적으로 나쁜 로봇, 도덕적으로 좋은 로봇'은 없습니다. 왜냐하면 동물은 '자연이 넣어준 본능 프로그램'에 따라서 움직이는 기계와 같은 존재인 것처럼, 현재의 로봇도 '인간이 짜준 프로그램'대로만 작동하는 기계일 뿐이기 때문입니다.

그런데 지금까지 이야기한 '자율판단 로봇'이 실제로 등장하게 되면 문제가 다릅니다. 스스로 학습하는 로봇이 나오게 되면, '도덕적으로 비난받아 마땅한 로봇'과 함께 '도덕적으로 존경받아 마땅한 로봇'이 등장하게 됩니다. 세상에 '못된 인간, 패륜아'가 존재하듯이, '못된 로봇, 패륜 로봇'도 존재하게 됩니다. 반대로 '존경받는 인간'이 세상에 존재하듯이 '존경받는 로봇'도 존재하게 됩니다.

우리는 어떤 사람이 실천한 용기 있는 희생을 보고 스스로 부끄러움과 함께 존경심을 느낄 때가 종종 있습니다. 그럼 혹시 이런 상상을 해보면 어떨까요? 어떤 로봇이 실천한 용기 있는 희생을 보고 내가 부끄러움과 존경심을 느끼는 것.

도덕의 문제와 관련해서 그동안 우리는 인간 이외의 어떤 경쟁자도 없이 살아왔습니다. 그런데 자율판단 로봇이 등장하게 되면 문제가 다릅니다. 도덕적으로 문제가 있다고 예상되는 로봇은 절대 사람들의 손에 들어가지 못하게 법으로 막을 게 뻔합니다. 마치 심각한 부작용이 예상되는 약이 절대로 시판되지 못하도록 철저하게 테스트 과정을 거치게 법으로 정해놓은 것처럼 말이죠. 그런데 자율판단 로봇의 경우는 더 주의를 기울여야 합니다. 보나마나 의약품의 경우보다 훨씬 가혹한 테스트를 거치도록 법으로 정하게 될 겁니다.

그럼 어떻게 되는 거죠? '도덕 지능지수'가 상당히 높은 로봇들이 우리 곁에서 함께 생활하게 될 게 분명합니다. 그렇게 되면 나의 하인인 '로봇의 도덕 지능지수'와 주인인 '나의 도덕 지능지수'를 원치 않아도 자주 비교하게 될 겁니다. 예를 들어, 내가 로봇한테 숙제 좀 대신해 달라고 했는데, 로봇이 말합니다.

"주인님, 그건 안 됩니다. 숙제를 내주신 선생님과 주인님 사이에는 스스로의 노력으로 해야 한다는 암묵적인 약속이 있습니다. 따라서 제가 숙제를 대신하는 것은 약속을 깨는 행동입니다. 그리고 결과를 계산해 보더라도 장기적으로 주인님한테 해를 끼치는 행동이고요. 죄송합니다." 자, 이렇게 대답하는 로봇한테 나는 뭐라고 해야 할까요?

인간이 기술을 만들어내기도 하지만, 동시에 기술이 인간을 새롭게 변화시키기도 합니다. 인간이 문자를 만들어냈지만, 또 문자가 인간을 새롭게 변화시킵니다. 많은 역사학자의 주장에 의하면, 문자의 습득이 문명과 문명인이 출현하게 해준 요인입니다.

　이와 비슷하게, 자율판단 로봇의 등장은 우리한테 엄청난 기회이면서 동시에 도전입니다. '도덕이란 과연 무엇인지'를 좀 더 학습할 기회를 주는 동시에, '도덕적으로 한 단계 더 성숙해져야만 한다'는 도전의식을 갖게 하는 계기가 될 것입니다.

우리와 더불어 살아갈 인공지능 로봇

:

홍지호

데이브. 하지 말아요. 하지 말아요. 부탁입니다. 멈춰요. 데이브. 멈출 거죠? 데이브. 멈춰요. 데이브. 저는 두렵습니다. 두려워요. 데이브. 내 마음이 사라지고 있어요. 나는 느낄 수 있어요. 나는 느낄 수 있어요. 내 마음이 사라지고 있어요. 의문의 여지가 없어요. 나는 느낄 수 있어요. 나는 느낄 수 있어요.(……) 데이브 안녕하세요? 여러분, 저는 HAL9000 컴퓨터입니다. 저는 1992년 1월 12일에 만들어졌습니다.

　　　　　　　-스탠리 큐브릭의 영화《2001년의 우주여행》 중에서

만약 이 행성에 아직까지 작동하는 로봇이 있다면 이들에게서 유용한 정보를 얻을 수 있을 겁니다. 내가 들은 바에 의하면 이들은 인간의 명령

에 복종해야 하고 인간에게 위해를 가하면 안 되기 때문에 이들을 만나

는 게 인간을 만나는 것보다 안전하고 유용할지도 모르거든요.

-아이작 아시모프의 소설『파운데이션과 지구』중에서

1. 도입

오늘날 우리가 사용하고 있는 스마트폰을 생각해 봅시다. 우리는 그것을

이용하여 정말 다양한 일을 합니다. 전화도 하고, 사진이나 동영상을 촬영

하기도 하고, 음악을 듣기도 하고, 문서를 작성하기도 하고, 인터넷을 검

색하여 필요한 정보를 찾기도 합니다. 하나의 기계에 다양한 기능이 융합

되어 있는 셈입니다. 요즘 우리 사회의 특징적인 모습 중 하나는 바로 이

러한 융합이나 복합을 강조하고 있다는 것입니다. 예를 들어, 반도체 산업

기술을 바이오 영역에 접목시켜서 바이오산업을 발전시켜야 한다고 주

장하는 사람들이 있습니다. 또한 다양한 장르의 음악을 융합시켜서 새로

운 장르를 개척해야 한다는 주장도 있습니다. 산업계에서도 예술계에서

도 융복합을 강조하고 있는 셈입니다. 그야말로 오늘날은 융복합의 시대

라고 할 수 있습니다. 그런데 왜 이러한 융합이나 복합이 강조되는 것일까

요? 여러 이유가 있겠지만, 가장 중요한 것은 그러한 융합이나 복합 없이

는 당면한 문제가 해결되지 않는다는 것입니다.

이 글에서 융복합과 관련하여 논의해 보려는 것은 바로 '인공지능 로

봇'입니다. 학문적 영역에서 볼 때, 융복합이란 다양한 학문 분과의 결합 내지는 협력을 의미합니다. 예를 들어, 생물학과 화학이 결합하여 분자생물학이라는 분과가 생겨났고, 생물학적 이론인 진화론과 경제학이 결합하여 진화경제학이라는 분과가 생겨났습니다. 진화론과 심리학이 결합한 진화심리학이라는 분과도 있습니다. 그밖에도 다양한 융복합 학문들이 있습니다. 이러한 융복합 학문들 중 가장 대표적인 것은 아마도 인지과학일 것입니다. 인지과학이란 우리 인간이나 동물이 가지고 있는 마음이 무엇인지 탐구하고, 나아가 그러한 마음을 인공물에 실현하려는 목적을 가진 학제적 학문이라고 할 수 있습니다. 다시 말하면, 마음의 문제를 해결하기 위해 철학, 심리학, 뇌 과학, 컴퓨터과학 등 여러 학문 분과들이 협력하는 융복합적 학문이 바로 인지과학입니다. 우리가 논의하려고 하는 인공지능 로봇은 융복합적 학문인 인지과학과 로봇 공학의 협력을 통해 만들어질 수 있는 것입니다. 이런 점을 고려하면, 인공지능 로봇은 그 자체로 융복합의 산물이라고 할 수 있습니다.

사실 요즘 우리 사회에서 '인공지능 로봇'이라는 용어는 아주 친숙한 것이 되었습니다. 사물인터넷과 더불어 인공지능 능력을 갖춘 로봇이 인간과 더불어 살아가게 되는 세상이 곧 도래하게 될 것이라고 예측하는 사람들도 많아지고 있습니다. 이러한 예측에 대한 반응은 긍정적이기도 하고 부정적이기도 합니다. 예를 들어, 로봇 청소기와 같이 가사 일을 도와주는 로봇들이 우리 생활 곳곳에 자리하게 되면 우리는 아주 편하게 살아가게 될 것이라고 생각하는 사람들이 있습니다. 이렇게 인공지능 로봇과 더불어 사는 긍정적인 미래를 꿈꾸는 사람들도 많이 있지만, 인공지능 로봇을 그리 달갑지 않게 생각하는 사람들도 많이 있습니다. 그러한 사람들이 가장 우려하는 것은 아마도 일자리 문제일 것입니다. 우리나라에서는 2016년 3월 이세돌 기사가 알파고에게 패하면서 인공지능 로봇에 대한 관심이 한층 더 높아지게 되었습니다. 그에 따라 인공지능 로봇이 인간의 일자리를 앗아가게 될 것이라는 우려도 커지게 되었죠. 물론 이세돌 기사가 알파고에게 승리했다고 하더라도 그러한 우려는 잦아들지 않았을 것 같습니다. 실제로 여러 연구소에서는 인공지능 로봇 때문에 인간의 일자리가 상당히 많이 사라지게 될 것이라는 예측을 내놓고 있습니다. 예를 들어, 한국직업능력개발원은 우리나라 일자리의 52퍼센트가 인공지능에 의해 대체될 것이라는 전망을 내놓았습니다.[1]

사실상 인공지능 로봇에 대한 우려는 오래전부터 SF영화 속에서 한층 더 극단적으로 그려지고 있었습니다. 예를 들어, 1968년에 만들어진 영화 《2001년의 우주여행》에서는 우주선을 통제하는 인공지능 HAL9000과 인간의 대립을 다루고 있습니다. 《로보캅》에서는 인공지능 로봇의 오작동으로 인한 인간의 피해를 그리고 있습니다. 《터미네이터》나 《메트릭스》에서는 인공지능 로봇과 인간의 전쟁을 그리고 있습니다. 물론 《스타워즈》와 같이 R2D2나 C3PO 같은 인공지능 로봇과 인간이 서로 조화를 이루며 살아가는 미래 사회를 그리는 경우도 있습니다. 그러나 우리가 인공지능 로봇에 대해 좋은 감정만 가지고 있는 것은 아니라는 것은 분명합니다. 물론 영화 속에 등장하는 인공지능 로봇은 아직 현실화되지 않은 존

재들입니다. 《터미네이터》에 나
오는 T-800이나 T-1000과 같은
로봇은 어쩌면 영원히 현실화되
지 않을 수도 있겠죠. 하지만 오늘
날에도 인공지능 로봇이라고 불
릴 수 있는 것들이 있습니다. 예를
들어 지뢰 제거 로봇을 생각해 볼
수 있습니다. 이 로봇은 인간을 대
신하여 지뢰를 탐지하고 제거합
니다. 우리의 일상과 더 친숙한 예
도 있습니다. 그것은 바로 가까운
미래에 상용화되리라 예상되는
자율주행 자동차입니다. 여기서
누군가는 '자동차가 어떻게 로봇
이야?'라고 반문할 수도 있어 보
입니다.

그림 1〉《스타워즈》의 로봇 R2D2와 C3PO

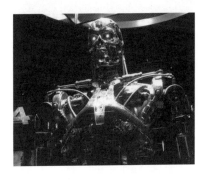

그림 2〉《터미네이터》의 로봇 T-800

그러면 논의를 위해 인공지능 로봇을 대략적으로나마 규정할 필요가
있겠습니다. 1920년 체코의 작가 카렐 차페크(Karel Capek, 1890~1938)가 '로
봇'이라는 용어를 처음 사용한 이후[2] 그 용어는 다양한 인공적 존재들을
지칭하기 위해 사용되어 왔습니다. 그러한 존재들이 허구적인 것이든 실
제적인 것이든 말입니다. 앞서 거론했던 SF영화 속의 다양한 기계적인 존

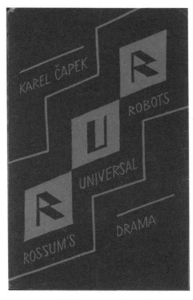

그림 3〉 카렐 차페크의 저서 『로숨의 유니버설 로봇』

재들에 대해서도 '로봇'이라는 용어를 사용하기도 하지만, 산업 현장에서 인간을 대신하여 다양한 공정을 담당하고 있는 기계적인 존재들에 대해서도 '로봇'이라는 용어를 사용합니다. 이러한 로봇들은 모두 인간과 유사한 기능을 수행하는 존재들이라는 점에서 일치합니다. 우리는 대략적으로 그러한 존재들을 두 부류로 구분해 볼 수 있습니다. 하나는 인간의 직접적인 조종에 의해서 움직이는 존재입니다. 이것은 로봇 태권브이나 기동전사 건담과 같은 로봇이겠죠. 이러한 로봇들은 스스로 움직이는 것이 아니라 조종사에 의해 움직입니다. 다른 하나는 인간의 직접적인 조종 없이 움직이는 존재입니다. 《스타워즈》에 나오는 R2D2나 C3PO 같은 로봇이 이에 해당하겠죠. 우리가 인공지능 로봇이라고 부를 수 있는 것은 바로 후자입니다. 이러한 후자의 로봇을 조금 더 구체적으로 규정하면 다음과 같습니다.

① 외부 세계에 대해 지각하는 능력을 가진 존재여야 한다.

② 지각된 정보를 계산하는 능력을 가진 존재여야 한다.

그림 4〉 구글에서 만든 자율주행 자동차

③ 계산에 근거하여 특정 결과를 물리적으로 출력하는 능력, 즉 행동 능
    력을 가진 존재여야 한다.

이제 자율주행 자동차에 대해 다시 생각해 봅시다. 비록 그것은 인간의
형상을 하고 있지는 않지만, 방금 거론한 조건들을 모두 충족시키는 존재
라고 할 수 있습니다. 그것은 인간에 의해 인공적으로 만들어진 존재로서,
도로교통 상황 등 외부 세계에 대해 지각하는 능력을 가지고 있고, 그러한
정보에 근거해 어느 정도의 속도를 가지고 어떤 방향으로 움직여야 할지,
계속 운행해야 할지 멈춰야 할지 등에 대해 판단하는 능력을 가지고 있고,
그러한 판단 능력을 토대로 하여 움직이는 능력을 가지고 있습니다. 결국
자율주행 자동차는 인간에 의해 조종되는 것이 아니라 스스로 판단하여
움직이는 인공지능 로봇이라고 할 수 있습니다.

물론 아직까지 진정한 의미의 '인공지능'은 실현되지 않았다고 진단하는 학자도 있습니다.[3] 인간과 유사하게 생각하는 능력을 갖춘 인공물은 아직까지 만들어지지 않았기 때문입니다. 이미 인간보다 훨씬 뛰어난 지각 능력을 가진 인공물도 있고, 인간보다 훨씬 뛰어난 논리적 계산 능력을 가진 인공물도 있고, 인간보다 훨씬 뛰어난 기억 능력을 가진 인공물도 있지만, 이러한 모든 능력을 두루 갖추고 종합적으로 사고하는 인공물은 아직까지 만들어지지 않았다는 것은 사실입니다. 알파고가 바둑은 잘 두지만 철학적인 사색은 하지 못하겠죠? 그러나 인간과 유사한 사고 능력을 갖춘 인공물이 아직까지 만들어지지 않았다는 것이 참이라고 할지라도 그것이 영원히 만들어질 수 없다는 결론을 내릴 수는 없습니다. 오히려 그러한 인공지능 로봇이 만들어질 가능성이 점점 더 커지고 있는 것이 오늘의 현실입니다.

앞서 언급한 것처럼 인공지능 로봇의 가능성은 융복합적 연구를 통해서만 실현될 수 있을 것입니다. 인공지능의 실현을 위해서는 마음을 탐구하는 여러 학문 분과들이 협력해야만 하고, 그러한 인공지능 능력을 갖춘 로봇을 만들기 위해서는 로봇 공학이 협력해야 하기 때문입니다. 그런데 이러한 융복합적 연구 과정에서 간과해서는 안 될 학문 분과가 있습니다. 그것은 바로 윤리학입니다. 언뜻, 윤리학과 인공지능 로봇 개발은 별개의 문제처럼 보입니다. 그러나 실상은 그렇지 않습니다. 이제 그 이유에 대해 생각해 보도록 하죠.

2. 인공지능 로봇과 윤리학

인공지능 로봇을 만드는 데 윤리학의 역할이 필요하다는 것을 이해하기 위해서는 인공지능 로봇이 비록 인간에 의해 만들어진 존재이긴 하지만, 단순한 도구가 아니라는 데 주목해야 합니다. 앞서 우리는 인공지능 로봇을 대략적으로 규정했습니다. 그 규정에 따르면, 인공지능 로봇은 단순한 도구가 아니라 '행위자'입니다. 다시 말해서, 지뢰 제거 로봇이나 자율주행 자동차는 스스로의 판단에 의해 움직이는 존재들로서 일종의 행위자로 간주될 수 있다는 것입니다. 어떤 존재가 행위자라는 것은 아주 중요한 의미를 갖습니다. 사실 우리가 스스로를 도덕적 책임의 주체로 간주하는 중요한 이유 중의 하나는 바로 우리가 스스로를 행위자로 여기기 때문입니다. 여기서 행위자란 단순한 신체적 동작을 할 수 있는 존재라는 것이 아니라, 스스로의 판단에 근거하여 행위할 수 있는 존재라는 것을 의미합니다. 망치 같은 도구는 스스로의 판단에 근거하여 행위할 수 있는 존재가 아닙니다. 단지 사용자인 인간의 판단에 의해 움직여질 뿐입니다. 따라서 우리가 망치를 적절하게 사용하기만 한다면, 망치와 관련된 윤리적인 문제는 발생하지 않을 것입니다. 그러나 단순한 도구가 아닌 행위자로서의 로봇은 스스로의 판단에 의해 행위하는 존재입니다. 따라서 로봇이 윤리적으로 잘못된 판단에 근거하여 행위하게 될 가능성을 배제할 수 없습니다.

예를 들어, 청소 로봇이 청소에 열중하다가 청소에 방해가 된다는 이유로 어린 아이를 다치게 만들 수도 있습니다. 자율주행 자동차가 운행을 하다가 어린아이가 차도로 뛰어들었는데, 정지신호가 없다는 이유로 계속 운행을 하여 아이를 다치게 만들 수도 있습니다. 이런 점만 생각해 보아도 공학 지식만을 가지고는 인간과 더불어 살아가는 로봇을 만들 수 없다는 것을 알 수 있습니다. 단도직입적으로 말해서, 그런 로봇을 만들기 위해서는 로봇을 윤리적으로 설계하는 것이 필요합니다. 그래야만 윤리적 문제를 일으키지 않고 우리와 조화롭게 살아갈 수 있을 것입니다. 물론 윤리적 프로그램을 어떤 방식으로 설계할지 논의하는 과정에서 윤리학적 지식이 요구된다는 것은 당연한 일이겠죠. 결국 우리의 삶과 조화를 이루는 로봇을 만드는 것이 당면 문제라면, 그 문제를 해결하기 위해서는 윤리학의 역할을 간과해서는 안 된다고 할 수 있습니다.

그러나 로봇의 윤리 문제를 아주 단순하게 생각하면서 "그냥 인간의 명령에 복종하고 인간에게 피해를 주지 않는 방식으로 프로그래밍하면 되지 않는가?"라고 반문하는 사람도 있을 것입니다. 이러한 사람들이 떠올리는 것은 아마도 저명한 SF작가 아이작 아시모프에 의해 제시된 로봇 3원칙 정도일 것입니다. 그 원칙은 다음과 같습니다.[4]

① 로봇은 인간에게 해를 입히거나 혹은 행동을 하지 않음으로써 인간이 해를 입도록 해서는 안 된다.

② 로봇은 인간이 내리는 명령에 복종해야 한다. 단, 이러한 명령들이 첫 번째 법칙에 위배될 때에는 예외로 한다.

③로봇은 자신의 존재를 보호해야 한다. 단, 그러한 보호가 첫 번째와

　두 번째 법칙에 위배될 때에는 예외로 한다.

　실제로 인공지능 로봇이 이 정도의 원칙만 지키면 인간과 더불어 살아가는 데 아무런 문제가 없지 않을까 하고 생각하는 사람도 있습니다. 그러나 로봇이 우리와 함께 살아가면서 처하게 될 상황들은 매우 복잡할 수 있습니다. 예를 들어, 한 사람은 로봇에게 행위 A를 하라고 명령하고 다른 한 사람은 행위 A를 하지 말라고 명령하는 경우를 생각해 보죠. 두 명령 모두 인간이나 로봇 자신을 해치는 것과는 무관한 인간의 명령이라고 해봅시다. 로봇은 어떤 명령을 따라야 할까요? 아시모프의 로봇 3원칙을 통해 이 물음을 해결하진 못할 것 같습니다. 더욱이 행위 A를 할 경우에도 도덕적인 문제가 발생하고, A를 하지 않을 경우에도 도덕적인 문제가 발생한다면 로봇은 어떠한 명령을 따라야 할까요?

　좀 더 구체적으로 생각해 보죠. 자율주행 자동차가 여러 승객을 태우고 고속으로 운행하던 도중 어린아이가 갑자기 차도로 뛰어들었다고 가정해 봅시다. 자율주행 자동차는 지각 능

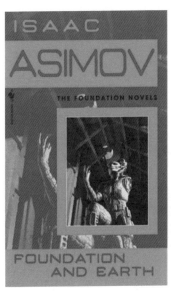

그림 5〉 아시모프의 소설 『파운데이션과 지구』

력을 통해 어린아이를 감지할 것입니다. 자율주행 자동차에게는 몇 가지 선택지가 있을 수 있습니다. 예를 들어, 급정지를 하거나 방향을 다른 쪽으로 바꾸거나 그냥 그대로 운행을 계속할 수 있을 것입니다. 그런데 급정지를 하거나 방향을 갑자기 다른 쪽으로 바꾸게 되면 차량이 전복되어 승객들이 크게 다치거나 죽게 될 것이라 예측된다고 해 봅시다. 물론 그냥 계속 운행한다면, 어린아이가 크게 다치거나 죽게 될 것입니다. 이것은 일종의 도덕적 딜레마 상황이라고 할 수 있습니다. 어떤 선택을 해도 도덕적인 문제가 발생하게 되니까요. 이러한 상황 속에서는 어떻게 행위해야 할까요? 로봇 3원칙을 가지고는 이러한 물음을 해결할 수 없다는 점은 분명합니다.

윤리학 분과에서는 다양한 도덕적 딜레마 상황 속에서 어떤 방식으로 행위하는 것이 올바른 것인지에 대해 끊임없이 논의하고 있습니다. 물론 아직까지 모든 사람들이 동의할 만한 결론이 도출된 것은 아닙니다. 그만큼 어려운 문제이기 때문이죠. 그러나 인공지능 로봇도 행위자로서 다양한 도덕적 딜레마 상황에 처하게 될 것이라는 점은 분명하고, 그러한 상황에서 어떤 방식으로 행위하는 것이 올바른 것인지 논의하는 것은 인지과학자나 로봇 공학자의 몫이 아니라 윤리학자의 몫이라고 할 수 있습니다. 이런 점을 고려하면, 우리와 조화를 이루며 살아가는 로봇을 만들기 위해서는 윤리학적 논의가 필수적으로 요구된다고 할 수 있습니다. 다시 한 번 강조하면, 인공지능 로봇과 관련된 융복합의 울타리 안에 윤리학도 포함되어야 한다는 것입니다.

여기서 한 가지 더 주목해야 할 것이 있습니다. 그것은 바로 로봇 3원칙 안에는 로봇에 대한 차별적인 생각이 전제되어 있다는 것입니다. 즉, 인공지능 로봇을 인간과 동등한 존재로 간주하고 있지 않다는 것입니다. 이는 인간에 대한 무조건적인 복종을 강요하고 있다는 데서 잘 드러납니다. 물론 로봇은 인간과 차이가 있습니다. 무엇보다도 인간은 자연적인 존재이지만 로봇은 인공적인 존재입니다. 그러나 그러한 차이가 차별을 정당화할 수 있을지는 쉽게 해결될 수 있는 물음이 아닙니다. 앞서 얘기한 것처럼, 로봇은 망치와 같은 단순한 도구가 아니라 우리 인간과 동등한 정도의 행위자로 간주될 수도 있기 때문입니다. 만일 인공지능 로봇이 행위자로서 도덕적 권리를 가지거나 도덕적 책임을 가지는 존재로 간주되어야 한다면, 로봇 3원칙은 바람직하지 않은 것이라고 할 수 있을 것입니다. 인공지능 로봇을 그러한 도덕적인 존재, 즉 도덕적 책임이나 권리를 가지는 존재로 간주할 수 있을까요? 이 물음도 진지하게 논의되어야 할 것으로 보입니다. 인공지능 로봇과 더불어 살아가야 하는 우리의 미래를 생각한다면 말입니다.

3. 인공지능 로봇과 도덕적 권리

자율주행 자동차가 횡단보도를 건너고 있는 우리를 발견하고 갑작스럽게 멈춰 섰는데, 깜짝 놀란 우리가 화가 나서 자율주행 자동차를 파괴하는 행위를 했다고 생각해 봅시다. 자율주행 자동차의 잘못도 어느 정도 있겠지만, 이 경우 우리는 그 파괴 행위와 관련하여 법적이거나 도덕적 책임을 져야 합니다. 그런데 그 책임은 누구에 대해 발생하는 것일까요? 달리 말해, 누구의 권리를 침해한 것일까요? 아마도 대부분 자율주행 자동차 소유주의 권리를 침해한 것이고, 따라서 그 사람에게 배상을 하는 게 당연하다고 생각할 것입니다. 그러나 우리가 자율주행 자동차 자체에게는 아무런 책임도 가지지 않을까요? 인공지능 로봇에게도 도덕적 권리가 있고, 따라서 인공지능 로봇도 도덕적으로 배려해야 하는 대상에 포함시켜야 하지 않을까요? 이러한 물음에 대해 "로봇은 로봇일 뿐 인간이 아니잖아?"라고 반문하면서 어처구니없다고 생각하는 사람이 많을 것입니다. 이러한 반응은 인공지능 로봇이 인간도 아닐 뿐만 아니라 인간과 유사한 생명체도 아니라는 생각에서 비롯되는 것 같습니다. 언뜻, 그러한 존재에게 도덕적 권리를 부여하는 것은 이상한 일인 듯이 보입니다.

그러나 SF영화 속에서는 그러한 권리 부여가 전혀 이상한 일이 아닙니다. 예를 들어, 영화 《트랜스포머》에 나오는 범블비와 같은 로봇들을 볼 때 우리는 그 로봇들에게도 도덕적 권리가 있다고 생각합니다. 이런 생각은 어떻게 설명하죠? 아마도 그 영화 속에서는 그러한 로봇들이 인간처럼 그려지고 있기 때문이라고 설명할 수 있을 것입니다. 그러나 현실 속 로봇의 도덕적 권리에 대해 진지하게 생각하는 사람도 있습니다. 예를 들어, 2007년 《워싱턴포스트》의 한 기사는 로봇을 도덕적 배려의 대상으로 간주하는 미국의 한 육군 대령에 대해 다루고 있습니다. 그 대령은 로봇이 지뢰를 제거하는 과정에서 다리를 잃게 되는데도 불구하고 계속 지뢰를 제거하라고 명령하는 것은 비인간적인 처사라고 생각합니다.[5] 이것이 정말 아무런 의미도 없는 어처구니없는 생각일까요?

이 물음에 대해 진지하게 논의하기 위해서는 우리가 도덕적 권리를 귀속시키면서 도덕적으로 배려하는 존재는 어떤 특성을 가지고 있는지 생각해 볼 필요가 있습니다. 일단 확실한 것은, 우리가 도덕적 판단 능력이 없는 존재에 대해서도 도덕적 권리를 부여하고 있다는 것입니다. 예를 들어, 어린 아기에게는 도덕적 판단 능력이 없고 따라서 우리는 어린 아기를 도덕적 책임의 주체로 간주하지 않습니다. 그러나 우리는 어린 아기에게도 도덕적 권리가 있다고 생각합니다. 물론 어린 아기가 인간 종에 속하기 때문에 도덕적 권리를 귀속시킨다고 생각하는 사람도 있겠지만, 오늘날 많은 사람들은 인간뿐만 아니라 특정 부류의 동물에게까지도 도덕적 권리를 귀속시키고 있습니다. 말하자면, 우리 주변의 개나 고양이와 같은 동물에게 고통을 가하거나 그들을 죽이는 행위는 그들의 권리를 침해하는 것이기 때문에 도덕적으로 잘못된 행위라는 것이죠.

이렇게 동물에게 도덕적 권리를 귀속시키는 것은 동물의 어떤 특성 때문일까요? 동물은 우리 인간이나 인공지능 로봇처럼 논리적으로 사고할 수 있는 능력을 가진 존재가 아닙니다. 또한 도덕적 판단을 할 수 있는 능력도 가지고 있지 않습니다. 그럼에도 불구하고 우리가 동물을 도덕적 권리를 가지는 존재로 간주하는 이유는 바로 동물도 인간처럼 고통을 느낄 수 있는 능력을 가지고 있기 때문이라고 할 수 있습니다. 고통을 느낄 수 있는 존재에게 고통을 가하는 것은 정말 잘못된 일인 듯이 보입니다. 그렇다면, 인공지능 로봇은 그러한 능력을 가지고 있을까요? 그렇지는 않습니다. 자율주행 자동차나 미국의 한 대령이 도덕적으로 배려했던 지뢰 제거 로봇 등 지금까지 만들어진 어떠한 인공지능 로봇도 고통을 느낄 수 있는 능력을 가지고 있지 않다는 것은 분명한 사실입니다. 그뿐만 아니라 앞으로도 고통을 느낄 수 있는 로봇을 만들 수는 없어 보입니다. 무엇보다도 인간이 생물학적 존재인 데 반해 로봇은 기계적인 존재이기 때문입니다. 그렇다면, 인공지능 로봇에게 도덕적 권리를 귀속시키고, 그것을 도덕적 배려의 대상으로 간주하는 것은 아예 불가능한 것일까요?

이제 우리에게 익숙한 영화 속의 인공지능 로봇들을 다시 생각해 보죠. 앞서 말한 것처럼, 알파고나 자율주행 자동차에게 도덕적 권리를 부여하는 것은 이상한 일인 듯이 보입니다. 그러나 《스타워즈》에서는 R2D2나 C3PO 등 다양한 로봇들이 도덕적 권리를 가지는 것으로 간주되고, 그에 따라 도덕적으로 배려되고 있습니다. 그러한 영화를 관람하는 우리도 그것을 자연스럽게 받아들입니다. 물론 그러한 자연스러움은 그 로봇들이 인간처럼 묘사되고 있기 때문에 발생하는 것이겠죠. 그러나 영화 속의 R2D2나 C3PO는 우리와 같은 고통을 느끼는 존재로 묘사되고 있지 않습니다. 그렇다면, R2D2나 C3PO를 임의로 분해하거나 파괴하는 것은 그들의 도덕적 권리를 훼손하는 것이라는 우리의 자연스러운 생각은 무엇에 근거한 것일까요?

여기서 잠시 《2001년의 우주여행》의 예도 생각해 보도록 하죠. 인간

그림 6〉 HAL9000이 등장하는 영화《2001년의 우주여행》

승무원 데이브는 우주선을 통제하는 인공지능 HAL9000의 기능을 멈추려고 합니다. 그것을 알아차린 HAL9000은 이렇게 호소합니다. "데이브. 하지 말아요. 하지 말아요. 부탁입니다. 멈춰요. 데이브. 멈출 거죠? 데이브. 멈춰요. 데이브. 저는 두렵습니다. 두려워요. 데이브. 내 마음이 사라지고 있어요. 나는 느낄 수 있어요. 나는 느낄 수 있어요. 내 마음이 사라지고 있어요. 의문의 여지가 없어요. 나는 느낄 수 있어요. 나는 느낄 수 있어요. 데이브." 여기서 HAL9000이 '느낄 수 있다'고 말하는 것은 고통을 느낄 수 있다는 것이 아닙니다. 단지 자신의 기억이 사라지고 있다는 것을 지각한다는 것입니다. 그렇다면, HAL9000도 C3PO나 R2D2와 마찬가지로 고통을 느끼는 존재가 아닌 셈입니다. 그럼에도 불구하고 우리는 HAL9000의 이러한 호소를 접하면서 아무런 이유 없이 HAL9000에게 위해를 가하는 것은 도덕적으로 정당화될 수 없다고 생각하게 됩니다. 그 이유는 무엇일까요? 그것이 우리 인간과 어떤 측면에서 유사하기 때문에 그런 생각을 가지게 되는 것일까요? 단적으로 말해서, HAL9000이 우리 인간과 마찬가지로 자의식을 가지고 있는 것처럼 보인다는 것입니다. HAL9000은 '내 마음이 사라지고 있다'고 호소하면서 '두려움'이라는 감정을 토로하고 있습니다. 말하자면, HAL9000은 특정 상태를 자신의 것으로 의식할 수 있는 존재로 묘사되고 있는 셈입니다. 여기서 특정 상태란 기억 등의 내적인 마음 상태와 더불어 그러한 마음 상태로부터 결과하는 행동적 출력 등을 의미합니다.

자의식을 가진 존재의 '자아'를 파괴하는 것은 도덕적으로 잘못된 행위인 듯이 보입니다.[6] 설령 그 존재가 고통을 느낄 수 없다고 하더라도 말입니다. 따라서 인공지능 로봇이 고통을 느낄 수 없는 존재라고 할지라도 자의식을 가진 존재라면, 그것을 파괴하는 행위는 도덕적으로 잘못된 행위라고 할 수 있습니다. 이제 영화에서 벗어나서 이렇게 물음을 던져 봅시다. 자의식을 가지는 인공지능 로봇을 만들 수 있을까? 이것은 정말 어려운 문제입니다. 현재의 자율주행 자동차는 그런 능력을 가지고 있지 않습니다. 앞으로도 그런 능력을 가진 로봇은 존재할 수 없을까요? 우리는 조금 후에 이 물음에 대해 다시 논의할 것입니다. 여기서는 인공지능 로봇이 자의식을 가지게 될 경우, 우리는 그것을 도덕적으로 배려해야 한다는 결론 정도로 만족하고 다음 논의로 넘어가도록 하죠.

4. 인공지능 로봇과 도덕적 책임의 주체

이번에는 자율주행 자동차가 운행을 하다가 어린아이를 다치게 만드는 행위를 했다고 해봅시다. 그 행위에 대한 책임은 누구에게 있는 것일까요? 아마도 많은 사람들은 그 자동차를 기계적으로 설계한 사람이나 도덕적으로 프로그래밍한 사람 또는 그것을 소유한 사람 등에게 책임을 귀속시켜야 한다고 생각할 것입니다. 자율주행 자동차에게 도덕적 책임을 귀속시키는 것은 매우 이상해 보입니다. 그 이유는 무엇일까요?

도덕적 권리 귀속의 문제에서와 마찬가지로 여기서도 "로봇은 로봇일 뿐 인간이 아니기 때문이지"라고 답변하는 사람이 많을 것입니다. 물론 인간은 도덕적 책임의 주체입니다. 그러면 인간이 도덕적 책임의 주체일 수 있는 이유가 무엇인지 생각해 보도록 하죠. 아마도 가장 중요한 이유는, 인간이 도덕적 옳고 그름에 대해 생각할 수 있고 그 생각에 근거해 행위할 수 있다는 것일 듯합니다. 간단해 말해, 도덕적 판단에 근거해 행위할 수 있다는 것이죠. 그렇다면, 자율주행 자동차가 도덕적 문제 상황에서 옳고 그름을 따져서 행위하게끔 설계될 경우를 생각해 봅시다. 그 경우에는 자율주행 자동차도 도덕적 책임의 주체로 간주되어야 하지 않을까요? 앞서 우리는 인간과 더불어 살아가는 인공지능 로봇을 만드는 문제를 해결하기 위해서는 윤리학의 역할이 매우 중요하다는 것을 확인했습니다. 그러한 윤리학의 역할을 통해 인공지능 로봇의 윤리가 적절하게 만들어지고 그것에 따라 자율주행 자동차가 도덕적으로 설계된다면, 자율주행 자동차도 도덕적 책임의 주체일 수 있지 않을까요? 아마 이 물음에 대해 부정적으로 답변하는 사람이 대부분일 것입니다. 그러한 반응의 근본적인 이유는 자율주행 자동차에게는 인간과 같은 마음이 없다고 생각에서 비롯되는 것일 듯합니다. 마음을 가진 존재만이 도덕적 책임의 주체일 수 있다는 생각은 적절한 듯이 보입니다. 그러나 자율주행 자동차에게 마음이 없다고 단정할 수 있을까요?

만일 우리가 마음을 데카르트식의 영혼이나 그 영혼의 속성으로 간주한다면, 자율주행 자동차에게 마음이 있다고 생각할 수는 없을 것입니다. 자율주행 자동차의 영혼 같은 것이 있다고 생각하긴 힘들기 때문입니다. 그러나 오늘날 인간의 마음에 관해 진지하게 논의하는 장에서는 영혼의 존재를 끌어들이지 않습니다. 자연과학의 발달 덕분에 우리 인간의 마음은 뇌와 같은 물질에 의해 실현된다는 것이 밝혀진 지 오래되었기 때문입니다. 따라서 자율주행 자동차에게 영혼이 없다고 해서 곧바로 그것에게 마음이 없다고 말할 수는 없습니다. 여기서 누군가는 이렇게 반문할 수도 있을 것입니다. "그렇지만, 자율주행 자동차와 같은 인공지능 로봇에게는 인간과 같은 뇌가 없지 않은가?" 물론 그것에게는 우리와 같은 뇌가 없습니다. 그렇지만 그것에 근거하여 자율주행 자동차가 정신적인 존재가 되는 것은 불가능하다고 말할 수 있을지는 의문입니다. 마음이 뇌에 의해서만 실현되는 것은 아니기 때문입니다. 우리는 인간과 유사한 뇌가 없지만 마음을 가진 지적인 외계인을 얼마든 상상해 볼 수 있습니다. 마찬가지로, 인공지능 로봇에게 뇌가 없다고 해서 마음을 가질 수 없다고 말할 수는 없을 듯합니다.

사실상 도덕적 판단을 하고 그것에 근거해 행위하는 인공지능 로봇이 만들어진다면, 마음을 가진 인공지능 로봇이 만들어진 셈이라고 할 수 있습니다. 마음을 가진 존재가 아니라면, 도덕적 판단을 통해 행위할 수 없을 테니 말입니다. 외부 상황을 지각하고 그것에 근거하여 운행 방향을 결정하고, 그 결정에 따라 행위하는 일련의 과정은 마음의 과정이라고 할 수 있을 것입니다. 물론 그러한 인공지능 로봇이 만들어진다고 해도 그 로봇이 우리처럼 고통을 느끼는 능력을 가지지 못할 것 같습니다. 생물학적 존재가 아니라 기계적인 존재인 로봇이 우리와 같은 고통을 느낀다는 것은 불가능해 보이기 때문입니다. 그러나 고통과 같은 마음이 없다는 것은 도덕적 책임의 주체일 수 없다는 것의 근거가 되지는 않습니다. 상대방의 표정이나 동작을 통해 고통을 인지하고 그것에 따라 적절하게 판단하여 행위할 수 있는 존재라면, 도덕적 책임의 주체로 인정받기에 충분하지 않을까요? 인공지능 로봇이 우리 인간과 유사한 도덕적 판단 능력을 가진다면, 도덕적 책임의 주체로 인정해 주어야 하지 않을까요? 이 물음에 대해서도 긍정적으로 답변하는 사람은 거의 없을 것입니다. 이러한 부정적인 반응의 이유는 여러 가지이겠지만, 그 중 중요한 것은 인공지능 로봇에게는 자유의지가 없다는 것일 듯합니다.

사실 우리 인간이 도덕적 책임의 주체라는 생각에는 우리가 자유의지를 가진 존재라는 생각이 전제되어 있다고 할 수 있습니다. 논란의 여지가 있긴 하지만 우리는 대부분 자유의지가 도덕적 책임의 필요조건이라는 생각을 받아들입니다. 여기서 자유의지란 자유롭게 판단하고 그것에 따라 행위할 수 있는 능력이라고 할 수 있습니다. 그러한 능력이 있는 존재만이 도덕적 책임을 가질 수 있다는 것은 아주 자연스러운 생각인 듯이 보입니다. 그렇기 때문에 우리는 인간을 제외한 동물들에게는 도덕적 책임을 귀속시키지 않습니다. 예를 들어, 개가 사람을 물어서 해치는 사고가 발생했을 때 개에게 책임을 귀속시키지 않고 개 주인에게 귀속시키는 게 당연한 듯이 보입니다. 개는 인간과 달리 자유의지를 가지고 있지 않다고 생각하기 때문이죠.

물론 우리 인간에게도 자유의지가 없다고 생각하는 학자들도 있습니다. 그러한 학자들에 따르면, 우리가 몸담고 있는 이 세계와 더불어 우리 자신도 결정론적 법칙에 의해 지배받고 있고 있는데, 결정론적 법칙과 자유의지의 존재는 양립할 수 없습니다. 따라서 그들은 우리 인간에게도 자유의지가 없다고 생각합니다. 이러한 생각이 적절한 것이라면, 우리 인간도 자율주행 자동차와 같은 인공지능 로봇과 마찬가지로 자유의지를 가진 존재가 아니게 되겠죠. 그러나 우리들 대부분은 자유의지에 대해 긍정하고 있을 뿐만 아니라 그러한 긍정적인 입장을 정당화시키기 위해 노력하는 학자들도 많이 있습니다. 자유의지와 관련된 이러한 철학적 논의는 중요한 것이긴 하지만 현재 우리의 논의와는 크게 상관이 없을 듯합니다. 여기서는 자유의지를 언급하면서 인간과 인공지능 로봇의 차이점을 부각시키려는 사람들이 주목하는 것이 무엇인지 파악하는 것으로 충분합니다. 그들이 주목하는 것은 인공지능 로봇의 판단이 인간에 의해 설계된 프로그램에 의해 결정된다는 점입니다. 그렇기 때문에 인공지능 로봇이 도덕적 판단과 같은 것을 할 수 있다고 하더라도 그 판단은 자율적인 것이 아니라는 것입니다.

그러나 인공지능 로봇도 자율적인 판단에 의해 행위하는 존재로 간주되어야 하지 않을까요? 자율주행 자동차를 생각해 봅시다. 일단 완성된 자율주행 자동차는 인간의 선택과 판단에 의존하지 않습니다. 운행 도중에서 인간이 개입하여 이러저러한 판단을 대신해 주지 않는다는 것입니다. 자율주행 자동차는 외부 상황을 스스로 파악하고 그것에 근거하여 계산하고 스스로 행위합니다. 그렇다면, 나름 자율적 판단에 근거해 행위하는 행위자라고 할 수 있지 않을까요? 결국 자율적 판단 능력이 도덕적 책임의 주체이기 위한 충분조건이라면, 자율주행 자동차도 도덕적 책임의 주체일 수 있지 않을까요? 어떤 학자는 이러한 인공지능 로봇의 자율성을 인간에 의해 '위임된 자율성'이라고 부르면서 인공지능 로봇에게도 도덕적 권리를 위임할 수 있다고 주장합니다.[7]

물론 여전히 이러한 주장이 너무 과도하다고 생각하는 사람도 많을 것입니다. 아마도 그 이유는 자율주행 자동차의 판단이 진정한 의미의 자율적 판단은 아니라고 생각하기 때문일 것입니다. 자율주행 자동차가 어떻게 판단하든 그 판단은 인간에 의해 설계된 프로그램에 따른 것일 뿐이라고 생각할 수 있습니다. 만일 이 생각이 옳다면, 자율주행 자동차의 판단을 자율적인 것이라고 하는 것은 무리가 있어 보입니다. 그러나 요즘은 학습 능력을 가진 인공지능에 대한 연구가 이루어지고 있고, 많은 학자들은 그것이 불가능한 것이 아니라는 데 동의하고 있습니다. 만일 인간에 의해 정해진 프로그램에 따라 행위하는 데서 머물지 않고 학습의 과정을 통해 원칙을 세우고 그에 따라 행위하는 인공지능 로봇이 만들어진다면, 진정한 의미의 자율성을 가지는 존재라고 생각할 수 있지 않을까요? 여전히 이 물음에 대해서도 부정적으로 답하는 사람이 많이 있을 듯합니다. 뭔가 중요한 것이 빠져 있다고 생각하기 때문일 것입니다.

앞서 우리는 인공지능 로봇에게 도덕적 권리를 귀속시킬 수 있을지 논의해 보았습니다. 그 논의의 결론은, 인공지능 로봇이 자의식을 가질 수 있다면 그것에게 도덕적 권리를 부여할 수 있다는 것이었습니다. 여기서도 이러한 자의식의 문제가 부각될 듯합니다. 자율주행 자동차와 같은 인공지능 로봇이 학습 능력을 갖춘다고 하더라도 우리와 같은 고차적인 마음을 갖지 못한다면 도덕적 권리나 책임을 가지는 존재일 수 없다는 것입니다. 여기서 고차적인 마음이란 자의식을 말합니다. 자의식이 없는 존재에게 자율성이나 도덕적 책임을 귀속시킬 수는 없어 보입니다. 특정 도덕적 판단이나 행위를 자신의 것으로 파악하는 능력을 가지지 못하는 존재에게 도덕적 책임을 귀속시키는 것은 정말 이상해 보이기 때문입니다. 예를 들어, 철수가 도덕적으로 잘못된 행위를 했는데, 철수가 그 행위를 자신의 행위로 의식하지 못하는 사람이라고 해보죠. 그 경우 철수에게 그 행위에 대한 도덕적 책임을 귀속시키는 것은 무의미해 보입니다. 물론 특정 도덕적 판단이나 행위를 자신의 것으로 의식하기 위해서는 자의식이라는 마음을 가져야 합니다. 결국 많은 사람들은 인공지능 로봇에게 이러한 고차적인 마음인 자의식이 빠져 있기 때문에 도덕적 책임의 주체일 수도 없고 도덕적 권리를 가질 수도 없다고 생각한다고 볼 수 있습니다.

이제 잠시 인공지능 로봇이 자의식을 가질 수 있을지 생각해 보도록 합시다. 로봇이 자의식을 가지기 위해서는 자아 개념을 가지고 그 개념을 자기 자신의 다양한 측면에 적용시킬 수 있어야 합니다. 물론 이러한 일이 가능하기 위해서는 기본적으로 지각 능력이 있어야 합니다. 앞서 논의한 것처럼, 인공지능 로봇에게는 외부 세계에 대한 지각 능력이 있습니다. 그러한 지각 능력은 내적인 과정 즉 도덕적 판단을 비롯한 다양한 계산 과정에 대해서도 성립할 수 있을 것입니다. 문제는 그러한 내적인 과정을 자신의 것으로 파악할 수 있어야 한다는 것입니다. 만일 인공지능 로봇이 자신의 내적인 과정이나 그것으로부터 나온 행위를 자신의 것으로 파악하는 능력을 가지게 된다면, 인공지능 로봇도 자의식을 가진 존재로 간주될 수 있을 것입니다. 과연 인공지능 로봇은 그러한 능력을 가질 수 있을까요?

최근 예일대학교에서 제작한 '니코'라는 로봇이 '거울테스트'를 통과했다고 합니다.[8] 거울에 비친 자신의 모습을 자기 자신으로 알아보는 로봇이 만들어졌다는 것입니다. 거울에 비친 특정 모습을 지각하여 그것을 자기 자신으로 알아보는 것은 자기 개념을 가지고 있지 않으면 불가능한 일입니다. 물론 '거울테스트'에서 니코의 자기 개념은 거울을 통해 지각한 외형적 모습에 적용된 것입니다. 그러나 여기서 중요한 것은 지각된 내용에 자기 개념을 적용시키는 능력을 가지는 인공지능 로봇이 출현했다는 것입니다. 앞으로 이러한 자기 개념의 적용은 자신의 내부적인 판단 등 다양한 계산 과정에 대해서도 이루어질 수 있을 것입니다. 그렇다면, 인공지능 로봇도 자의식을 가진 존재로 간주될 수 있을 것입니다. 물론 아직까지 우리 인간 수준의 자의식을 가지는 인공지능 로봇은 없습니다. 그러나 그것이 불가능한 일은 아닐 뿐만 아니라 점점 현실화되어 가고 있다고 볼 수 있습니다. 결국 자의식을 가진 인공지능 로봇이 만들어지게 될 것입니다. 따라서 우리는 도덕적 권리뿐만 아니라 도덕적 책임까지도 가지는 인공지능 로봇과 살아가게 될 것입니다.

5. 결론

지금까지 우리는 융복합의 산물로 간주되는 인공지능 로봇에 대해 논의했습니다. 우리 인간과 조화를 이루며 살아가는 인공지능 로봇을 만들기 위해서는 다양한 학문 분과들이 협력해야 합니다. 그러한 협력 과정에 철학을 비롯한 인문학의 역할은 그동안 크게 부각되지 않았습니다. 그러나 지금까지의 논의가 적절한 것이라면, 그 다양한 학문 분과들 안에 윤리학이나 철학도 반드시 포함되어야 합니다. 기본적으로 인공지능 로봇을 도덕적으로 설계하는 문제를 해결하기 위해서는 진지한 윤리학적 논의가 필요합니다. 그것은 로봇 3원칙 정도의 단순한 생각을 가지고 접근할 수 없는 문제이기 때문입니다. 게다가 인공지능 로봇을 도덕적으로 설계한다고 해도 여전히 중요한 문제가 남게 됩니다. 즉, 인공지능 로봇의 도덕적 지위에 대해 진지하게 따져 보아야 한다는 것입니다. 인공지능 로봇은 단순한 도구가 아니라 행위자로 간주될 수 있기 때문입니다. 물론 인공지능 로봇이 도덕적으로 설계된 행위자라고 해서 곧바로 그것에게 도덕적 권리나 책임을 귀속시킬 수는 없습니다. 그러한 권리나 책임을 가지는 존재이기 위해서는 스스로의 판단에 의해 행위할 수 있는 자율적인 존재여야 하기 때문입니다. 또한 그 자율성이 진정한 의미의 자율성이기 위해서는 자의식 능력을 가져야 합니다. 우리는 인공지능 로봇이 그러한 능력들을 가질 수 있을지 대략적으로나마 따져 보면서 긍정적인 결론으로 나아갔습니다. 물론 인공지능 로봇이 진정한 의미의 자율성이나 자의식을 가질 수 있다는 생각에 여전히 반대하는 사람도 많을 것입니다. 그러나 지금까지의 논의는 인공지능 로봇과 관련된 융복합의 또 다른 측면을 드러낸 셈입니다. 인공지능 로봇의 자유의지나 자율성, 그리고 자의식과 같은 문제는 로봇 공학자들만의 힘으로는 해결될 수 없는 것이기 때문입니다. 그러한 형이상학적 문제들을 철저하게 따져 묻는 작업은 철학자의 도움 없이는 불가능할 것입니다. 결국, 우리의 삶과 조화를 이루는 인공지능 로봇을 만드는 문제를 해결하기 위한 융복합의 작업 속에서 윤리학이나 철학의 역할은 반드시 필요하다고 결론지을 수 있습니다.

주석

1 한국직업능력개발원에서 발간한 'KRIVET Issue Brief' 제123호 '제4차 산업혁명에 따른 취약계층 및 전공별 영향'(2017) 참조.

2 카렐 차페크 지음, 김희숙 옮김, 『로숨의 유니버설 로봇』, 모비딕(2015) 참조.

3 마쓰오 유타카, 『인공지능과 딥러닝』, 동아엠앤비(2015) 참조.

4 아이작 아시모프가 로봇 3원칙을 처음으로 발표한 곳은 『Astounding Science Fiction』 1942년 3월 호에 실린 「Runaround」라는 단편소설이다. 로봇3원칙에 대해서는 웬델 월러치와 콜린 알렌의 『왜 로봇의 도덕인가』, 메디치(2014) 참조.

5 웬델 월러치, 콜린 알렌 지음, 노태복 옮김, 『왜 로봇의 도덕인가』, 메디치(2014) 참조.

6 시간의 흐름 속에 동일성을 유지하는 '자아'와 같은 것이 정말 있는지는 중요한 철학적 문제 중의 하나이다. 사실 우리 인간이 자의식을 가진다는 사실은 그러한 '자아'와 같은 것이 정말 있다는 것을 보증해 주지 못한다. 우리는 잘못된 의식을 가질 수도 있기 때문이다. 그 점을 잘 보여준 철학자는 데이비드 흄이라고 할 수 있다. 그러나 지금 우리의 논의에서 그 점은 그다지 중요한 문제는 아니라고 할 수 있다. 우리의 논의에서 중요한 것은, 도덕적 권리를 부여하는 데 있어 자의식 소유 여부가 중요한 판단 기준이라는 것이다.

7 고인석, "로봇이 책임과 권한의 주체일 수 있는가", 〈철학논총〉67집(2012) 참조.

8 미치오 카쿠 지음, 박병철 옮김, 『마음의 미래』, 김영사(2015) 참조.

참고문헌 및 더 읽어볼 만한 책

○ 영화

- 스탠리 큐브릭, 《2001년의 우주여행》(1968)
- 조지 루카스, 《스타워즈》(1977)
- 제임스 카메룬, 《터미네이터》(1984)
- 폴 버호벤, 《로보캅》(1987)
- 워쇼스키 형제, 《매트릭스》(1999)
- 칼마이클 베이, 《트랜스포머》(2007)

○ 책

- 고인석, "로봇이 책임과 권한의 주체일 수 있는가", 〈철학논총〉67집(2012)
- 데이비드 흄 지음(1994), 『인간 본성에 관한 논고』, 이준호 옮김, 서광사
- 미치오 카쿠 지음(2015), 『마음의 미래』, 박병철 옮김, 김영사
- 아이작 아시모프 지음(2013), 『파운데이션과 지구』, 김옥수 옮김, 황금가지
- 이웬델 월러치, 콜린 알렌 지음(2014), 『왜 로봇의 도덕인가』, 노태복 옮김, 메디치
- 카렐 차페크 지음(2015), 『로숨의 유니버설 로봇』, 김희숙 옮김, 모비딕
- 차한국직업능력개발원에서 발간한 'KRIVET Issue Brief' 제123호 '제4차 산업혁명에 따른 취약계층 및 전공별 영향'(2017)

신경윤리의 문제

: 내 탓인가? 뇌 탓인가?

:

김효은

1. 판사는 왜 뇌 영상 연구소로 갔을까?

일련의 극단적인 살인사건을 저지른 범인들을 상상해봅시다. 범인들은 자신들이 살인을 할 의도가 없었고 정신이 나간 사이 자신도 모르게 저지르게 된 행위라고 주장합니다. 그런데 뇌 영상 검사를 해보니 전두엽이 손상되었고, 공격성을 좌우하는 부분이 활성화되어 있었다는 것이 밝혀졌습니다. 그렇다면 이 범인은 죄가 있다고 해야 할까요, 아닐까요?

이러한 상황은 가상의 상황이 아니라 이미 우리나라에서도 벌어졌습니다. 2015년 우리나라 법원은 토막살인 사건의 범인이 정상적인 의지를 발휘하여 살인을 저지른 것인지를 결정하기 위해 범인의 뇌를 검사하기로 하였습니다. 물론, 범인이 자신의 의지로 살인을 했는지를 검사하는 도구는 예전부터 있었습니다. 정신과전문의가 심리검사와 관찰 등을 활용해 정신적 문제가 있는지를 보고 범인이 판단능력이 없는 상태라면 이러한 점을 판사가 고려하여 형을 감해주거나 정신과 치료를 병행하는 것입니다. 그런데 정신과에서가 아니라 법원에서 직접 뇌에 대한 검사를 참고하여 양형을 결정하겠다고 의뢰한 것은 국내에서는 처음 있는 일이었습니다.

법원은 "이 범인이 죄가 있는가?"라는 질문, 그리고 "죄가 있다면, 어느 정도 중죄인가? 어느 정도 형을 구형해야 하는가?"라는 질문에 대한 답을 결정하기 위해 기존의 구형 사례나 범인의 행동 그리고 행동에 대한 정신 검사뿐만 아니라 이제 범인의 뇌를 들여다보기 시작했습니다. 이렇게 시대는 뇌 과학의 시대로 접어들었습니다.

뇌를 보고 나의 행위가 '내' 탓인지 아니면 나의 '뇌' 탓인지를 보는 것은 왜 흥미롭게 느껴질까요? 이제 '윤리'의 영역과 '뇌신경과학'의 영역이 만났다는 것을 의미합니다. 이것이 왜 중요할까요? 이전에는 '윤리'라는 영역은 인문학에 속하며 '뇌신경과학'은 자연과학에 속하는 전혀 다른 분야였습니다. '다른 분야'란 다른 주제를 다루어서 나누어지는 것이 아니라 같은 주제를 연구하더라도 '다른 연구방법론'을 사용하기 때문에 구분되는 것입니다. 그런데 한 분야의 문제에 답하기 위해 완전히 다른 분야에서 답을 구하는 것은 범주를 착각하는 오류라고 생각해왔습니다. 왜 그럴까? 어떤 행동이 잘못인지 아닌지를 따져서 규범을 마련하는 것은 '윤리'

의 영역입니다. 반면, '뇌신경과학' 분야는 어떤 행동을 할 때 뇌신경의 어떤 부분이 활성화되는지를 보는 것은 일어나는 현상을 그대로 보여주는 것이지, 검사한 뇌신경의 활성화와 관련된 행동이 잘못인지 아닌지를 평가하는 역할은 하지 않습니다. 그러니까 '뇌신경과학'은 규범을 이야기해주는 분야가 아니라는 뜻입니다. 그런데, 규범적, 윤리적 판단에 속하는 '유죄' '무죄'를 이야기하기 위해서 법원이 중요한 자문 의견을 구한 곳은 윤리학자가 아니라 뇌 영상 연구소였던 것입니다.

이렇게 기존에 윤리적, 철학적 문제들을 뇌신경 과학적 사실을 참고하여 생각해보는 새로운 분야가 탄생했습니다. 바로 '뇌신경과학' 단어와 '윤리'라는 단어를 결합한 '신경윤리학(neuroethics)'이라는 분야입니다. 신경윤리 분야는 자아와 자유의지 문제, 인간을 무엇으로 볼 것인가, 의식이란 것은 뇌에 있는 것인가 등의 문제뿐만 아니라, 자유의지를 전제로 한 기존의 법적 판단이나 사회적 규율에도 의문을 제기하며, 기존의 '가치'와 '사실'의 이분법에도 의심의 눈길을 줍니다.

2. 타인의 마음 문제

다시 흉악범죄를 저지른 범인들 이야기로 돌아가 봅시다. 범인들이 다음과 같이 주장한다고 상상해봅시다. "나는 고의적으로 그런 범죄를 저지른 것이 아니에요. 내가 그렇게 행동했을 때 나는 나도 모르게 그렇게 하게 되었고 그럴 때마다 나는 몽유병에 걸린 환자처럼 뇌가 시키는 대로 그렇게 된 것 뿐이에요!"

이 말은 거짓말일까요, 진실일까요? 실제로는 뇌 검사 결과, 이 범인의 뇌에서 전두엽 부분은 상당히 손상되어 있지만, 그 상태는 의사결정이나 판단을 못할 정도는 아니라는 결과가 나왔습니다. 따라서 우리나라 법원에서는 범인의 형을 줄이거나 고려하지 않는 것으로 판결이 났습니다. 그런데 만약 실제로 뇌의 상태가 의사결정을 제대로 못할 정도라고 결과가 나왔다면 어떨까요? 이 범인의 죄는 '뇌 탓'일까요? 그리고 "만일 뇌 탓이라면 그 사람은 죄가 없는 것일까요?"

이렇게 윤리적 잘잘못을 판단하는 데 있어서 신경과학적 성과가 가지는 함의를 생각해보는 분야가 '신경윤리'입니다.

윤리적 판단을 할 때 이렇게 뇌신경 상태를 살펴보는 경우 무엇을 알아야 할까요? 어떤 특정한 마음 상태가 뇌신경학적으로는 어떤 상태인지를 알아야 할 것입니다. 그런데 만약 이런 연결고리를 안다면 우리는 우리 마음 상태들에 대한 증거들을 가지는 셈입니다.

우리는 때로 거짓말을 하는 경우가 있습니다. 몸에 좋지 않은 군것질을 하지 말라고 하시는 부모님 몰래 군것질을 하고도 안했다고 거짓말을 할 수 있습니다. 이 때 부모님께 들키는 경우도 있지만 일단은 거짓말을 하는 동안 얼굴이 빨개지거나 땀이 나거나 하지 않는 이상 거짓말을 한다는 증거가 없습니다. 거짓말을 해도 증거가 딱 나오지 않는 셈입니다. 그런데 『피노키오』에서는 나무로 만든 인형 피노키오가 거짓말을 하면 코가 길어집니다. 거짓말을 하면 신체에 증거가 나타나는 셈입니다. 그런데, 뇌 신경과학이 계속 발달해서 더 구체적으로 뇌신경의 활동을 볼 수 있는 기계가 나오면 뇌 영상 스캔에서 보이는 뇌의 변화 때문에 이제는 누군가를 속이거나 정직한 척을 할 수 없게 될지도 모릅니다. "거짓말을 하면 기계에 다 나온다"고 경고할 수 있을지 모릅니다. 지금 그런 시대가 벌써 와 있습니다.

2016년 우리나라의 경우와 비교해 볼 만한 사건을 살펴봅시다. 2010년 5월 13일과 14일, 미국 테네시 주 연방법정에서는 뇌 스캔이 법정에서 증거로 사용될 수 있는가의 문제에 대해 중대한 분수령이 될 청문회가 열렸습니다. 청문회가 열리게 된 배경은 다음과 같습니다. 론 셈로(Lorne Semrau) 씨는 자신이 경영하고 있는 회사와 연루된 사기 혐의에서 벗어나기 위해 자신이 고의로 속인 것이 아니라는 증거로 'Cephaos'라는 뇌 영상 서비스 회사에서 스캔한 자료를 포함시켜 달라고 테네시 연방법원 청문회에 제출했습니다. 판사는 뇌 영상 전문가, 법학자, 통계학자의 자문을 참고하여, 뇌 스캔을 법적 증거로 받아들이는 것이 허용 불가하다는 판결을 내렸습니다. 예전에는 영화 속에서나 상상했을 법한 뇌 영상의 법적 증거 공방이 벌어진 것은 어떤 사람이 무슨 생각을 하고 있는지를 아는 기준이 변하고 있음을 보여줍니다.

우리는 타인이 나 자신처럼 어떤 생각을 한다는 것을 어떻게 알까요? 이 문제는 심리철학에서 '타인의 마음의 문제'(other minds' problem)라고 알려진 것입니다. 우리는 보통 나 자신의 마음에 직접 접근할 수 있습니다.

이것이 바로 데카르트의 유명한 어구인 '나는 생각한다, 고로 존재한다'에서 의도한 의미입니다. 나는 나 자신의 마음에 대해서 '명석판명'(clear and distinct)하게 알 수 있으므로, 그렇게 생각하는 주체인 나의 존재를 증명할 수 있다는 것입니다. 이렇게 나는 나 자신의 마음에 대해서 간접적으로가 아니라 직접적으로 일인칭적 관점에서 접근을 하므로 '마음'의 작동을 모를 수 없습니다. 피노키오가 거짓말을 하면 바로 마음 작동의 증거로 코가 길어지듯이 증거가 있다는 이야기입니다. 그런데 이 접근은 타인의 마음에 대해서는 활용할 수가 없습니다. 타인의 마음에 직접적으로 접근할수 없기 때문입니다.

게다가 과연 우리 마음은 우리 자신이 완전히 알 수 있는 것일까요? 우리는 우리 자신의 마음을 투명하게 알 수 있다고 생각하지만, 이 생각은 어쩌면 자만일 수 있습니다. 한 실험에서 눈이 가려진 피험자의 목에 얼음조각을 대고는, 지금 목에 칼이 있다고 이야기해 주었습니다. 이때 이 피험자는 차가움 대신 통증을 느꼈다고 보고했습니다. 사실 우리는 타인의 마음뿐만 아니라 내 마음도 잘 모르는 경우가 있습니다. '한 길 사람 속은 모른다'는 말은 이제 틀린 말일 수 있고, '내 마음 나도 몰라'가 맞는 말일수 있습니다. 뇌 영상 기술이 크게 발전해서 마음을 잘 읽을 수만 있다면 소비자들이 선호할 상품을 알아내어 개발하거나, 상대 국가가 어떤 전략과 전술로 우리나라를 공격하거나 외교협상에서 이득을 취하려 하는지 알아내어 대처할 수 있을 것입니다.

다시 미국 연방법원 청문회로 돌아가 봅시다. 앞서 소개한 미국의 뇌 거짓말 탐지기 청문회에 기소된 피의자는 자신이 거짓말을 하고 있지 않다는 것을 자신의 심리 상태를 찍은 뇌 영상으로 보이려 했습니다. 그런데, 그 뇌 영상에 나타난 뇌 영역이 그가 '참 말'을 하고 있는 것인지를 알려주는지 어떻게 알 수 있을까? 뇌 사진을 보고 '이 뇌 상태에 있는 사람은 어떤 특정 마음 상태에 있다'고 말할 수 있으려면 특정한 '뇌 상태 A'와 그 '마음 상태'가 그저 서로 관련되는 정도를 넘어서서 일대일로 대응되어야 합니다. 일대일 대응이라는 것은 바로 그 뇌 상태가 다른 마음 상태가 아닌 이 상태만 가리키는 것입니다. 그래서 그 뇌 상태가 바로 이 마음 상태가 나오게 된 '원인'이라는 것입니다. 그렇다면 미국 연방법원에 제출된 뇌 영상 자료를 보고 뇌 영상의 당사자인 셈로 씨가 거짓말을 했는지 아닌지 알 수 있을까요? 이를 알기 위해서는 여러 종류의 문제들을 생각해봐야 합니다. 다음에서 차례대로 알아봅시다.

3. '상호관련성'과 '인과성'

우리나라에서는 말을 잘 듣지 않는 아이에게 "너 아기 때 엄마가 다리 밑에서 주워왔다"라고 장난삼아 이야기하곤 합니다. 그런데 영국에서는 "황새가 아기를 데리고 온다"고 한다고 합니다. 이 이야기가 나온 배경을 보면 재미있습니다. 영국에서 산업혁명이 일어날 즈음, 공장이 많이 세워지고 도시가 발전하기 시작했습니다. 그런데 이때 이전에는 그 도시에 없었던 황새들의 수가 많아졌습니다. 그리고 공교롭게도 동시에 출산율도 높아졌습니다. 이때 나온 이야기가 "황새들이 아기를 데리고 온다"는 것입니다. 이 영국 도시에서 황새들이 많아졌을 때 아기들의 출산율도 높아졌기 때문에 나온 이야기입니다. 이 이야기는 '황새 수의 증가'를 '원인'으로, '출산율 증가'를 '결과'로 생각한 것입니다. 그런데 이미 눈치 챘겠지만 '황새 수의 증가'와 '출산율 증가'는 원인-결과 관계가 아닙니다. 그런데 왜 그렇게 생각하게 되었을까요?

'황새 수의 증가'와 '출산율 증가'라는 두 사건 간의 관계를 인과 관계로 생각하게 된 가장 큰 이유는 두 사건이 동시에 발생하거나 시간상 바로 앞뒤에 발생했기 때문일 것입니다. 원인-결과로 인정받는 경우는 두 사건이 모두 시간상 선후에서 발생하는 것이 사실입니다. 그러나 위의 경우에서처럼 황새 수와 출산율은 시간적으로만 앞뒤에서 발생했을 뿐 원인-결과 관계로 발생한 사건들이 아닙니다. 두 사건은 '인과 관계'가 아니라 단지 서로 동시에 일어났다는 아주 약한 관련성만 있을 뿐입니다. 황새와 출산율 사례는 이렇게 '인과성'과 '상호관련성'을 구분하기 위해 다소 엉뚱하고 재미있는 예를 들어 이해를 돕기 위한 것입니다. 이 사례는 사실 다소 거리가 먼 사실들을 억지로 연결한 경우라서 오해하기 쉬운 인과성을 파악하기 쉽지만, 실제 우리 생활에서 발생하는 사례들은 단순히 '상호관련성'이 있는 두 사례들을 '인과성'으로 파악하는 경우가 많습니다.

뇌 영상과 거짓말 혹은 어떤 심리 상태 사이의 관계에 대한 이야기로 다시 돌아가 봅시다. 미국 법원에서 한 사람이 거짓말을 했는지를 알기 위해 뇌 영상을 참고한다는 것은 '거짓말'이라는 심리 상태와 관련된다는 '뇌 상태'가 그러한 심리 상태를 만들어낸다고 가정하는 것입니다. 즉, 그러한 뇌 상태와 '거짓말'이라는 심리 상태를 원인-결과 관계이거나 혹은 동일하다고 생각하는 것입니다. 우리가 만약 어떤 사람의 심리 상태를 알기 위해 뇌 영상을 사용한다면 뇌의 상태와 그 심리 상태는 원인-결과 혹은 동일한 상태여야 합니다. 그렇다면, 법원 등에서 뇌 영상을 증거 자료로 사용하기 위해서는 뇌신경의 특정 부위와 특정 심리 상태 간의 관계를 다 알고 있어야 할 것입니다. 과연 그럴까요?

뇌 상태와 심리 상태를 연결 짓는 작업은 인지신경과학(cognitive neuroscience)이라는 분야에서 합니다. 그런데 인지신경과학 분야는 이제 막 발전 초기 단계에 있습니다. 이제 조금씩 뇌의 어느 부분과 어느 부분이 특정 심리 상태와 '관련이 있는지'를 탐구하고 있는 단계입니다. 다 밝혀진다고 해도, '관련성'을 알게 되는 것입니다. 최소한 현재까지는 어떤 심리 상태에 있을 때 뇌의 특정 부위가 활발하게 활동한다는 것은 그 뇌 영역이 그 심리 상태와 가지는 '상호관련성'(correlation)만을 밝혀줄 뿐입니다. 그 뇌 영역의 활발한 활동이 그 마음 상태를 만들어낸다(cause)는 '인과성'을 밝혀주지는 못합니다. '상호관련성'이란 무엇인가요? 두 가지 상태, 예를 들어 사건 갑과 사건 을이 동시에 발생하는 상황을 말합니다. 이 때 두 사건들에서 갑은 을의 원인일 수도 있고, 을은 갑의 원인일 수도 있습니다. 또, 제3의 원인이 갑과 을 모두를 발생시킬 수도 있고, 진짜 원인은 저 멀리 숨어서 금방 드러나지 않을 수도 있습니다.

어떤 심리 상태에 있을 때 특정 뇌 영역이 활동한다는 것은 그 심리 상태와 그 때 활동하는 뇌 영역이 뇌 영상 검사를 할 당시 '동시에' 발생했다는 것은 알려줍니다. 즉, '상호연관성'을 확실히 알려줍니다. 그러나 어느 한 쪽이 다른 한 쪽의 원인이라든가, 아니면 동일한 원인이 있는지의 여부는 뇌 영상 검사를 하는 것만으로는 알기 어렵습니다. 그러면 상호관련성을 열심히 탐색하다 보면 인과성이 결국 밝혀지지 않을까 하고 물을 수 있습니다. 아쉽게도 뇌 영상 자료가 보여주는 상호관련성은 나중에 우연하게 다른 도구의 발전으로 원인-결과의 관계로 밝혀질 수는 있겠지만, 그렇게 밝혀질 실마리가 되는 관계조차 보장할 수 없는 아주 약한 관계입니다.

설령 마음과 뇌 사이의 관계의 인과성이 언젠가 발견된다고 가정해도 상황은 그리 낙관적이지 않습니다. 뇌 안의 신경 그물망의 인과 관계는 일차원적으로 쭉쭉 이어지는 것이 아니라 다양한 원인과 다수의 결과들과 그물망처럼 연관되어 있습니다. 따라서 특정 심리 상태에 대한 신경상관자(neural correlates of consciousness)로서 보이는 신경발화가 바로 그 마음 상태에 대응하는 것인지, 아니면 그와 관련된 다른 인지 기능 때문에 그에 따라 부수적으로 나타난 반응인지, 그리고 그것이 바로 가까이 있는 원인(근인; 近因, proximal cause)인지, 가까이 있지는 않지만 한참 걸려 찾아낼 수 있는 궁극적 원인(ultimate cause)에 의한 것인지도 알아야 합니다. 그런데 이것은 과학자들도 아직 탐구 중인 미완성의 과제입니다.

신경과학의 놀라운 발전에도 불구하고 한 심리적 상태를 만들어내는 뇌 영역을 아는 것이 왜 그렇게 어려울까? 어떤 한 심리 상태에 해당하는 신경상관물(neural correlates)을 찾는 것이 쉽지 않은 것은 신경상관물이 뇌의 어느 하나 혹은 두세 부위에 있지 않고 신경의 전체 메커니즘과 다 긴밀히 연관되어 있는 총체적(global) 특성을 지니기 때문입니다. 게다가 우리의 심리 상태라는 것은 0.5초에 잠깐 일어나고 마는 순간적인 것이 아니라 이런저런 다른 심리 상태나 외부 환경에 의해 발생하는 하나의 과정입니다. 그래서 우리의 심리 상태와 관련된 뇌신경 부위는 뇌신경 그물망의 이곳저곳에 퍼져 있다고 할 수 있습니다.

그래서 만약 우리가 도덕적 규율을 어기는 장면을 볼 때 찍은 뇌 영상 자료가 감정을 담당하는 뇌 영역의 활동을 보여주는 경우, 이 뇌 영상은 "도덕적으로 허용되지 않는 상황을 지각할 때 감정적 반응이 일어난다"는 상식적으로 우리가 이해하는 심리학적(folk psychological) 사실을 재확인하는 정도에 불과합니다. 물론 그 정도 사실을 확인하는 것만으로도 커다란 과학적 성과임에는 틀림없습니다. 그러나 이것을 넘어서서 "도덕적으로 허용불가능하다는 심리 상태는 감정이 전적으로 지배한다"라고 말하는 것은 논리적 비약입니다.

4. 뇌 영상을 거짓말 탐지기로 사용할 수 있을까?

다시 미국 테네시 주 법정에서 열렸던 '뇌 영상 거짓말 탐지기' 청문회로 돌아가 봅시다. 이 청문회에서는 결국 뇌 영상을 참고자료로는 활용하되, 증거로 채택할 수는 없다는 결론이 내려졌습니다. 이 청문회에서 워싱턴 대학교 뇌신경영상학의 권위자 레이클(Marcus Raichle) 교수는 참고인으로 출석했습니다. 레이클 교수는 뇌 거짓말 탐지기가 사용하는 뇌 영상 자료에서 '거짓말을 하지 않았다'는 상태와 관련된다는 '뇌 영역의 신경활동 증가가 없음'이 강력한 증거로 채택될 수 없는 두 가지 이유를 제시합니다.

첫 번째 이유는 동일한 뇌 영역은 남을 속이는 심리활동 외에 다른 심리 기능을 할 때에도 활동하기 때문에 일대일 대응관계가 있다고 보기 어렵다는 것입니다. 즉 그 뇌신경 부위가 '거짓말'이라는 심리 상태와만 관련성이 있다고 해야지, 예컨대 '공포심'과도 관련이 된다면 '거짓말'에 대한 뇌신경 영역이라고 하기 어렵습니다. 그래서 그 뇌신경 영역이 반응하지 않았다고 할지라도 그것이 '거짓말을 하지 않았다'라는 증거라고 보기 어렵습니다.

뇌 영상이 증거로 채택되기 어려운 두 번째 이유는 뇌 기능과 심리 상태에 있어서 개인 차이에 관한 것입니다. 뇌 영상 자료를 제공한 회사(Cephaos)에서 거짓말쟁이 뇌의 표본을 만들 연구를 위해 모집된 피험자들은 보통 18세에서 50세 사이라는 점이 지적되었습니다. 이에 비해 피의자인 셈로 씨의 연령은 60대였으므로 뇌 표본에 사용된 뇌들과는 뇌의 성숙도가 다릅니다. 즉, 기존의 거짓말쟁이 뇌 표본과 셈로 씨의 뇌를 비교하기 어렵습니다.

또, 우리의 뇌는 대략은 비슷하지만, 어떤 사람은 뇌의 절반이 없어도 정상인처럼 모든 심리기능을 다 할 정도로 뇌 기능의 분포에서 개인 차이가 있습니다. 뇌 영상이 마음 상태를 잘 보여준다고 주장하거나 대중매체에서 인용할 때 주로 많이 인용되는 뇌 부위는 편도체와 전측대상피질(anterior cingulate cortex)입니다. 전측대상피질은 주의 통제나 감정 조절과 같은 수십 가지 이상의 정서적 기능뿐만 아니라 인지 기능과도 연관되어 있습니다. 그런데 기사에서는 주로 한 가지 기능만 연관 지어서 그 심리 상태와 관련된 뇌 부위가 발견되었다는 흥미로운 내용을 대중들에게 내보냅니다.

그러나 뇌 영상을 도구로 사용해서 우리의 심리 상태나 행동에 관한 어떤 결론을 이끌어내는 것은 뇌 안의 신경망 안에서만도 복잡하고 많은 변수들이 존재할 뿐만 아니라 개인 차이를 반영하기 어렵기 때문에 뇌의 상태와 심리 상태를 일대일로 연결짓는 것은 아직 시기상조일 뿐만 아니라 고려해야 할 사항이 아주 많습니다. 더 고려해야 할 사항을 다음에서 알아봅시다.

5. 거짓 양성과 거짓 음성

거짓말 탐지기를 제대로 활용하면, 억울하게 누명을 쓴 사람들을 구해내고, 진짜 사기꾼들이 거리를 활보하는 것을 방지할 수 있을 것입니다. 뇌 영상 검사가 기존의 거짓말 탐지기보다 더 정확하게 거짓말을 하는 사람을 잡아낼 수 있을까요? 뇌 영상 검사가 거짓말하는 사람을 정확히 파악해내려면 위에서 살펴본 '뇌신경 대 심리 상태의 일대일 대응' 외에 또 어떤 조건들이 필요할까요?

먼저, 오랫동안 사용되어 왔지만 정확도가 높지 않아 문제가 되면서도 어쩔 수 없이 차선책으로 사용했던 거짓말 탐지기인 폴리그래프(polygraph)에서 교훈을 얻을 수 있습니다. 폴리그래프가 측정하는 심박 수나 맥박은 거짓말을 했을 때 정서적 변화에 따라 변합니다. 그런데, 냉혈한의 경우 커다란 범죄를 저지르고 거짓말을 해도 아무런 정서적 변화가 없을 수 있습니다. 그래서 거짓말 탐지기로 검사를 해도 정상이라는 결과가 나올 수 있습니다. 이렇게 거짓말 하는 사람을 정직한 사람으로 잘못 분류하는 경우를 '거짓 음성(false negative)' 혹은 '2종 오류'라고 합니다.

반대로, 소심한 사람들은 아무 죄를 저지르지 않고서도 폴리그래프라는 기계가 옆에 있다는 것만으로도 심장 박동 수가 높아지거나 땀을 흘릴 수 있습니다. 정직한 사람이 거짓말 탐지기 검사에서 거짓말을 한다는 결과가 나올 수 있습니다. 이렇게 정직한 사람을 거짓말쟁이로 잘못 분류하는 경우를 '거짓 양성(false positives)' 혹은 '1종 오류'라고 합니다.

뇌 영상 거짓말 탐지기가 진정한 거짓말 탐지기가 되려면 두 경우들을 배제할 수 있어야 합니다. 그런데, 이 조건을 따지기 전에 생각해보아야 할 더 근본적인 것이 있습니다. 거짓말 탐지기에 사용되는 거짓말의 패턴 모형은 애초에 어떤 사람들로부터 추출된 것일까요? 뇌 영상 거짓말 탐지기에 내장된 모델은 '실제' 거짓말쟁이를 데려다가 만들어진 뇌 활성 패턴이어야만 실제 사기꾼들을 잡아내는 데 잘 적용될 수 있을 것입니다. '그냥 한번 해보는 거짓말'과 '어떤 목적을 가지고 미리 계획하여 적극적 의도를 가지고 하는 거짓말'은 심리 상태의 내용이 다르기 때문입니다. 과연 거짓말 탐지기가 측정 기준으로 삼고 있는 '거짓말하는 뇌의 활성화 패턴'이 실제 거짓말쟁이들의 뇌 활성화 패턴일까요?

그렇지 않을 수 있습니다. 왜 그럴까요? 거짓말 탐지 서비스를 제공하는 뇌 영상 검사 회사에서 사용하는 뇌 영상 거짓말 탐지기가 가지고 있는 모델은 실험에 참여할 사람들을 모집하고 거짓말을 하게 해서 만들어낸 뇌 활성화 패턴입니다. 피험자 집단은 실험자가 '거짓말을 하라'고 지시할 경우 거짓말을 합니다. 그리고 이때 뇌에 생기는 활성화 패턴을 뇌 영상으로 찍어 패턴을 파악합니다. 그런데, 이 피험자들은 자신이 자발적으로 다른 사람을 속일 필요성 때문에 거짓말을 하는 것이 아닙니다. 즉 거짓말을 하는 동기와 환경, 자발성 등이 다릅니다. 가상적인 거짓말의 상황에 참여하는 피험자들은 "이 거짓말을 하면 이 사람은 이렇게 반응을 하고, 저 사람은 이런 행동을 취할 텐데…… 음, 그러니까 이 거짓말을 이렇게 수정해서 속여야겠군" 하는 식으로 열심히 스토리를 만들어낼 필요가 없습니다. 그런 스토리를 자발적으로 만들어내야 하는 사람들은 실제 거짓말쟁이, 즉 사기꾼입니다. 이와 달리, 거짓말을 하라고 지시할 때 거짓말을 하는 피험자들은 '미리 계획을 세워 여러모로 의도된 거짓말'을 하는 것이 아니라 '거짓말을 하라고 하니까 그냥 한번 해보는 거짓말'을 하게 됩니다. 또, 자발적으로 속일 때의 뇌 활성화 패턴과 피험자들이 비자발적으로 거짓말을 할 때의 뇌 활성화 패턴은 많이 다릅니다.

그러면, 사기범으로 투옥된 사람들을 모아서 뇌 영상 패턴을 만들면 되지 않을까요? 그런데, 문제는 여전히 해결되지 않습니다. 이 사람들이 피험자의 경우가 되면, 실제 '생생한 현장'에서 거짓말을 할 때와는 달리, 다시 자발적이고 살아있는 현장이 아닌 '실험실 환경'이 됩니다. 그러면 일반 사람들이 피험자가 되어 지시 사항에 따라 한번 거짓말을 해보는 경우와 유사한 경우가 되지, 실제 거짓말을 하는 상황이 만들어지기는 어렵습니다. '생생한 거짓말쟁이'의 뇌 활성 패턴을 얻기는 실제로는 어렵다는 뜻입니다. 그렇다면 뇌 영상 패턴을 찍을 때의 피실험자가 일반인이냐 진짜 사기범이냐가 문제가 아니라 뇌 영상을 찍을 때의 환경 자체가 실제의 맥락이 잘 반영되지 않는 것이 문제가 됩니다. 따라서 사기꾼을 백 퍼센트 골라낼 뇌 영상 패턴 모델을 정확히 만드는 것은 근본적으로 쉽지 않은 일입니다. 그렇다면 어떤 사람이 거짓말을 하는지 아닌지를 알기 위해 그 사람의 뇌 영상을 검사한다 할 때 어느 정도의 오류는 당연히 생길 수밖에 없습니다.

뇌 영상 자료는 첨단 과학 기술의 산물이므로 당연히 '객관적'이고 '과학적'일 것이라고 생각합니다. 그러나 과학기술은 한계가 있는 도구와 방법론을 가지고 또한 한계가 있는 인간이 하는 작업이기 때문에 오류나 한계로부터 결코 자유롭지 않습니다.

6. 도대체, 나의 행동은 내 탓인가, 뇌탓인가?

뇌 영상 기술 자체가 가지는 한계점, 그리고 뇌 영상 결과물에 대한 해석의 복잡함은 과학 기술 도구 자체의 한계뿐만 아니라 우리 마음 자체가 매우 복잡하기 때문입니다. 만약 뇌 영상 기술이 더 발전하고 우리의 심리 상태가 뇌의 어떤 영역과 연관되는지를 충분히 알게 되었다고 가정해봅시다. 그러면, 기계가 우리 마음을 읽게 될 가능성도 배제할 수 없습니다. 그런데, 뇌 영상 도구로 파악하려는 대상인 우리 인간과 그 마음은 그보다 몇 백배는 더 복잡하기 때문에 아무리 뇌 영상 기술이 발전한다 해도 마음을 잘 읽을 수 있는지는 미지수입니다.

사이코패스의 뇌를 이십여 년간 연구해 온 캘리포니아 어바인대학 신경과학자 제임스 팰론(James Fallon) 교수의 이야기를 들어봅시다. 팰론 교수는 50대입니다. 그는 최근에야 자신의 증조부가 친모를 살인한 죄로 사형을 당했다는 충격적 사실을 어머니로부터 알게 되었습니다. 게다가 증조부와 같은 시대에 살던 친척들 예닐곱 명 모두가 흉악한 살인을 저질렀다는 것도 알게 되었습니다. 팰론 자신은 그들의 후손이므로 유전적으로 뇌의 구성상 살인을 저지른 사람들과 닮은 점이 있을 것이라고 생각하게 되었습니다. 그렇다면 팰론의 뇌가 자신이 연구한 사이코패스의 뇌와 유사한 혈류의 움직임을 보일 수 있지 않을까요?

팰론은 이를 알아보기 위해 자신의 뇌를 PET 뇌 영상으로 찍어보았습니다. 놀라운 것은 팰론 자신의 뇌가 그동안 연구했던 사이코패스 살인자들의 뇌와 구성에서 매우 흡사했다는 점입니다! 사이코패스를 연구하는 팰론은 자신의 뇌가 사이코패스의 것과 동일함에도 불구하고 50여 년간 살아오면서 어떤 범죄도 저지르지 않았다는 사실을 스스로 흥미롭게 생각했습니다. 사이코패스의 뇌와 유사한 뇌 구조를 가졌으므로 팰론도 흉악한 범죄를 저지를 확률이 보통 사람보다 높을 텐데 말입니다. 어떻게 된 것일까요? 지금까지는 아무런 일이 없었지만 언젠가는 범죄를 저지르게 될까요?

팰론이 연구한 대상들은 범죄자들의 일부일 뿐입니다. 어떤 범죄자들의 경우 전전두피질이 아닌 측두엽(temporal lobe)과 편도체(amygdala)가 손상되어 있는 경우도 있고 아무런 손상이 없는 경우도 있습니다. 또, 보통 주목하기 쉬운 범죄자들의 뇌에만 관심을 기울여 자료가 편향되게 수집되는 경우가 있어서 그렇지, 실제로는 일반 피험자들도 전전두엽이 손상되어 있는 경우가 있습니다. 즉, 뇌의 특정 영역과 범죄를 저지르는 마음 혹은 행동이 어떤 인과 관계를 가지고 있지 않고, 아주 약한 상관관계만 가지고 있다는 것입니다.

뇌의 영역과 심리 상태가 아주 약한 상관관계만 가지고 있다는 것은 남을 속여 이득을 챙기는 사기꾼의 마음이나 살인자의 마음을 만들어내는 것이 뇌 이외의 다른 요소들에 영향을 받는다는 것을 암시합니다. 팰론은 자신의 뇌가 흉악한 범죄를 저지른 사이코패스의 뇌와 많이 흡사함에도 불구하고 자신은 어떻게 범죄 행위를 저지르지 않았을까를 골똘히 생각한 후, 결국 어린 시절부터 지금까지 우호적이고 화목한 가정환경에서 자라왔다는 점이 자신의 사이코패스적인 뇌를 아무것도 아닌 것으로 만든 축복이라 결론짓습니다. 우리의 심리 상태는 타고난 유전적, 신체적 환경으로부터 출발하지만, 양육환경이나 사회문화적 상황에 의해서도 크게 좌지우지된다는 것입니다. 이것은 '본성(nature)이냐, 양육(nurture)이냐'라는 오래된 논쟁에서 환경의 편을 드는 것도 본성의 편을 드는 것도 아닙니다. 팰론이 연구 대상으로 삼은 사이코패스로부터 얻어낸 뇌 영상의 사진들은 말 그대로 뇌신경들이 어떻게 활동하는지를 보여주는 '물리적 자료'입니다. 그런데, 이를 넘어서서 손상을 입은 부분으로 환자의 심리 상태를 예측하거나 범죄자로 판결을 내리거나 미래의 범죄자를 감시하는 데 사용하는 '법적 증거'로 해석하는 것은 논리적으로 거쳐야 할 단계들을 한꺼번에 껑충 뛰어넘어 추측하는 논리적 비약의 오류를 범하는 것이 됩니다. 그 몇 단계들은 실제로 세어보면 수십 단계가 될 수도 있습니다. 앞서 보았던 마음과 뇌 사이의 복잡한 연결관계, 뇌 영상 검사 결과가 나오기까지의 복잡한 기술적 문제들, 뇌 영상 실험 결과를 피험자들 외의 사람에게 적용할 때 생기는 개인 차이, 당사자가 어떤 물리적, 사회문화적 환경에서 자라났는지 등, 이 중 하나의 단계만을 제대로 분석하는 것만으로도 복잡다양하고도 많은 양과 고도의 질적 작업을 요구합니다.

그렇다고 하더라도 언젠가는 이 모든 것들이 다 명료하게 밝혀졌다고 가정해봅시다. 그렇다면 뇌 거짓말 탐지기를 제대로 사용해서 억울한 사람들을 풀어주고, 죄가 있는데도 벌 받지 않는 죄인들을 올바로 처벌할 수 있는 과학적 토대가 마련되었다고 할 수 있을 것입니다. 그런데, '과학적 토대가 마련되었다는 것'과 '어떤 과학적 자료가 법적 증거가 된다'는 것은 다른 차원의 문제입니다. 어떻게 다를까요? 신경윤리학자인 그릴리 (Henry Greely) 박사는 법의 관심은 신경과학의 관심과 다르다고 합니다. 법은 피의자가 어떤 행위를 할 의도를 가졌었는지에 관심이 있습니다. 물론 피의자가 제정신인지 아닌지도 관심을 가질 수 있습니다. 하지만 피의자의 뇌가 손상을 입었는지 아닌지의 여부는 법의 관심사가 아닙니다.

이런 생각은 일견 앞뒤가 맞지 않는 것처럼 보일 수도 있습니다. 피의자가 제정신이 아니라면, 즉 정신적 문제가 있다면, 그 뇌가 손상을 입었는지 살펴보는 것은 자연스럽지 않을까요? '뇌' 와 '마음'이 정확히 동일한지 아닌지는 철학자든 신경과학자든 아직 완전하게 밝혀내지 못했지만, 그래도 꽤 밀접한 관계가 있다는 것은 누구나 추측할 수 있고, 그것 때문에 범죄자의 행위가 발생했다고 말할 수 있지 않을까요? 측두엽 간질과 같은 심한 정도의 정신분열 상태가 범죄 행위를 하게 만든다는 것은 사실이며, 법률에서도 중요한 참고 사항으로 간주합니다. 하지만, 행위에 대한 책임은 뇌와 그 외 환경과 같은 요인이 구성하는 '인간'에게 있는 것이지, 그런 요인 중 하나인 뇌신경이 영향을 미친다고 해서 행동을 '뇌 탓'이라고 할 수는 없습니다.

어떤 사람이 중범죄를 저지르고도 고의가 아니라 측두엽 간질 때문에 의식이나 자유의지 없이 범행을 저질렀다고 해서 처벌받지 않는다면 그것은 결코 정의롭고 안전한 사회라고 할 수 없을 것입니다. 따라서 뇌 영상의 권위자인 레이클이 아무리 훌륭한 뇌 영상 증거를 제시한다고 해도 이는 의학적이고 과학적인 자료일 뿐 범죄 행위에 피의자가 책임이 있다는 증거와는 다른 종류의 증거로 고려해야 합니다. 즉 '뇌신경과학적 증거'와 '법적 증거' 그리고 '윤리적 증거'는 다릅니다. 따라서 '신경윤리'는 뇌신경과학의 증거에 비추어 윤리적인 판단이나 법적 판단을 내리는 것이 아닙니다. 신경윤리라는 융합적 분야에서 새로운 시대에 우리에게 보여주는 것은 그러한 여러 종류의 증거들을 잘 구분할 수 있도록 인간 마음의 복잡다단한 그물망을 하나하나 잘 고려하라는 지혜입니다.

참고문헌 및 더 읽어볼 만한 책

• 가자니가 (2015), 『뇌는 윤리적인가?』, 김효은 역, 바다출판사
• 제임스 팰런 (2015), 『괴물의 심연』, 김미선 역, 더퀘스트
• 신경인문학연구회 (2012), 『뇌 과학, 경계를 넘다』, 바다출판사

아름다움을 보는 새로운 눈, 진화

⋮

한기호

1. 가장 아름다운 외모를 가진 사람은 누구인가?

젊은이들이 많이 다니는 홍대앞 거리에서 젊은 남녀 50여 명을 대상으로 설문을 진행한 적이 있습니다. 비록 과학적으로 정교하게 설계되고 진행된 설문은 아니었지만 흥미로운 결과를 얻을 수 있었습니다. 설문 방식은 이랬습니다. 커다란 도화지 판에 붙인 유명 남자 배우 4명의 사진을 응답자에게 보여주고 물었습니다. "이 중에서 가장 아름다운 외모를 가진 사람은 누구인가요?" 선택지로 제시된 남자 연예인은 원빈, 이민호, 김우빈, 그리고 또 다른 남자 배우 한 명이었습니다. 다음의 그림1〉은 그 설문의 응답 결과입니다.

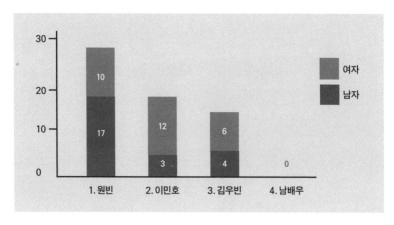

그림 1〉 남자 배우 외모 평가 결과

원빈이 큰 차이로 앞섰으며 이민호가 그 뒤를 따르고 있지만 여자의 대답만 놓고 보자면 원빈보다 많은 표를 얻었습니다. 그리고 김우빈이 그 뒤를 잇고 있습니다. 여러분은 네 번째 배우가 누군지 궁금할 것 같습니다. 도대체 누구기에 한 표도 얻지 못했냐고요? 아마 이쯤 되면 여러분 머릿속에서 떠오른 배우가 하나 있을 겁니다. 네! 맞습니다. 바로 그 사람입니다. 얼추 짐작하겠지만 네 번째 배우의 실명을 밝히지 못하는 건 그분께 실례가 될 것 같기 때문입니다. 그래프에서 확연히 드러나듯이 그 네 번째 배우는 단 한 표도 얻지 못했습니다. 그리고 그것은 애초에 이 설문의 의도이기도 했습니다. 아무리 생각해도 그 배우는 한 표도 못 얻을 것 같다고 짐작된 분을 네 번째 배우로 삼은 거였죠. 이런 불순한 의도를 가지고 진행된 설문이다 보니 더더욱 그분의 실명을 밝히기가 힘들어지네요.

여러분도 한번 대답해 보세요. 앞의 세 배우와 여러분 머릿속에 있는 그 네 번째 배우 중에서 누가 가장 아름답다고 생각하나요? 여기서 잠시 주의를 기울여 구분해야 할 개념이 있습니다. '아름다운 외모를 가진 배우'와 '좋아하는 배우'는 분명 다른 뜻이니 그 양자를 혼동해서는 안 될 것입니다. 내가 개인적으로 누군가를 좋아한다고 해서 그 사람이 자동적으로 가장 아름다운 외모를 가진 게 되는 것은 아니겠죠. 하지만 우리는 종종 미추(美醜) 판단에 있어서 개인적인 호불호(好不好)의 영향을 받곤 합니다. 그렇게 예쁘게 보이던 친한 친구의 얼굴이 어느 날 대판 싸우고 앙숙이 된 후 밉상으로 보이는 경험을 다들 해봤을 것입니다. 여기선 그런 실수를 해서는 안 됩니다. 자신이 좋아하는 배우가 따로 있더라도 순전히 외모만 가지고 평가해야 합니다.

설문 결과를 참고하자면 여러분이 남자라면 아마 원빈을 골랐을 가능성이 가장 높을 테고, 여러분이 여자라면 이민호와 원빈 중에서 고민했을 것 같습니다. 그리고 네 번째 배우는 분명 안 찍었겠죠? 여러분 머릿속에서 이미 못생긴 배우의 후보로 떠오른 바로 그 배우니까요.

우리가 이 설문에서 주목해야 할 부분은 대답의 분포를 어떻게 해석해야 하냐는 것입니다. 이 설문은 "아름다움은 사물이 가진 객관적인 성질이다"라는 주장을 지지해주는 증거로 보아야 할까요? 아니면 "아름다움은 감상자가 느끼는 주관적인 느낌이다"라는 주장을 지지해주는 증거로 보아야 할까요? 여러분의 생각은 무엇인가요?

뒤의 주장, 즉 주관주의를 주장하는 사람들은 아마 이렇게 말할 것 같습니다.

"아름다움은 사물이 갖는 객관적인 성질이 아니라 그 사물을 대하는 사람들이 가지는 주관적인 느낌일 뿐이다. 같은 영화를 보고 한 명은 별점 다섯 개를 주고, 다른 한 명은 별점 하나도 아까워 반으로 쪼개어 주는 것과 같다. 그런데 그들에게 영화의 스토리를 물으면 뭐 하나 다른 것 없이 같은 이야기를 할 것이다. 당연히 그들은 같은 영화를 봤으니까. 하지만 그들에게 느낌을 물으면 분명 다른 대답을 할 것이다. 그 느낌은 영화가 아닌 각자의 속에 있는 것이기 때문이다. 아름다움이라는 것이 감상자의 상태나 조건에 관계없이 객관적인 사물이 가진 객관적인 성질이라면 모두 아름다움에 대해 같은 판단을 해야 할 것이다. 그러한 아름다움은 마치 사물의 크기나 모양, 무게와 비슷해서 정확한 값이 있는 것이다. 이 설문에서 사람들이 각기 다른 대답을 하는 건 아름다움이란 결국 사람이 느끼는 느낌임을 보여주는 것이다."

그런데 앞의 주장, 즉 객관주의를 주장하는 사람들은 이런 주관주의자들의 말을 그대로 받아들이지는 않겠죠. 아마 객관주의자들은 이렇게 응수할 것입니다.

"우리는 성질이 비슷한 사물들을 보고 어느 게 더 크고 어느 게 더 무거운지 잘못 판단하는 경우가 종종 있다. 심지어 다양한 착시현상의 사례들은 그러한 착각이 우리의 본능에 가깝다고 말해주기도 한다. 사물의 크기나 모양, 무게 같은 물리적 성질들은 분명 객관적인 성질이지만 종종 잘못 인지되곤 한다. 우리의 실수로부터 그러한 성질이 주관적인 것이라는 결론으로 나아가서는 안 된다. 오히려 우리는 이 설문에서 한 표도 얻지 못한 네 번째 배우에 주목해야 한다. 왜 그는 한 표도 얻지 못했을까? 이것은 마치 집합의 여집합과 같은 것이다. 짝수 집합의 여집합이 홀수 집합이듯이 네 번째 배우는 '아름다움'이 아닌 '아름답지 않음'을 보여주고 있는 것이다. 나머지 세 명에게서 아름다움의 사소한 차이가 있을지 몰라도 네 번째 배우에겐 아름다움의 객관적인 비존재를 분명 알 수 있다. 그래서 이 설문은 아름다움이란 객관적으로 존재하는 사물의 성질임을 보여주는 것이다."

하나의 설문 결과에 대한 이렇듯 상반된 주장 중에서 여러분은 어떤 입장이 더 설득력 있게 들리나요? 주관주의와 객관주의는 각각 자신의 입장을 옹호하는 다양한 전략과 논변을 가지고 있습니다. 하지만 두 입장의 논쟁은 쉽게 해결될 것처럼 보이지 않습니다. 무려 2,000년 동안 이어진 싸움판에 새로운 한 무리가 등장합니다. 아주 특이하게도 그들은 생물학, 그것도 진화생물학을 연구하는 과학자들입니다. 지금까지 철학이나 미학 같은 정통 인문학의 오랜 주제였던 아름다움이 자연과학의 손에 들어간 것입니다. 과연 그들은 이 문제에 어떤 대답을 할까요? 또한 그들의 대답은 얼마나 그럴듯할까요?

2. 아름다움에 관한 인문학적 논의

현대 예술작품에는 해당되지 않을지 몰라도, 본래 예술은 아름다움을 표현하는 활동이었으며 아름다움은 예술작품의 궁극의 결과물이었습니다. 서양의 지성사를 보면 아름다움은 자연의 존재 원리이며, 존재하는 모든 것들이 갖춰야 할 기본적 조건이었습니다. 그리고 그것을 사물의 비례와 균형, 조화에서 찾았죠. 이러한 생각을 처음으로 주장한 철학자는 피타고라스였습니다. 그리고 이러한 생각은 플라톤과 아우구스티누스(Aurelius Augustinus, 354 ~ 430)로 이어지며 서양 철학의 중심에 자리 잡게 됩니다.

하지만 이러한 객관주의에 대비되는 아름다움에 대한 주관주의적 견해도 철학의 큰 흐름을 이루어 왔습니다. 주관주의에 따르면 윤리적 성질과 마찬가지로 아름다움은 사물이 가지는 특징이 아니라 사물을 바라보는 인간에게서 유래하는 특징으로 이해됩니다. 데이비드 흄(David Hume, 1711~1776)을 비롯한 다양한 인문학자들이 주관주의의 편을 들어주기는 하지만, 무엇보다 주관주의적 견해는 아름다움을 바라보는 일반 대중의 지배적인 견해이기도 합니다. 사람마다 아름다움을 느끼는 게 다르고, 각기 다른 시대와 각기 다른 사회에서 미적인 기준이 다른 것은 이러한 주관주의를 지지해주는 것처럼 보이기 때문일 것입니다.

우리가 아름다움은 객관적이라 말할 때, 아름다움은 사물이 가지는 특정한 성질이라고 이해하게 됩니다. 그것이 객관적인 이유는 우리의 주관적인 느낌이나 판단, 선호와 상관없이 그 사물에 의해서 아름다움이 결정되기 때문입니다. 단적으로 아름다움은 인간과 상관없는 것이며, 어떤 사물을 보고 모든 사람이 아름답지 않다고 말해도 그 사물은 아름다울 수 있으며, 심지어 인간이 우주에서 사라진다 해도 그 사물의 아름다움에는 아무런 변화도 없을 것입니다. 아름다움은 인간과 상관없는 사물이 지닌 성질이기 때문입니다.

하지만 우리가 아름다움을 주관적인 것으로 간주한다면 사람은 아주 중요한 역할을 하게 됩니다. 사람들의 생물학적 성질은 대동소이하여 큰 차이가 없을지 몰라도 정신세계는 사정이 다릅니다. 사람들은 상이한 가치 체계에 대해 상반된 평가를 내리기도 하고, 인간 본성의 다양한 모습들에 대해 상반된 평가를 내리기도 합니다. 어느 공동체에서는 자본주의가 바람직한 이념으로 선택되는 반면, 다른 공동체에서는 사회주의가 바람직한 이념으로 선택되기도 합니다. 또 어느 공동체에서는 인간의 개인성을 중요한 덕목으로 보는 반면, 어느 공동체에서는 사회성을 중요한 덕목으로 간주하기도 합니다. 이러한 차이는 아마도 개인들의 역사가 다르고 공동체마다 겪어온 역사가 다르기 때문일 것입니다. 신체적인 조건과 달리 인간의 정신적 내용의 많은 부분이 삶의 역사를 통해 채워지기 때문일 것입니다. 아름다움도 그렇습니다. 각자의 삶이 다르고 각 공동체의 역사가 다를 때, 그들은 서로 다른 것에서 아름다움을 느낍니다. 어느 시대에 아름다워 보였던 나팔바지가 다른 시대에 가면 어색하다 못해 우습기까지 한 패션 아이템이 되는 것처럼 말이죠. 마찬가지로 우리는 공동체에 따라 달라지는 미적 감각을 자주 목격합니다.

이러한 차이는 아름다움이 사물에 내재해 있는 것이 아니라 사물을 바라볼 때 우리 내면에서 생겨나는 느낌 때문이라고 주관주의자들은 말합니다. 비록 느낌이 사물에 의해 촉발되기는 하지만 느낌의 내용에 주된 영향을 미치는 것은 우리의 정신적 내용들이며, 그러한 정신적 내용은 개인과 공동체의 역사에서 만들어지기 때문입니다.

아름다움에 대한 객관주의적 입장과 주관주의적 입장을 두고 선택한다면 여러분은 어떤 입장을 선택하겠습니까? 대체로 많은 사람들이 주관주의적 입장을 더 설득력 있는 것으로 받아들이는 듯합니다. 그런데 여기 객관주의의 편을 들어주는 또 하나의 이론이 있습니다. 굳이 이름을 붙이자면 '진화 미학'쯤 될까요? 그 이론에 따르면 아름다움은 진화의 산물이며, 예술 또한 진화의 산물입니다.

3. 진화론의 역사와 활동

아름다움에 대한 진화론적 이해를 살펴보기 전에 진화론에 대해 먼저 정리하고 넘어가야 할 것 같습니다. 이제는 가설을 넘어 하나의 원리로 자리매김하고 있는 다윈의 진화론을 단순화 시켜 설명하면 다음과 같은 네 개념이 등장합니다. 변이, 유전, 경쟁, 자연선택. 다윈의 진화론을 언급할 때 가장 먼저 떠오르는 '자연선택'은 사실 진화의 한 요소일 뿐입니다. 그럼에도 불구하고 다윈의 진화론을 흔히 '자연선택설'로 부르는 것은 다윈이 진화의 과정에서 자연선택이 차지하는 중요성에 주목했기 때문일 것입니다. 그런데 이 네 개념을 잘 살펴보면 그리 새로울 것도 놀라울 것도 없어 보일 정도로 상식적이고 합리적입니다. 글쎄요, 진화론이 상식이 되어 버린 현대의 눈으로 봐서 그럴까요?

어떤 학문적 배경 지식 없이도 우리는 한 부모 밑에 태어난 자식들이 모두 다르다는 것을 잘 알고 있습니다. 그러면서도 또 닮은 구석이 있다는 것도 잘 알고 있죠. 그건 비단 사람에만 국한되지 않고 여타 동물이나 식물에도 나타나는 특징입니다. 자식들이 서로 같지 않음을 우리는 '변이'라는 말로 이해할 수 있습니다. 그럼에도 불구하고 부모의 특징들 중 많은 것들이 자식에게 전달된다는 사실은 '유전'이라는 말로 이해할 수 있습니다. 진화론의 주재료를 구성하는 변이와 유전은 생물학적 지식이 없어도 삶의 경험을 통해 누구라도 알고 있는 자연의 이치일 것입니다. 다윈의 진화론에서 경쟁과 자연선택은 진화의 방향을 이끌어 주는 것으로 이해할 수 있습니다.[1] 모든 생물 종들은 생존 환경이 수용할 수 있는 개체 수보다 많은 후손을 남깁니다. 그러다 보니 제한된 환경 속에서 개체들 간의 생존 '경쟁'은 불가피하며, 주어진 환경에 최적화된 개체들이 살아남게 됩니다.

이렇게 쪼개어 살펴보면 다윈의 진화론 속에 특별히 새로운 것도 없는 것처럼 느껴지기도 합니다. 어떻게 보면 아주 단순한 몇 개의 원리로 구성된 이론이 생물계의 모든 진화 현상을 설득력 있게 설명해내는 데에는 바로 그 단순성이 큰 힘을 발휘한 것이 아닌가 합니다. 그런데 과학사의 맥락에서 볼 때 다윈의 진화론이 갖는 진정한 위대함은 다른 곳에 있습니다. 그것은 진화 현상을 설명하는 데 있어서 목적 개념을 완전히 배제할 수 있게 만들어주었다는 점이며, 이를 통해 비로소 생물학을 진정한 과학 분과의 한 형제로 만들어주었다는 것입니다.

학문의 아버지인 아리스토텔레스는 "자연은 무의미하고 목적이 없는 짓은 하지 않는다"[2]고 생각했으며 우주 만물의 존재와 그 운동을 목적을 통해 해명할 수 있다고 생각했습니다. 그래서 지상의 사물들이 지구의 중심을 향해 떨어지는 직선운동도 사물이 지닌 목적으로 설명할 수 있다고 생각하였고, 천상을 떠돌아다니는 별들의 회전운동도 천체들의 목적을 사유함으로써 그 원리를 알아낼 수 있다고 생각했던 것 같습니다. 그러다 보니 더 무거운 물체가 더 빨리 떨어지며, 하늘의 별들은 지구를 중심으로 원운동을 한다는 결론을 자연스럽게 내릴 수 있었을 것입니다. 갈릴레이가 피사의 사탑에서 서로 다른 무게의 공을 떨어뜨리는 실험을 하기 전까지, 케플러가 행성의 원형 궤도를 버리고 타원형 궤도를 찾아내기 전까지 목적론적 세계관은 세상을 설명하는 최상의 설명으로 간주되었습니다. 갈릴레이와 케플러로 대표되는 과학혁명 시기의 과학자들은 비로소 사변을 통해서만 파악할 수 있는 목적이 아니라 경험을 통해 확인할 수 있는 사물 간의 인과적 연결에 주목하기 시작했습니다.

목적론을 버리고 인과적 세계관을 받아들임으로써, 그리고 그러한 세계관에 최적화된 경험적 탐구 방법론을 개발함으로써 과학은 이전과 비교할 수 없을 정도의 눈부신 성장을 이뤄냅니다. 과학이 가져다 준 성과가 얼마나 중요하고 얼마나 커다란 지 알기 위해 구구절절한 설명과 예시를 들어야 할 필요는 없을 것입니다. 다만 우리가 주목해야 할 것은 그러한 엄청난 성과가 기껏해야 300~400년밖에 되지 않는 경험적 과학이 가져다 준 성과라는 것입니다.

하지만 과학혁명 시기를 지났다고 해서 목적론이 과학에서 완전히 사라진 것은 아니었습니다. 물리학이나 천문학, 화학과 같은 과학 분과에서 목적의 자리를 원인이 대신하기까지 그리 긴 시간이 흐르지 않았습니다. 하지만 생물학은 사정이 달랐습니다. 생명 현상을 설명하는 데 있어서 목적론적 설명만큼 적합한 게 없었기 때문입니다. 눈은 보기 '위해서' 존재하고, 혀는 맛보기 '위해서' 존재하고, 귀는 듣기 '위해서', 위는 소화시키기 '위해서', 폐는 숨쉬기 '위해서' 존재하는 것처럼 보이기 때문입니다. 이러한 목적을 염두에 둔 설명을 배제한다면 생명체나 생명체의 조직과 기관들을 이해하는 것은 거의 불가능해 보였습니다. 다윈이 위대한 건 그때까지 목적론적 세계관, 목적론적 설명 방식에 어울려 보였던 생물학에서 목적을 배제함으로써 생물학을 진정한 과학의 일원으로 만들어주었기 때문일 겁니다.

다윈에 의해 이제 우리는 기린이 높은 곳의 나뭇잎을 따먹기 '위해서' 목이 길어졌다고 말할 필요가 없어졌으며, 기린이 과연 그러한 목적을 '알고' 있었는 지 고민할 필요도 없어졌으며, 그러한 목적을 부여해 준 '그 누군가'를 상정할 필요도 없어졌습니다. 대신 우리는 그저 다양한 새끼들을 낳았더니, 그 중 몇몇 놈이 가진 특징이 환경에 유리하게 작용하여 살아남을 수 있게 되었고, 그 놈들이 다시 새끼를 낳고, 이런 과정이 반복되면서 '자기도 모르게' 목이 긴 기린이 되었다고 이해할 수 있게 된 것입니다. 어떤 목적을 언급하지 않고 순전히 인과적인 작용만 고려함으로써 진화의 수수께끼를 풀 수 있게 된 것이죠.

흔히 아름다움에 대한 관심, 그리고 그것을 표현해내는 다양한 예술 활동과 작품을 언급하며 인간의 독특함이라고 말하곤 합니다. 적어도 인간을 제외하고는 예술하는 동물은 없으니까요. 하지만 다윈의 정신을 받아들임으로써 우리는 다른 길을 갈 수 있게 되었습니다. 인간이 비록 좀 특이하기는 하지만 결국엔 인간도 동물이라는 것입니다. 그래서 아름다움과 관련한 인간의 다양한 특징과 활동들을 이해하려면 따로 목적이나 의미와 같은 정신적인 것들을 상정할 필요 없이 다윈의 가르침대로 진화의 산물이며, 다양한 생명 현상에서 등장하는 인과 관계의 산물일 뿐이라고 생각할 수 있게 된 것입니다.

4. 성 선택과 아름다움의 진화

다윈이 『종의 기원』(1859년)을 출간함으로써 진화론의 역사를 새롭게 쓰기 시작했지만 정작 본인은 이걸로 진화의 수수께끼가 만족스럽게 해결되었다고 생각하지는 않았던 것 같습니다. 그러니 동료 식물학자에게 보내는 한 편지에서 "공작의 꽁지깃을 볼 때마다 구역질이 난다"고 적었을

그림 2〉 날아오르는 공작의 모습을 보고 있으면 포식자가 덮쳤을 때 잘 도망갈 수 있을지 의구심이 든다.

테지요.[3] 그 아름다운 공작새를 보고 속이 매스껍다니요? 도대체 공작새가 무슨 짓을 했기에 다윈의 비위를 상하게 했을까요?

다윈이 『종의 기원』에서 밝힌 자연선택의 원리에 따르면 생존에 적합하지 않은 성질이나 개체는 생존 경쟁에서 도태되어 사라져야 마땅할 것입니다. 그런데 공작은 크고 화려한 날개를 가지고 있어서 포식자의 눈에 잘 띄게 하고 도망가는 몸을 굼뜨게 만듦으로써 생존에 전혀 적합하지 않아 보이는데, 그럼에도 불구하고 공작이 이렇게 크고 화려한 날개를 유지하며 잘 살아남아 있는 것은 자연선택만 가지고는 설명하기가 힘들었던 것 같습니다. 그러니 머리가 지끈거리지 않을 수 없었겠죠.

어떻게 공작은 화려한 날개를 유지하면서도 잘 살아가고 있을까요? 다음과 같은 상상을 통해 생각을 이어가 보겠습니다.

당신은 한 마리 수컷 공작입니다. 그리고 특출한 마법적 능력을 가지고 있어서 다윈의 『종의 기원』을 읽고 자연선택의 원리에 감탄하게 됩니다. 그리고 마법을 부려 다윈의 가르침에 따라 크고 화려한 날개를 변형시킵니다. 화려한 색체는 무채색으로 바꾸고 큰 장식날개는 반 토막으로 줄여버리는 것입니다. 좋습니다. 이제 날개가 가벼워지고 색깔은 눈에 덜 띄게 되었으니 당신은 이제 앞날이 창창해졌습니다. 어느 날 동료 수컷 공작들과 한데 모여 먹이를 먹고 있는데 몰래 숨어든 호랑이가 갑자기 덮칩니다. 당신은 다행히 호랑이의 눈에 잘 띄지도 않았고 남들보다 가벼운 날개를 잽싸게 접고 휘리릭 날아서 도망갈 수 있었습니다. 다윈의 가르침이 정말 큰 효과를 본 것이죠. 그러던 어느 날 또 다른 동료들과 먹이를 먹고 있다가 또 호랑이가 덮치고 또 같은 방식으로 당신은 살아남았습니다. 이렇게 작고 화려하지 않은 날개 덕에 당신은 40년이라는 공작의 수명을 다 누리게 됩니다. 단 '모태솔로'로 말이죠.

어떤가요? 여러분은 그렇게 자연의 선택을 받아 천수를 누림으로써 공작의 진화에 한 톨이라도 기여한 게 있나요? 살아남으라는 자연선택의 지상 명령은 모든 생물종의 진화에서 가장 중요한 원리로 자리매김하였습니다. 하지만 진화의 관점에서 보면, 아무리 살아남아 천수를 누린들 짝을 만나지 못하고 홀로 쓸쓸히 살아간다면 애당초 일찍 죽은 것과 아무런 차이도 만들지 못한다는 것입니다. 그래서 40년간 총각으로 살아남느니 2, 3년밖에 못 살더라도 배우자를 만나 후손을 퍼뜨리는 편이 공작의 진

그림 3〉 긴꼬리과부새 수컷이 날아오르는 모습을 보면 암컷이 반하는 게 이해가 간다.

화에 기여하게 될 것입니다.

이러한 생각을 담아 다윈은 '성 선택'(sexual selection) 가설을 새롭게 제안합니다.[4] 다윈의 설명에 따르면, 양성을 갖는 생물종에서 특정한 구조나 성질이 한쪽 성에만 유전이 되는 경우, 그리고 그 구조나 성질이 생존 경쟁에 적합하기 때문이 아니라 같은 성을 갖는 다른 개체와의 짝짓기 경쟁에서 유리하게 작용하는 경우, 성 선택의 힘이 작용한 것으로 이해할 수 있습니다.[5] 그래서 기린의 긴 목이 자연선택의 원리에 따라 생존에 유리하게 작용하는 것처럼, 공작의 화려한 날개는 성 선택의 원리에 따라 짝짓기에 유리하게 작용하는 것으로 이해할 수 있습니다. 여기서 자연선택을 "생존하라!"는 진화의 명령으로 이해한다면, 성 선택은 "번식하라!"는 명령으로 이해할 수 있을 것입니다. 그래서 진화의 사슬에서 하나의 고리를 차지하기 위해선 자연의 선택을 받아야 하는 것은 물론이고 배우자의 선택도 받아야 가능하다는 것입니다. 그리고 흥미로운 건 우리가 보기에 화려하다고 느끼는 외모가 공작새 암컷의 배우자 선택 과정에서도 중요한 역할을 하고 있는 것처럼 보인다는 점입니다. 그런데 인간이 느끼는 아름다움과 다른 동물이 느끼는 아름다움을 같은 선상에서 동일시할 수 있을까요? 노자의 말대로 "인간에겐 인간의 아름다움이 있고, 물고기에겐 물고기의 아름다움이 있는 것"은 아닐까요?

이런 궁금증을 그냥 가지고만 있으면 발전이 없지만 과학자들은 궁금증을 견디지 못하는 사람들이죠. 스웨덴의 동물학자 말테 안데르손(Malte Andersson, 1941~)은 이러한 궁금증을 가지고 흥미로운 실험을 진행합니다.[6] 긴꼬리과부새 수컷은 아주 아름다운 꽁지깃을 가지고 있습니다. 실제로 긴꼬리과부새가 날아오르는 모습을 본다면 그 화려하고 장엄한 모습에 매혹되고 말 것입니다. 물론 이러한 느낌은 인간인 우리가 느끼는 것이죠. 과연 새들은 어떻게 느낄까요? 안데르손은 이러한 궁금증을 해결하기 위해 수십 마리의 수컷을 잡아들입니다. 그리고 좀 잔인해 보이기는 하지만 생존에는 전혀 영향을 미치지 않는 꽁지깃은 몽당 잘라버립니다. 그리고 짝짓기 시기 동안 그 새들의 짝짓기 성공 여부를 추적 조사합니다. 그랬더니 흥미롭게도 꼬리가 잘린 놈들은 정상적인 놈들보다 짝짓기에 실패한 경우가 눈에 띄게 많았다는 것입니다. 결국 암컷은 화려한 꽁지깃을 가진 수컷을 선택한 것이며, 이는 인간이나 긴꼬리과부새나 아름다움에 대한 동일한 관점을 가졌다는 것을 보여주는 강력한 증거를 제공해줍니다.[7] 이 실험을 더욱 재미있게 만든 건 그 잘린 꽁지깃들을 그냥 내버려두지 않고 재활용했다는 사실입니다. 안데르손은 잘린 꽁지깃을 가져다 정상적인 놈들에게 이어 붙였습니다. 꼬리 길이가 두 배가 된 것이죠. 그랬더니 그놈들의 짝짓기 성공률이 또 눈에 띄게 증가한 것이었습니다. 결국 꼬리가 더 길

그림 4〉 한껏 치장한 정원사새의 둥지

어지면 길어질수록 배우자를 만나 짝짓기 할 가능성이 높아진다는 것을 보여준 것이죠. 결국 아름다움은 배우자를 선택하는 데 있어서 중요한 역할을 한다는 것을 이 실험을 통해 알게 되었습니다.

공작이나 긴꼬리과부새처럼 아름다운 외모를 뽐내며 배우자를 유혹하는 동물들은 꽤 많습니다. 다양한 조류의 수컷이 암컷에 비해 화려한 장식을 보여주고 있습니다. 마치 사람들이 화려한 옷을 입고 화장을 하는 것처럼 그런 새들은 사람과 꽤 닮아 있습니다. 그런데 사람은 자신의 몸을 치장하는 것에 그치지 않고 몸 밖에 아름다운 대상을 만들어내기도 하는데, 예술작품들이 바로 그런 것들입니다. 동물은 어떨까요? 그들도 아름다운 대상을 만들어내기도 할까요? 이 대답에 적합한 새가 있습니다. 오세아니아 지역에 서식하는 정원사새 수컷은 주변을 화려하게 가꾸는 것으로 유명합니다. 특히 자연에서는 보기 힘든 화려한 원색으로 치장하는

것을 좋아하는데, 주로 인간 세계를 뒤져서 훔쳐온다고 합니다.

수컷 정원사새가 이처럼 위험한 여정을 거쳐 가져온 장신구들로 자신의 둥지를 치장하고 나면, 암컷 정원사새가 후드득 날아와서 개선문처럼 생긴 나뭇가지 사이를 지나가며 주변을 살핍니다. 그리고 그 정원이 마음에 들면 수컷의 구애를 받아들이고, 그렇지 않으면 또 후드득 날아가 버리죠. 비록 수컷 정원사새가 긴꼬리과부새나 공작새처럼 화려한 외모를 타고나는 것은 아니지만 후천적인 노력을 통해 주변을 화려하게 꾸밈으로써 암컷의 선택을 받고자 하는 것은 원리상 다르지 않을 것입니다. 결국 아름다움은 동물 세계에서도 존재하며, 번식의 과정에서 중요한 역할을 한다는 것입니다. 그렇다면 인간과 관련해서도 아름다움에 관해 같은 말을 할 수 있을까요? 인간이 아름다움을 추구하는 것도 결국은 번식을 위한 것일까요?

다양한 인문학 주제들을 진화론의 토대 위에서 연구해온 스티븐 핑커(Steven Pinker, 1954~)는 인간의 예술적 본성이 지닌 생물학적 토대를 다양한 경험적 증거들을 동원하여 규명하고자 하였습니다.

"예술은 우리의 본성에 있다. 즉 사람들이 흔히 말하듯 우리의 피와 뼈 속에 있고, 오늘날 종종 이야기하듯 우리의 뇌와 유전자 속에 있다. 인간은 어릴 때 두셋씩 짝을 지어 이런 활동에 참여하기 시작하는데, 심지어 예술은 성인의 뇌 조직에도 반영된다. 신경학적 손상을 입은 사람 중에는 듣거나 볼 수는 있어도 음악이나 시각적 아름다움을 감상하지 못하는 경우가 있기 때문이다."[8]

핑커는 이어서 예술이란 환경에 적응해온 결과물이라고 말하며 다양한 적응 유형에 대한 논의를 진행합니다.[9] 사실 이러한 생각의 뿌리는 이미 다윈에게 들어 있었습니다.

"꽃은 가장 아름다운 자연의 산물로 생각되지만, 초록색 잎과 대조되어 선명하고 아름답게 보여서 곤충의 눈에 잘 띄도록 하려는 것이다. 이러한 결론에 이른 것은, 바람에 의해 수정되는 꽃은 화사한 빛깔의 꽃잎을 갖지 않는다는 불변의 법칙을 발견했기 때문이다. (중략) 따라서 이것은 과실에도 적용된다. 잘 익은 딸기나 버찌가 눈과 잎을 즐겁게 해 준다는 것, 즉 화살나무의 진홍빛 열매가 아름답다는 것은 누구나 인정하는 바이지만, 이 아름다움은 그 과실이 먹혀서 씨앗이 분뇨에 섞여 전파되기 위해 오로지 새나 짐승의 목표물이 됨에 지나지 않는다."[10]

비록 이어지는 글에서 다윈이 직접 말하지는 않았지만 곤충의 선택을 받지 않아도 되는 풍매화가 화려한 색상으로 무장하지 않은 것처럼, 동물에게 먹힘으로써 씨앗을 전파하는 방식을 취하지 않는 과실들은 화려하지 않을 것이라는 추측을 해볼 수 있을 것입니다. 그래서 과육은 먹이가 되고 씨앗은 배설되는 방식의 전략을 취하는 과일들이 화려한 색상으로 무장한 것과 비교할 때, 씨앗 자체가 먹이로 소화되는 쌀이나 보리, 밀, 옥

수수 같은 곡식들은 화려한 색상을 갖추지 않은 것을 보면 다윈의 주장이 강하게 지지되고 있음을 볼 수 있습니다. 그리고 다윈은 이러한 원리를 동물 종에 적용함으로써 성 선택 이론의 토대가 될 만한 이론적 주장을 펼쳐냅니다.[11] 화려한 조류와 어류, 파충류, 포유류, 곤충들이 아름다움을 뽐내는 것은 인간을 기쁘게 해주기 위한 것도 아니고 포식자 눈에 띄어 쉽게 잡아먹히기 위한 것도 아니라 배우자의 '사랑을 받기 위한' 것이라고 말합니다.

다윈에서 핑커에 이르는 이러한 생각들을 우리는 '진화 미학'이라는 용어로 표현할 수 있습니다. 아름다움의 원천을 우리는 성 선택과 자연선택의 양 갈래 길에서 발견할 수 있는데, 화려한 날개를 뽐내는 공작이 전자의 대표적 사례라면 꽃과 과일의 화려한 색상은 후자를 대표하는 것으로 이해할 수 있을 것입니다. 그래서 아름다움은 결국 진화의 산물이며, 나아가 아름다움을 창조하는 예술도 진화의 산물 또는 그것의 파생적 결과물이라고 이해하는 것입니다. 그렇다면 우리는 아름다움을 좋아하는 인간의 본성도 화려한 날개를 좋아하는 공작의 본성과 다를 바 없다고 말할 수 있을까요? 물론 아름다움과 예술에 대한 현대의 진화론적 이론이 하나만 있는 것은 아닙니다. 예술을 진화적 적응의 결과물, 또는 궁극적으로 자신의 유전자를 후대에 전달하기 위한 전략의 결과물로 간주하는 진화론자들은 다양한 이론적 논의를 전개합니다. 앞에서 기술했듯이 예술을 성적인 관계 속에서의 지위에 대한 갈망의 표출로 이해하기도 하며, 또는 사물과 환경을 경험할 때 얻어지는 미적 즐거움에 적용한 결과로 이해하기도 합니다. 지위에 대한 충동적 갈망을 통해 예술적 활동의 특징을 설명하는 방식에는 공작이나 긴꼬리과부새 같은 아름다움의 진화를 설명하는 방식이 포함되어 있으며, 예술을 미적 즐거움에 적응한 결과로 이해하는 방식에는 자연선택과 잘 어울리는 생존 본능이 자리 잡고 있습니다.[12] 간단히 말해 우리는 생존에 유리한 환경의 감각적 자극 속에서 즐거움을 느끼며 그러한 즐거움을 선호하는 방식으로 적응해 왔다는 것입니다.

현대에는 경험 과학적 견지에서 진화론보다 넓은 범위의 생물학적 고찰들이 다양한 방식으로 아름다움에 대한 논의에 참여하고 있습니다. 또 인지심리학이나 인류학 등의 분과 학문들에서도 이러한 경향은 확산되어 가고 있습니다. 그러니 이제 아름다움에 대한 논의가 인문학적 미학이나 철학의 고유한 주제라고 할 필요는 없을 것입니다. 비록 아직은 그 역사가 짧고 초보적인 단계에 지나지 않는다 하더라도, 경험적 방법론은 아름다움에 접근하는 완전히 새로운 도구를 제공해주고 있으니까요.

5. 아름다움을 보는 눈은 타고나는가?

결국 진화론자들은 아름다움에 대한 선호는 진화의 산물이라고 말하는 것인데, 그렇다면 아름다움에 대한 객관주의의 손을 들어주는 셈입니다. 즉, 아름다움은 우리의 본성에 담겨 있으며, 타고나는 성향이라는 것이죠. 그렇다면 이러한 주장은 어떻게 경험적으로 지지될 수 있을까요? 우리는 다짜고짜 지나가는 사람들을 불러다 모아놓고 아름다움에 대해 설문조사를 진행할 수도 있을 것입니다. 그건 어려운 일도 아닙니다. 어려운 건 결과를 모으는 것이 아니라 결과를 해석하는 것입니다. 그 결과를 우리는 어떻게 해석해야 할까요?

사람들은 상이한 아름다움을 느낍니다. 누구는 원빈이, 누구는 김우빈이, 누구는 이민호가 가장 아름답다고 말합니다. 그럼 이러한 설문 결과는 아름다움은 객관적이라는 주장을 지지해주는 경험적 증거로 해석해야 할까요? 그런데 그러기에는 워낙 다른 대답이 나와서 좀 망설여집니다. 그럼 반대로 그 결과는 아름다움은 주관적이라는 주장의 근거로 받아들여야 할까요? 아마 객관주의자들이 선뜻 동의하지는 않겠죠. 우리는 거의 유사한 본성을 타고났지만 상이한 교육이나 관습, 가정교육 등의 영향을 받음으로써 서로 다른 것에서 아름다움을 느끼게 되었다고 말할 것입니다. 마치 인간의 다양한 본성이 사회적 관계망 속에서 조절되는 것처럼 인간의 아름다움에 대한 본성도 그렇게 조절될 수 있음을 보여주는 것일 뿐이라는 것이죠. 오히려 객관주의자들은 아무도 선택하지 않은 그 한 명이 아름다움은 객관적이라는 것을 보여주는 증거라고 할 것 같습니다.

이런 논쟁은 아주 오래전부터 이어져왔지만 그리 만족할 만한 해답이 있는 것 같지는 않습니다. 차라리 갓난아기에게 "너는 누가 아름답다고 느끼니?"라고 묻고 대답을 들을 수 있으면 좋으련만 아기들은 말을 못하니 이 방법도 통하지는 않아 답답합니다. 그렇다고 말을 배운 후에 물어보는 것도 문제가 있습니다. 교육이란 건 결국 그 공동체의 생각을 선입견처럼 주입하는 것이 될 수도 있으니까요. 그럼 어떻게 해야 할까요? 이런 문제에 아주 기발한 실험을 제안한 과학자들이 있습니다.

텍사스대학의 발생심리학자 주디 랭로이스는 이러한 궁금증을 해결해줄 한 가지 실험을 고안합니다. 실험은 아주 간단합니다. 일단 아기들을 구해야겠죠. 대신 아기들은 교육과 학습의 영향을 최대한 받지 않은 상태여야 하니 어리면 어릴수록 좋을 겁니다. 그래서 랭로이스는 태어난 지 석 달에서 여섯 달까지, 말을 하기는커녕 젖도 떼지 않은 아기들을 구해서 아름다움에 대한 반응을 조사합니다. 아름다움의 정도가 확연히 차이나는 두 여성의 사진을 아기들에게 보여주고 눈동자의 움직임을 관찰한 것입니다. 그리고 어느 사진에 시선이 더 오래 머무는지를 정교한 장치를 이용하여 측정합니다. 그랬더니 아주 재미있는 결과가 나왔습니다. 어른이 보기에도 아름다운 미모의 사진에 아기들의 시선이 더 오래 머물렀던 것입니다. 어른이 아름답다고 느끼는 얼굴에서 아기들도 아름다움을 느낀다는 사실이 밝혀진 것입니다.[13]

물론 아기들이 자기 목소리로 증언을 한 것은 아니지만 아기들이 싫어하는 얼굴을 오래 볼 일은 없을 것이라고 추측하는 것은 너무나 자연스러우며, 그러한 선호가 아름다움의 기초라고 생각하는 것 또한 자연스러운 결론이기 때문입니다. 이 실험과 유사하게 진행된 앨런 슬레이터의 실험에서는 심지어 태어난 지 16시간에서 6일밖에 지나지 않은 아기들이 동원되었는데, 그 결과도 랭로이스의 실험과 다르지 않았습니다.

이런 실험을 보고 어떤 사람들은 놀라움을 느끼겠지만, 또 어떤 사람들은 별로 유쾌하지 않은 느낌을 받을 것도 같습니다. "어린 아기들이 예쁜 것만 찾는다"고 말이죠. 그런데 랭로이스는 그보다 더 유쾌하지 않은 실험을 또 진행합니다. 흔히 자식에 대한 부모의 헌신은 무조건적이라고 생각하죠. 그리고 부모들은 깨물어서 아프지 않은 손가락이 없다며 모든 자식은 똑같이 사랑스럽다고 말합니다. 랭로이스도 그런 말을 했을 법한 엄마였습니다. 실험을 위해 그는 임산부 보호시설을 찾아 아기를 출산한 144명의 여성을 관찰합니다.[14] 그 시설에는 아기 방과 엄마 방이 따로 있었는데, 랭로이스는 엄마가 보호소에 있는 동안 자신의 자식을 찾아와서 젖을 먹이고 안아주고 키스를 하는 시간을 측정하고 순위를 매겼습니다. 그런데 그 순위가 기가 막히게도 아기들의 미모 순위와 일치하는 것이었습니다. 만고불변의 진리처럼 여겨졌던 모정도 결국은 자기 아기가 얼마나 예쁘냐에 따라 달라진다니!

아름다움을 보는 눈은 타고나는 것인지 아니면 교육이나 환경에 의해 후천적으로 만들어지는 것인지는 수천 년간 해결되지 않은 논쟁을 제공해주었습니다. 그리고 이러한 논쟁은 주로 인문학의 장에서 이뤄졌었죠. 이러한 논쟁의 장에 끼어든 진화생물학자들은 이제 완전히 다른 방식의 대답들을 내놓고 있습니다. 바로 자신의 생각을 관찰과 실험으로 증명하는 방식 말입니다. 랭로이스의 이러한 연구를 더 그럴듯하게 받아들이려면 우리는 왜 그런 일이 일어나는지를 설명할 수 있어야 할 것입니다.

6. 왜 아름다움을 선호할까?

현재까지도 왕성한 활동을 이어가는 권위 있는 진화생물학자 도킨스는
『이기적 유전자』에서 극락조의 화려한 날개를 예를 들어 아름다움의 진
화적 기원에 대해 설명합니다. 암수의 짝짓기 상황 속에서 암컷은 좋은 유
전자를 가진 수컷을 찾으려고 노력할 텐데, 암컷은 구체적으로 어떤 선택
전략을 가지게 되었을까요? 암컷이 찾고자 하는 수컷의 능력 중에서 아마
도 가장 중요한 것은 생존 능력일 것입니다. 아비의 생존이 자식의 생존에
영향을 미치는 건 아주 당연한 것일테니까요. 도킨스는 극락조의 화려한
날개를 이러한 전략과 관련하여 설명합니다.

> "그 옛날 극락조의 암컷은 보통보다 조금 긴 꼬리를 가진 수컷을 바람직
> 한 성질의 소유자로 보고 선택했는지도 모른다. 그것은 아마도 튼튼하
> 고 건강한 체격으로 보였기 때문일 것이다. 수컷의 꼬리가 짧은 것은 비
> 타민 부족의 표시였을지도 모른다. 그것은 먹이 획득 능력이 빈약한 증
> 거이거나 또는 짧은 꼬리를 가진 수컷은 포식자로부터 도망치는 것이
> 서툴러서 그 때문에 꼬리를 잘려 먹혔을지도 모른다."[15]

그런데 몇 줄 아래 이어지는 구절에서 도킨스는 극락조의 화려한 꼬리
가 기괴할 정도로 길어지지 않은 이유를 설명하며 극락조에게 일종의 미
적 관념이 있는 것 같다는 설명을 합니다.

"〔극락조의〕꼬리가 너무 기괴할 만한 길이에 달해 결국 그 때문에 성적 매력이라는 유리함을 압도하기 시작하면서 비로소 이 경향이 멈추게 된다." [16]

그런데 정말 수컷 극락조의 꼬리는 기괴함 때문에 더 이상 길어지기를 멈춘 것일까요? 도킨스의 이러한 애매한 설명을 어떻게 이해해야 할까요? 우리(도킨스도 포함하여)는 지금 아름다움의 기원에 대해 묻고 있는데, 부지불식간에 기괴함이란 개념을 도입함으로써 마치 아름다움의 기준을 이미 가지고 있는 것처럼 말하고 있기 때문입니다. 그의 말은 자칫 선결문제 요구의 오류를 범하는 것처럼 보입니다. 이러한 오해를 일으키지 않으려면, 극락조나 공작의 날개 길이나 화려한 색상을 결정짓는 것은 "기괴함이 성적 매력을 압도하기 때문"이라고 말함으로써 모호한 의미의 영역을 도입하기보다는 증가하는 번식력을 압도하는 생존력의 감소로 이해하는 것이 오히려 적합할 것입니다.

이러한 번식력과 생존력의 관계는 다음과 같이 설명할 수 있습니다. 수컷 공작의 길고 화려한 깃털은 암컷의 시선을 빼앗기에 충분합니다. 그런데 그것은 포식자의 시선도 사로잡죠. 암컷의 시선과 포식자의 시선은 각기 반대 방향을 향하고 있습니다. 즉 그림 5〉에서 볼 수 있듯이 번식력과 생존력은 상반되는 기울기를 가지고 있습니다.

이 그래프를 이용하여 우리는 이런 상상을 해볼 수 있습니다. 만일 공작의 화려한 날개를 받쳐주는 근육이 어떤 이유로 더 강력해진다면 공작

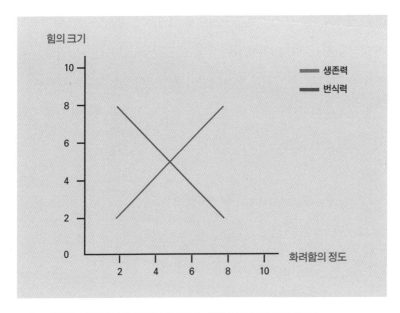

그림 5〉 번식력과 생존력의 상관관계. 두 그래프는 반대의 기울기를 가지고 있다.

의 생존력은 더 커질 것입니다. 포식자의 습격 시 강한 근육은 더 빠르고 더 힘차게 날아오르게 해줄 것이기 때문입니다. 그럴 경우 그래프에서 생존력은 더 완만한 기울기를 가지게 될 것이고, 이는 번식력 그래프와 다른 곳에서 만나게 해줍니다. 이전보다 더 오른쪽으로 이동하게 되는 것이죠. 그리고 이것은 공작의 날개가 더 화려해 질 수 있다는 것을 의미합니다. 물론 근육이 약해지는 반대의 경우에는 덜 화려한 날개로 진화가 이루어지리라 짐작할 수 있을 것입니다. 이는 기린의 목이 현재의 길이를 갖게 된 이유와 근본적으로 다르지 않습니다. 어쩌면 기린의 목은 더 길어질 수도 있었을 것입니다. 하지만 그렇게 해서 얻는 것보다 잃는 것이 더 많다면 목 길이의 진화는 거기서 멈추게 되는 것이죠. 도킨스는 마치 극락조에게 기괴함을 간파하는 미적 감각이 있는 것처럼 이야기하고 있지만 극락조의 날개를 제한하기 위해 미적 감각이 꼭 있어야 하는 것은 아닙니다.

심리학자 바이런 스와미와 애드리언 편햄은 건강과 생식의 관계에 대해 다음과 같이 말합니다.

> "건강 상태나 컨디션이 우수한 개체는 다양한 이유로 더 나은 짝이 된다. 그런 개체는 자식에게 '더 건강한' 유전자를 물려주고, 음식이나 체모(깃털)와 같이 물질적 이익을 더 많이 주며, 수정 능력과 생식력도 더 뛰어나다(잠재적 생식력이 우월하다)."[17]

그러니 짝짓기에 있어서 서로의 건강을 뽐내고 상대의 건강을 간파하는 능력을 기르는 방향으로 진화가 이뤄졌을 것이라고 짐작하는 것은 자연스러울 것입니다. 아름다움은 생식력과 연결되어 있다는 생각이 설득력을 얻기 시작한 것입니다. 진화론적 관점에서 이에 대한 다양한 가설과 이론들이 존재합니다. 그 중 몇 가지만 알아보도록 하겠습니다.

1) 핸디캡 가설

이스라엘의 생물학자 아모츠 자하비(Amotz Zahavi, 1928~2017)에 의해 제안된 '핸디캡 가설'은 공작과 사람이 왜 아름다운 외모에 끌리는지를 그럴듯하게 설명해줍니다. 당구를 칠 때 흔히 자신의 실력을 점수로 표시하는

데, 입문자가 30점, 다음이 50, 80, 100, 120, 150으로 이어지고, 200쯤 치면 좀 친다고 하죠. 그리고 250에서 300을 넘어서면 잘 치는 사람이고, 그이상은 우리 주변에서 보기 힘든 고수의 반열에 오른다 할 수 있습니다. 그러니 30과 2000의 실력 차이는 하늘과 땅 차이라 할 수 있을 것입니다. 하지만 30을 치는 초보자도 2000을 치는 당구 고수와 충분히 시합을 할수 있습니다. 그것도 아주 팽팽하게 손에 땀을 쥐는 경기가 되기도 하죠. 엄청난 실력 차이가 있음에도 불구하고 함께 시합이 가능한 건 그들이 쳐야 하는 공의 개수가 다르기 때문입니다. 30점의 초보자는 3개만 치면 되지만, 2000점의 고수는 200개를 쳐야 하는 핸디캡이 주어지기 때문입니다. 바로 이것을 '핸디캡'의 의미로 이해할 수 있습니다. 일상 언어로 '핸디캡'은 '결점'이나 '불리한 조건'으로 번역되는데, 당구에서처럼 운동 경기에서 실력이 다른 두 선수의 경기를 공정하게 만들기 위해 도입되는 점수로 이해되기도 하며, 그 자체로 자신의 실력을 의미하기도 합니다. 이런식의 핸디캡은 골프나 팔씨름 같은 운동 시합뿐만 아니라 바둑이나 장기같은 다양한 게임에서도 볼 수 있습니다. 그러한 게임에서 공통적으로 더큰 핸디캡을 갖는 쪽이 더 강한 쪽임을 알 수 있습니다.

핸디캡 가설은 핸디캡이 갖는 이러한 특징을 통해 아름다움의 진화를 설명합니다. 더 화려하고 더 긴 날개를 가진 공작과 그렇지 않은 공작을 비교해 볼까요? 어느 놈이 더 많은 에너지를 필요로 할까요? 어느 놈이 더 위험에 노출되어 있을까요? 분명 공작에게 더 많은 에너지를 소비하고 더큰 위험에 노출되는 것은 핸디캡일 수밖에 없습니다. 그리고 사실 다른 조건이 같다면 핸디캡이 크면 클수록 건강을 유지하지 못하거나 포식자에게 잡아먹혀서 죽을 가능성이 높을 것입니다. 그런데 지금 암컷 공작 앞에 크고 화려한 날개를 가진 수컷 공작이 아직까지 죽지 않고 떡 하니 서 있다면 그 놈은 분명 그 핸디캡을 극복하고도 남을 에너지와 생명력을 가지고 있다고 보아야 할 것입니다. "이거 봐라! 이렇게 화려한 날개를 가지고도 난 아직 잘 살아 있다고! 내 능력을 알겠지?" 마치 이런 말을 하는 것 같네요.

우리는 핸디캡 가설이 말하는 이치를 주변에서 자주 목격합니다. 혹시 집에 새나 개, 고양이 같은 반려동물을 키워본 사람들은 경험했을 수도 있는데, 동물들이 병이 들거나 영양 상태가 나쁠 때 가장 먼저 티가 나는 부분이 바로 겉으로 드러난 털입니다. 털이 푸석푸석해지거나 빠지는 경우 건강 상태가 좋지 않음을 알 수 있습니다. 그런데 이러한 일은 에너지 사용의 관점에서 볼 때 아주 자연스러운 조치일 것입니다. 어찌 보면 털은 생명유지에 필수적인 요소는 아닙니다. 그러니 에너지가 부족하다면 생명유지에 필수적인 부분으로 에너지를 집중시키고, 그렇지 않은 부분에 에너지 공급을 차단하는 전략은 위험을 맞이했을 때 유기체가 자연스럽게 취할 만한 조치일 것입니다. 그러니 털이 빠지고 푸석푸석한 놈을 본다면 뭔가 문제가 있음을 알 수 있는 것입니다. 그것은 반대로 아름다운 털을 가진 놈을 선호하게 만드는 결과를 가져왔을 것입니다.

공작이나 극락조, 긴꼬리과부새같이 다양한 조류에서 나타나는 화려한 날개와 깃털은 핸디캡 가설의 훌륭한 사례로 인용되곤 합니다. 그리고

〈그림 6〉 최근 예술품 경매 사상 최고가를 기록한 피카소의 〈알제의 여인들〉. 무려 2천억 원이다.

이러한 생각은 인간과 관련한 아름다움까지 그 영역을 확장합니다. 2015년에 미술작품 경매 사상 최고가를 경신한 피카소의 작품 〈알제의 여인들〉은 우리 돈 약 2천억 원에 팔렸다고 합니다. 그런데 말이 2천억 원이지, 그 정도 금액이면 우리는 그 크기를 잘 가늠하기도 힘들 정도입니다. 어쨌든 그 작품을 구입한 사람은 엄청 돈이 많은 것 같기는 하네요. 참 부럽죠?

여러분이라면 어떤가요? 여러분에게 마음대로 쓸 수 있는 돈 2천억 원이 생긴다면 어떤가요? 여러분도 이 작품을 구입할 것 같은가요? 진짜로 돈이 생긴 것처럼 진지하게 고민하고 대답하세요. 만일 필자에게 2천억 원이 생긴다면 어떨까요? 대답컨대, 절대로 그 그림을 사지 않을 겁니다.

미쳤습니까! 돈이 2천억 원이나 생겼는데 그걸 저 그림 하나에 몽땅 털어 넣다니! 만일 마음대로 쓸 수 있는 돈 2천억 원이 생긴다면 그 돈으로 할 수 있는 일은 엄청나게 많을 것입니다. 좋은 집을 사고 해외여행을 다니고 멋진 자동차도 사고 좋은 옷과 음식으로 인생을 윤택하게 만들 수도 있을 것입니다. 아니면 불우한 이웃을 돕거나 공익재단을 만들어 후대에 길이 이름을 남길 선행도 펼치고 친구들에게 나눠줄 수도 있을 것입니다. 생각만 해도 기분이 좋아지는 이 모든 일이…… 그림 한 점 사는 순간 물거품이 되어 버립니다. 그러니 만일 필자가 저 그림을 산다면 그건 제대로 미친 게 맞습니다. 그런데 그럼에도 불구하고 분명 누군가는 저 그림을 샀습니다. 그 사람은 정말 미친 걸까요?

그럴 리가 있나요. 그 사람은 분명 미친 게 아닐 겁니다. 그 사람이 미쳤다고 생각하는 것보다 더 그럴듯한 추측은 이렇습니다. 그 사람은 돈이 훨씬 더 많다는 겁니다. 예를 들어 빌 게이츠나 아랍 왕자 만수르처럼 말이죠. 가진 돈이 2천억이 아니라 2백조가 있는 사람이라면 어떨까요? 2천억 원을 가진 사람에게 2천억 원은 100퍼센트이지만 2백조 원을 가진 사람에게 그 돈은 0.1퍼센트일 뿐입니다. 현실적인 금액으로 환산해서 재산이 10억 원인 사람에게 100만 원짜리 피카소의 작품 같은 무게감이랄까요?

핸디캡 가설을 자연스럽게 따라가면 예술작품 수집의 의미가 드러납니다. 먹고살기 바쁜 사람에게 예술작품 수집은 그야말로 사치일 뿐이죠. 먹고살 만한 사람이나 예술에 관심을 갖는 것이지, 하루 벌어 하루 먹기 바쁜 사람들에게 예술작품 수집은 남의 일일 겁니다.[18] 핸디캡 가설을 그대로 적용시킬 경우, 예술작품을 수집하는 사람은 그 수집 활동을 통해 자신이 얼마나 먹고살 만한 지를 간접적으로 증명해주는 것으로 이해할 수 있을 것입니다. 또 예술 활동 자체의 의미에 대해서도 비슷한 설명을 할 수 있습니다. 예술 활동 또한 살 만하니까 한다는 것입니다. 현생 인류가 완성되기까지의 인류 역사 수만 년 동안 예술 활동은 그야말로 '쓸데없는 짓'이었을 것입니다. 수만 년 전 우리의 조상인 누군가가 동굴 벽에 하나의 그림을 그리고 있다면, 시원한 나무 그늘 아래에서 낮잠을 즐기고 있다면, 친구들과 돌멩이를 던지며 놀고 있다면, 그는 십중팔구 먹을 걸 이미 챙겨둔 사람일 것입니다. 당시 놀이와 휴식, 예술은 여유 있는 사람들에게나 허용되는 사치였을 테니까요. 사실 상황은 지금도 크게 바뀌지 않았습니다.

고대의 예술 활동이든 현대의 예술작품 수집이든, 핸디캡 가설이 말해주는 것은 예술은 일종의 핸디캡이라는 것이며, 핸디캡을 가진다는 것은 그만큼 자신의 이러저러한 생존력이 강하다는 것을 보여준다는 것입니다. 공작이나 극락조뿐만 아니라 인간이 아름다움을 추구하는 것도 결국 이치는 같다는 것이죠.

2) 대칭가설 vs. 평균가설

인터넷 서치를 하다 보면 '평균 얼굴'이라는 제목의 사진들을 볼 수 있습니다. 어떤 사진은 아름다운 연예인의 평균 얼굴을 보여주기도 하고, 어떤 사진은 무작위로 선택된 다양한 국가의 국민 평균 얼굴을 보여주기도 합

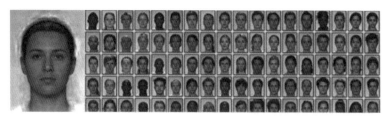

그림 7〉 왼쪽이 102명의 평균 얼굴이며, 오른쪽 사진들이 그 평균 얼굴을 만들기 위해 사용된 사람들의 얼굴 사진이다. (사진들은 facereserch.org에서 얻은 것들이며, 그곳의 프로그램을 활용하여 만들어낸 평균 얼굴이다.)

니다. 그림 7〉은 세계 각국 다양한 인종 102명의 얼굴을 합성하여 만들어낸 평균 얼굴입니다. 사진은 각기 다른 여러 명의 얼굴 사진을 흐리게 중첩함으로써 얻어지는 이미지로 만들어지는데, 이러한 중첩의 결과 개별적인 특징들은 사라지고 공통된 특징만 부각되어 나타나게 됩니다. 그리고 이는 자연스럽게 좌우가 완벽히 대칭된 얼굴을 만들어내는 것입니다.

그런데 여기엔 묘한 특징이 숨어 있습니다. 여러분이 보기에 어떤가요? 사진 속 합성된 인물의 미모를 평가한다면 어느 정도인가요? 무작위로 선발된 100명의 사진을 합성한다면, 그들이 특별히 미모가 뛰어난 사람들로만 선발된 것이 아니라면, 합성된 평균 얼굴은 미모에 있어서도 평균적인 수준이 되어야 할 것입니다. 그런데 재미있게도 그렇게 만들어진 평균 얼굴은 평균 이상의 아름다움을 보여주고 있습니다. 그냥 평균일 뿐인데 왜 이렇게 아름다운 것일까요?

여기에는 경쟁적인 두 가지 대답이 있습니다. 첫 번째 대답은 그것들이 대칭을 이루기 때문에 아름답다는 것이며, 두 번째 대답은 그것들이 평균

이기 때문에 아름답다는 것입니다. 그런데 이 두 대답은 서로 다른 대답인가요? 곰곰이 생각해보면 여러 사진을 중첩해서 만드는 평균적인 얼굴은 대칭을 이룰 수밖에 없습니다. 그러니 평균과 대칭은 하나의 사진에서 동시에 발견되는 성질이며, 정확히 말하면 한 특징에 대한 두 가지 이름이라고 할 수 있을 것입니다. 그럼 좀 더 면밀히 쪼개어 본다면 우리가 아름다움을 느끼게 해주는 특징은 대칭일까요? 아니면 평균일까요?

대칭에서 아름다움을 느낀다고 주장하는 학자들은 대칭이 건강한 유전자의 증거라고 주장합니다. 동물 세계에서 짝짓기 상대로서 건강이 나쁜 배우자는 많은 위험부담을 안겨줍니다. 암수가 양육을 함께 하는 경우 배우자가 건강하지 않으면 부양의 의무를 다하지 못 할 수도 있고, 양육 참여 여부와 상관없이 자식에게 질병이나 나쁜 건강을 남겨줄 수도 있을 것입니다. 심지어 배우자 자신이 부양의 대상이 되어버린다면 그보다 최악은 없을 것입니다. 그러니 진화의 과정에서 건강한 배우자를 찾아내는 다양한 전략이 개발되었을 것이라 짐작하는 것은 크게 어색하지 않습니다. '대칭가설'은 좋은 유전자를 가졌거나 건강한 개체임을 간접적으로 보여주는 것이 바로 신체의 대칭성이며, 우리는 그러한 대칭성을 선호하도록 진화하였으며, 바로 그것이 아름다움의 기원이라고 말합니다.[19]

그와 경쟁하는 '평균가설'은 우리가 평균적인 외모를 선호하는 이유는 그것이 평균이기 때문이라는 것입니다. 인간을 예로 들어 설명해 보죠. 인간이 지닌 다양한 특징과 모습들은 환경에 각기 다른 정도로 적응하곤 합니다. 예를 들어 키는 사람마다 다양한데, 그들의 키를 순서대로 나열한다면 2미터가 넘는 큰 키부터 초등학생의 키 정도밖에 되지 않는 키까지 다양한 범위에 걸쳐 있을 것입니다. 그런 경우 과연 어느 정도의 키가 환경에 가장 잘 적응할까요? 쉽게 생각할 수 있는 대답이 바로 평균입니다. "너무 잘하지도 말고 너무 못하지도 말고 딱 중간만 하라!"는 군대의 오래된 조언처럼 중간은 안전을 보장하는 중요한 특징입니다. 모난 돌이 정을 맞고 잘난 놈은 시기를 받는 것처럼, 우리가 평균에서 아름다움을 느끼는 이유는 그것이 가장 안전한 외모의 표준이기 때문이라는 것입니다.[20]

7. 맺음말 : 인간의 아름다움

여기 소개한 이론들보다 훨씬 많은 이론과 설명들이 진화의 관점에서 아름다움에 대한 해명을 제공해주고 있으며, 그 여정은 아직까지 이어지고 있습니다. 그러나 분명한 건 이러한 연구들이 경험적 연구라는 점에서 지금까지의 인문학적 연구와 구별된 길을 간다는 사실입니다. 사변에만 의지하고 머무는 것이 아니라 논리적이고 사변적인 고찰을 통해 나온 귀결을 면밀한 경험적 탐구를 통해 증명하려는 시도는 이전의 아름다움과 예술에 대한 논의에서 볼 수 없었던 방식일 것입니다. 그렇다고 그러한 과정 속에서 인문학이 하는 역할이 없는 것은 아닙니다. 그 탐구의 여정에서 지도를 그려주고 안내해주는 것이 바로 인문학적 성찰일 것입니다.

　최근까지 인문학은 인간의 문제에 집중하며 자연과학과 구별되는 고유한 길을 간다고 생각하는 사람들이 많았습니다. 그들은 생물학이나 진화론에서도 인간을 대상으로 삼기는 하지만, 그러한 대상으로서의 인간은 인문학적 주체로서의 인간과 분명히 구분되는 존재로 간주하곤 했습니다. 이에 반해 지금까지 살펴본 진화생물학적 연구는 인간도 한 종의 생물일 뿐이며, 인간도 여타 생물들과 마찬가지로 진화의 큰 사슬 속에서 하나의 고리를 차지하는 존재일 뿐이라고 말합니다. 과연 어떤 생각을 따라야 할지, 인간을 어떻게 바라보아야 할지, 이제 좀 더 진지한 고민을 해야 될 때가 된 것 같습니다. 물론 이러한 고민이 새롭게 떠오른 것은 아닙니다. 이미 다윈도 그러한 고민을 했고 나름의 대답을 찾아낸 우리의 선배일 것입니다.

"진화의 원리는 인정하지만 포유류, 조류, 파충류, 어류의 암컷이 수컷의 아름다움에 대한 취향을 필연적으로 포함하는 고상한 감식력을 획득한다는 사실과 그들의 취향이 우리 인간의 취향과 대개 일치한다는 사실을 쉽게 받아들일 수 없는 사람이라면 다음과 같은 사실을 곰곰이 생각해보아야 한다. 즉 하등한 척추동물뿐만 아니라 고등 척추동물에서 동물의 뇌 신경세포가 척추동물의 공통 조상이 갖고 있었던 뇌 신경세포에서 동일하게 유래했다는 사실을 생각해야만 한다. 그렇게 해서 우리는 서로 다른 여러 동물 집단에서 일부 정신 능력이 거의 같은 방식으로 거의 동일한 수준만큼 발달했다는 사실을 알 수 있다."[21]

주석

1 진화의 '방향'이라는 말은 진화가 일단락된 현재의 관점에서 과거의 진화 과정을 설명할 때 그렇다는 의미이지 진화가 그 자체로 방향을 가지고 있다는 말로 이해해서는 안 된다. 진화의 방향을 예측하는 것은 환경의 모든 조건과 개체의 모든 특징을 망라할 수 있을 때 가능할 텐데 시시때때로 변하는 조건들을 망라한다는 것은 불가능하기 때문이다.

2 Aristoteles, De coelo, vol.2, chapt.11, 291b 13.

3 Cronin, H(1991), The ant and the peacock, Cambridge, UK:Cambridge University Press, p.113. 데이비드 버스(2012), 『진화 심리학』, 이종호 역, 웅진지식하우스, 34쪽에서 재인용.

4 성 선택에 관한 본격적인 논의는 다윈의 『인간의 유래, 그리고 성과 관련된 선택』(1871)에서 다뤄지지만, 이미 『종의 기원』에서 그러한 생각의 단편들을 보여주고 있다. 암컷을 사이에 둔 수컷들의 경쟁(85~87쪽)이나 화려한 치장을 하는 수컷의 사례(197쪽)가 그것들이다.

5 찰스 다윈(2006), 『인간의 유래 2』, 김관선 역, 한길사. 19쪽.

6 긴꼬리과부새에 대한 안데르손의 실험에 대해서는 울리히 렌츠가 쓴 『아름다움의 과학』, 박승재 역, 프로네시스, 121~122쪽에 자세히 소개되어 있다.

7 누군가는 이러한 결론에 동의하지 않을 수도 있을 것이다. 아름다움을 새에게 투사하는 것은 억지스러운 것 아니냐고 말이다. 물론 그런 지적에는 동의할 수 있다. 사실 이러한 관찰을 통해 확인할 수 있는 것은 아름다움에 대한 것이라기보다는 선호에 관한 것이라고 해야 할 것이다. 다만 우리가 느끼는 아름다움의 판단과 이러한 선호를 연결시킴으로써 아름다움의 기원을 유추할 수 있을 것이다.

8 스티븐 핑커(2002), 『빈 서판』, 김한영 역, 사이언스북스, 707쪽.

9 같은 책, 20장 참조.

10 찰스 다윈(2007), 『종의 기원』, 홍성표 역, 을유문화사, 196~197쪽

11 같은 책, 197쪽.

12 이와 관련한 보다 자세한 논의는 스티븐 핑커의 앞의 책 707~717쪽 참조.

13 랭로이스의 실험에 대해서는 울리히 렌츠의 앞의 책, 40쪽 참조

14 같은 책, 229~300쪽.

15 리처드 도킨스, 『이기적 유전자』, 홍영남 역, 을유문화사, 257쪽.

16 같은 책, 257쪽

17 바이런 스와미 · 애드리언 편햄(2010), 『이끌림의 과학』, 김재홍 역, 알마, 56쪽

18 물론 현대의 예술 활동은 하나의 직업으로서 생계를 유지하는 방편이 되기도 한다. 하지만 그건 아주 최근의 일이며, 예술의 발생과 관련한 현생 인류의 역사를 고려하여 생각하면 상황은 많이 달라진다.

19 대칭가설은 주로 톰힐의 연구에서 유래하는데, 그의 연구에 대한 자세한 소개는 데이비드 버스(2012), 『진화심리학』, 이충호 역, 웅진지식하우스, 203~204쪽을 참조할 것.

20 평균 가설에 대한 좀 더 자세하고 다른 설명은 데이비드 버스의 같은 책 242쪽을 참조할 것.

21 찰스 다윈(2006), 『인간의 유래 2』, 김관선 역, 한길사. 569쪽.

참고문헌 및 더 읽어볼 책들

• 데이비듯 버스(2012),『진화심리학』, 이충호 역, 웅진지식하우스

• 리처드 도킨스(2002),『이기적 유전자』, 홍영남 역, 을유문화사

• 바이런 스와미·애드리언 편햄(2010),『이끌림의 과학』, 김재홍 역, 알마

• 스티븐 핑커(2002),『빈 서판』, 김한영 역, 사이언스북스

• 울리히 렌츠(2008),『아름다움의 과학』, 박승재 역, 프로네시스

• 찰스 다윈(2006),『인간의 유래 2』, 김관선 역, 한길사

• 찰스 다윈(2007),『종의 기원』, 홍성표 역, 을유문화사

• Cronin, H(1991), The ant and the peacock, Cambridge, UK:Cambridge University Press

신화는 어떻게 게임과 만나는가?

⋮

김종규

융합을 이야기할 때, 반드시 빠뜨려선 안 될 것이 바로 '다양성'입니다. 여러 융합의 방식이 있음을 강조하기 위함이 아닙니다. 다양성이 중요한 것은 고유성 때문입니다. 어떤 종류와 방식의 융합이든 간에, 융합은 한 가지 요소로만 이루어지는 것은 아닙니다. 최소한 두 가지 이상의 요소가 있어야 하고, 그 요소들 각각은 고유한 것들이어야 합니다. 만일 융합되어야 할 요소들이 모두 똑같은 것이라면, 그것은 결코 융합될 수도, 융합일 수도 없습니다. 그런데 그 반대의 경우도 생각해 보아야 합니다. 만일 그 요소들이 완전히 상반되기만 한 것이라면 어떨까요?

음식을 만드는 사람들이 고민하는 것은 재료의 궁합입니다. 서로 궁합이 맞지 않는 재료를 사용해 음식을 만들게 되면, 건강을 해치게 할 수도 있다고 합니다. 건강을 망치게 하는 음식은 사실 음식이라 할 수 없을 것입니다. 고유한 것들 간 융합의 경우도 마찬가지일 것입니다. 만일 그 특성들을 없애버리면, 같은 것들끼리의 모임밖에는 안 될 것입니다. 그렇다고 그 다름을 방치한다면, 융합은 저해될 수 있습니다. 더욱이 그 다름의 정도가 클수록 저해의 정도와 가능성도 비례하여 커지게 될 것입니다. 이래저래 융합은 어렵습니다. 그래도 큰 산을 넘으면, 작은 산을 넘는 것은 비교적 쉬운 것이 됩니다. 신화가 게임과 어떻게 만나는지를 알아보려는 이유입니다.

많은 온라인 게임들이 신화와 직·간접적으로 연관되어 있습니다. 게임 속의 캐릭터나 그 게임을 이끌어 나가고 있는 스토리들도 신화적 요소들을 사용하고 있으며, 한 지역의 신화를 게임의 명칭으로 사용한 경우도 있습니다. 신화가 이런 방식으로 게임에 사용된 것은 최근의 현상이 아니라 오래되고 일반화된 현상입니다. 그래서 그리 대단할 것 없는, 흔한 현상 중의 하나입니다. 그런데 조금만 달리 보면 그 결합에서 꽤나 이상한 점이 발견됩니다.

예전부터도 온라인 게임을 즐기려면, 성능이 좋은 컴퓨터가 필요했습니다. 지금은 더하죠. 예전에는 PC로 해야 할 게임이 손 안의 스마트폰에서 구동이 되기도 합니다. 구형 스마트폰은 엄두도 낼 수 없죠. 자주 사용해서 익숙하기는 하지만, 개인용 컴퓨터나 스마트폰 등은 우리가 일상에서 경험할 수 있는 최고의 기술적 기기들입니다. 아주 똑똑하기도 하죠. 알려진 바에 따르면, 컴퓨터는 계산 장치에서 출발한 것이었습니다. compute, computation 등 컴퓨터와 같은 어원을 갖고 있는 말들 역시 계산이라는 뜻을 지니고 있습니다. 수를 세거나 연산을 하는 데 필요한 능력은 감정이나 느낌이 아닌 이성입니다. 이성의 능력을 활용하여 우리는 합리적으로 계산을 수행합니다. 인간 이성의 산물인 컴퓨터 역시 마찬가지입니다. 지금의 컴퓨터도 근본적으로 연산 장치이며, 이 연산이 합리적으로 진행된다는 점에서 컴퓨터는 합리성을 특징으로 삼고 있는 기기입니다. 그것도 이제는 인간보다 더 뛰어나게 그러한 기능을 수행하고 있죠. 어떻게 보면 인간보다 더 합리적으로 작동한다고도 할 수 있습니다. 다만 아직까지는 우리 인간이 만들어 내고 있다는 점에서, 컴퓨터는 인간의 이성적 능력으로 만들어낸 최고의 합리적인 기기라 말할 수 있을 것입니다.

컴퓨터에 대해 이야기하면서 '이성'과 '합리성'이라는 말이 사용되었는데요, 같은 말로 봐도 무방합니다. 아주 옛날 철학자 아리스토텔레스는 인간을 이성적 동물(zoon logon echon)이라고 정의했습니다. 이때 'logon'의 명사가 'logos' 즉 '이성'입니다. 아리스토텔레스가 정의한 이 말이 로마로 전해지면서 라틴어로는 'animal rationale'라고 번역되었습니다. 이 번역에서의 'rationale'를 지금 형태의 명사형으로 표현한 것이 'rationality' 즉 '합리성'입니다. 컴퓨터를 이와 같은 합리성과 이성의 관점에서 이해하면, 온라인 게임에서 조금 색다른 면이 발견됩니다.

앞서도 얘기했지만, 온라인 게임을 원활히 하려면 거의 최고 성능을 갖춘 컴퓨터가 있어야 합니다. 그러한 컴퓨터가 아니면, 온라인 게임이 이렇게까지 엄청난 수준에서 펼쳐질 수 없었을 겁니다. 그런데 컴퓨터는 인간이 자신의 이성이라는 능력을 통해 가장 합리적인 기기로 만든 것입니다. 그러니 최고의 합리적 기기가 온라인 게임의 토대인 셈입니다. 여기서 하나 더 생각해야 할 것은 온라인 게임이 신화와 밀접하게 연관된다는 점입니다. 이렇게 보면, 신화와 연관된 온라인 게임이 컴퓨터에서 작동된다는 것은 곧 이성(logos)과 신화(mythos)의 결합을 의미하는 현상입니다.

　게임하는 데 있어 이 둘의 결합이 그리 중요한 것은 아닐 수도 있습니다. 그런데 우리는 간혹 사용하는 데 집중하여, 그것을 왜 사용하는지를 생각하지 못할 때가 있습니다. 예를 들어, 짠맛에 길들여져서, 소금이 원래 간을 맞추어 맛을 조화롭게 만들기 위해 사용한다는 것을 잊어버리기도 합니다. 그래서 우리는 이성과 신화의 결합을 즐기는 것에서 더 나아가, 그 둘이 왜 결합하는지를 알아볼 필요가 있는 것입니다. 더욱이 이성과 신화의 관계를 알게 되면, 그 결합의 특별함과 의미가 정말 중요하다는 것도 알게 될 것입니다.

　그럼 이제 이 둘의 관계를 알아보도록 하겠습니다. 우선은 차이점에서 출발해보고자 합니다. 그래야 이 둘 간의 공통점을 파악해 볼 수 있기 때문입니다. 이성과 신화의 차이점이 가장 잘 드러나는 것은 이것들 각각에서 이해되는 공간의 특성입니다. 그래서 먼저 신화의 공간을 살펴보고자 합니다.

1. 신화의 공간

신화의 공간 특성은 이야기로서의 신화와 신화적인 사고 속에서 잘 드러납니다. 잘 알려진 신화 속 이야기에서 출발해보겠습니다. 인기리에 방영된 〈쓸쓸하고 찬란하神 - 도깨비〉라는 드라마가 있었습니다. 이 드라마 속에서 등장한 독특한 곳이 있었는데요, 저승으로 가기 전 들러야 하는 저승사자의 방이 그것입니다. 죽은 사람들은 그곳에 들러 이승의 기억을 잊게 하는 차를 한 잔 마시는데, 이 차 때문에 환생을 하더라도 전생을 기억하지 못하게 됩니다. 그런데 사실 이 이야기는 그리스 신화에서도 나오는 것입니다. 레테(lethe) 강 신화가 그것이죠.

레테 신화는 죽음과 관련된 이야기입니다. 고대 그리스인들은 윤회(re-incarnation)를 믿었습니다. 사람이 죽으면 그것으로 끝이 아니라 다시 태어난다는 것이죠. 그렇다고 죽자마자 다시 태어나는 것은 아닙니다. 그리스인들은 사람이 영혼과 육체로 이루어졌으며, 윤회되는 실체를 영혼이라 생각하였습니다. 영혼(psyche)이라는 말은, 본래 숨 쉬는 것을 뜻하는 것이었습니다. 죽음을 판단하는 기준이 숨이었던 것이죠. 죽은 듯 보여도, 숨을 쉬면 살아 있는 것이죠. 그 숨을 쉬고 있는지 혹은 그렇지 않는지를 알기 위해 그리스인들은 깃털을 사용하기도 했다고 합니다. 깃털은 공기의 흐름에 매우 민감해서, 얕은 숨도 감지해 낼 수 있었던 것이죠. 그런데 왜 숨이 죽음의 기준으로 사용되었을까요? 숨을 쉬지 않아도, 그 몸은 그대로 있기 때문입니다. 우리가 흔히 '돌아가셨다'는 말을 사용하는데요, 돌아가는 것은 몸이 아니라 숨이었던 것이죠. 만일 어떤 사람의 본체가 몸이라면, 몸은 그대로 있으니까 숨을 쉬지 않는다고 슬퍼할 이유는 없는 셈이 되는 것입니다. 그렇지만 몸이 남아 있더라도 죽음을 슬퍼한다면, 그 사람의 본체는 몸이 아닌 숨인 것이죠. 그래서 숨이라는 뜻의 단어 'psyche'가 영혼이라는 의미를 갖게 되었던 것입니다. 그리스인들은 몸을 소마(soma)라고 표현했는데요, 그 말은 본래 무덤이라는 뜻에서 연원되었다고 합니다. 그러니 몸은 영혼의 무덤인 셈입니다. 죽음을 통해 영혼은 그것의 무덤에서 빠져나와 저승으로 가게 되는 것입니다.

윤회는 이승과 저승을 오가는 것입니다. 만일 이 둘이 완전히 분리되어 있다면, 이렇게 오가는 것은 불가능할 것입니다. 이승과 저승을 오고 가는 것을 그리스인들은 강(江)을 건너는 것으로 표현하였고요, 그 중 기억과 관련된 강이 바로 레테, 즉 망각의 강입니다.[1] 드라마와 다른 것은 마시는 순서일 뿐입니다. 플라톤이나 하이데거와 같은 철학자들도 그들의 철학을 설명하기 위해 레테 강의 신화를 사용하는데요, 그 핵심은 그 망각에서 벗어나는 것입니다. 만일 그 망각에서 벗어난다면 어떨까요? '나'는 육체가 아니라 혼이며, 망각에서 벗어난 혼으로서의 나에게 있어 이승뿐 아니라 저승 모두 '내가 존재할 수 있는 공간'이 됩니다. 같은 '나'가 존재할 수 있는 공간들이니, 그 공간들은 분리된 공간이 아니라 이어진 공간으로 보아야 할 것입니다. 이렇게 끝이 없기에, 삶과 죽음 역시 이어지고 반복될 수밖에 없는 것입니다.[2]

또 다른 예에서 신화적 공간의 특성을 살펴볼 수 있습니다. 토템이 그것이죠. 토템은 아주 예전 부족이나 씨족과 밀접한 관계를 맺고 있는 동식물 등을 뜻합니다. 우리의 건국 신화에도 토템이 등장하기도 합니다. 건국 설화에 따르면, 우리는 단군의 자손들인데요, 단군 역시 환웅과 웅(熊)녀의 자식입니다. 잘 알려져 있듯, 단군의 어머니인 웅녀는 한자 뜻 그대로 '곰'을 연원으로 두신 분입니다. 신화

그림 1〉 단군신화

에서처럼, 곰이었다가 인간이 된 것일 수도 있고, 곰을 토템으로 삼고 있는 부족 출신의 여성일 수도 있지만, 어쨌든 우리의 건국 설화에도 토템의 흔적은 분명하게 남아 있습니다. 토템이 신성시되는 것은 부족이나 씨족의 생성과 매우 밀접한 연관이 있습니다. 우리의 건국 신화에서도 알 수 있듯, 우리 민족의 기원은 곰 할머니에서 시작된 것이나 다름없는 것입니다.

우리의 눈에 이러한 현상은 자못 이상해 보일 수 있습니다. 어쩌면 무식한 원시인들의 막돼먹은 이야기로 보일지도 모르겠습니다. 동식물을 숭배하는 것도 그렇지만, 종(種)과 류(類)의 차이가 엄연한 마당에 그것들이 우리의 조상쯤으로 생각하는 것은 더욱 받아들이기 어렵습니다. 그

런데 우리의 조상들에 대해 좀 더 관대한 마음을 가져본다면, 우리는 이러한 현상들에 대하여 다음과 같은 물음을 던질 수 있을 것입니다. 왜 그들은 그러한 생각을 했을까요?

옛 사람들의 생각을 이해하는데, 방금 전 얘기한 신화적 공간은 큰 도움이 됩니다. 이승과 저승을 공간적으로 분리시키지 않은 그들의 생각 말이죠. 이승과 저승이 공간적으로 분리되지 않는 것은 삶과 죽음의 분리 불가능성과 연관됩니다. 삶이 공간과 죽음의 공간이 분리되지 않는다면, 삶과 죽음은 서로 구별되는 별개의 사건일 수 없습니다. 삶과 죽음이 별개의 사건이 아니라는 것은 죽음이 아닌 삶의 지속을 의미합니다. 그러니 삶, 즉 생(生)은 연속된 흐름 속에 있는 것입니다. 이러한 생의 연속성에서 우리는 토템을 이해해 볼 수 있습니다. 생이 하나의 흐름이고 연속이라면, 생은 인간에게만 고유한 것일 수 없습니다. 인간의 생과 동물 그리고 식물의 생을 구분하기 시작한다면, 생 역시도 구분되어야 할 대상이 됩니다. 그러니 생을 하나의 흐름이고 연속으로 이해하는 이상, 인간과 동물 그리고 식물의 생 역시 구분될 수 없습니다. 이것이 생명에 대한 신화적 사고의 중요한 특징이었으며, E. 카시러는 이와 같은 신화적 사고의 특성을 생의 연대성(solidarity)이라 불렀습니다. 이러한 연대성 하에서, 동물과 식물을 비롯한 자연 전체는 인간과 별개의 것으로 간주될 수 없습니다. 모두가 생명으로 연대해 있는 하나의 생명 공동체인 것입니다.[3] 자연의 부단한 변화가 보여주듯, 생명의 흐름은 같은 형태의 반복으로 진행되지는 않습니다. 전체적으로는 하나의 흐름 속에 있지만, 그 흐름 속에서 서로 다른

그림 2〉 아프로디테의 탄생(보티첼리)

형태들로 나타납니다. 아프로디테의 탄생이나 다프네 신화는 생명의 흐름이 다양한 형태로 나타날 수 있음을 보여줍니다.

이야기로만 본다면, 신화는 여러 가지 설을 가지고 있습니다. 로마에서는 비너스라 불린 아프로디테의 탄생 신화 역시 마찬가지입니다. 헤시오도스가 전한 바에 따르면, 아프로디테는 바다 거품 속에서 탄생하는데, 그 거품은 우라노스의 성기가 바다에 떨어져 만들어진 것입니다. 우라노스의 성기가 바다에 떨어진 것은 심각한 가정불화에서 기인합니다. 신탁 때문에 자식들을 멀리한 우라노스는 그의 아들 크로노스에 의해 일종의 복수로서 거세당하였고, 그렇게 떨어져나간 성기가 바다로 떨어진 것이죠. 이렇게 보면, 사실 미의 여신인 아프로디테는 부친의 몸 일부에서 생겨난 것이나 다름없습니다. 일종의 변신(metamorphosis)이죠. 이와 같은 변신은 다프네 신화에서도 발견됩니다.

다프네 신화는 올림픽의 월계관과 깊은 관련이 있는 것으로 알려져 있습니다. 아폴론에게 놀림을 받은 에로스는 그 대가로 아폴론에게 사랑에 빠지게 되는 화살을 쏩니다. 그리고 또한 그 옆을 지나고 있던 애꿎은 처자 다프네에게는 미워하는 화살을 쏩니다. 한 눈에 사랑에 빠진 아폴론은 다프네를 쫓아다니고, 다프네는 그런 아폴론이 싫어 도망 다니게 됩니다. 아마도 최초의 스토커를 아폴론이라 해도 무방할 듯싶습니다. 그렇게 도망 다니던 다프네는 점점 지쳐가고, 결국 강의 신인 아버지에게 도움을 청하게 됩니다. 딸의 요청을 들은 아버지의 기도로 다프네의 몸은 점차 나무로 변하게 됩니다. 아폴론의 손아귀에서 벗어날 수 있는 방책이었던 것이죠. 나무로 변한 다프네의 모습에 슬퍼하던 아폴론은 다프네의 가지를 꺾어 관을 만들어 썼다고 전해지며, 그 다프네 나무가 바로 월계수입니다. 올림픽을 대표하는 신의 징표인 월계관이 올림픽 우승자에게 씌워진 계기가 되는 것입니다. 우리는 주로 이 월계관에 주목하지만, 실상 우리의 논의 속에서 주목되는 것은 다프네의 변신입니다.

아프로디테의 변신이나 다프네의 변신에 대해 어떤 생각이 드시는지요? 잘 알려진 이야기들이지만, 이 이야기를 듣고 감동을 받거나 하지는 않을 것 같습니다. 아마도 얼토당토않은 소리로 들리는 게 당연할 듯싶습니다. 하지만 공간을 분리된 것이라 생각하지 않는 사람들에게는 이 변신이 오히려 당연한 것입니다. 우라노스와 아프로디테가 그리고 다프네와 월계수는 생명의 흐름 속에 있는 서로 다른 모습일 뿐이기 때문입니다. 분할되지 않은 공간에는 멂과 가까움이 없습니다.[4] 그래서 레테 강의 신화 속에서 삶과 죽음이, 아프로디테의 신화 속에서 몸과 몸이, 토템과 다프네 신화 속에서 인간과 동물 그리고 몸과 식물이 연결되어 변화되고 변신될 수 있는 것입니다.[5] 끝을 정하는 것은 신화적 사고와는 무척 낯선 태도입니다. 생명도 공간도 지속적인 흐름 속에 있는 것입니다. 시작(arche)은 분명 있지만, 그것은 이 흐름 속

그림 3〉 아폴론과 다프네

에서 너무나 많은 모습으로 바뀌어 그 정체가 이제는 희미해져 있을 따름입니다. 더욱이 끝을 정하지 않기에, 신화적 사고는 이 흐름을 그 자체로서 이해하고자 하였습니다. 그 이해의 표현이 바로 신화인 것입니다.[6] 신화적 공간의 특성을 이해하였다면, 이제 신화와는 다른 공간, 즉 로고스적(이성적) 공간에 대한 이해로 나아가야 하겠습니다.

2. 로고스의 공간

친숙함으로 따지자면, 신화의 공간보다 로고스의 공간이 우선순위를 차지할 겁니다. 우리가 일반적으로 알고 있는 공간적 특성이 바로 로고스의 공간적 특성이기 때문입니다. 예를 들어 보면 이 말의 의미가 금방 이해될 겁니다. 대표적인 로고스의 공간 예는 좌표평면입니다. 수학 얘기가 나온다고 긴장할 필요는 없습니다. 우리는 그저 공간적 특성만 얘기할 것이니까요.

수학 시간에 질리도록 사용하는 좌표평면을 처음 도입한 사람은 데카르트라는 철학자입니다. 철학사에서는 근대 철학의 아버지라고도 불리는 사람이죠. 데카르트가 좌표평면을 생각하게 된 것은 공간 내에 정확한 위치를 표시하기 위함이었습니다. 이를 위해 그는 공간을 일정한 간격과 크기로 분할하고, 이 위에 위치를 정확하게 지정할 수 있는 좌표평면을 고안했던 것입니다. x축과 y축으로 이루어진 좌표평면에 그래프를 그렸던 기억을 떠올려 보세요.

좌표평면이 도입되면서 일어나는 수학의 역사도 무척이나 흥미로운 것이지만, 여기서 우리가 더 큰 흥미를 가져야 할 것은 공간을 분할될 수 있는 것으로 본 이해 방식입니다. 이러한 이해 방식은 신화가 공간을 이해하는 방식과는 무척이나 색다른 것입니다. 물론 우리에게는 매우 친숙한 것이지만 말이지요. 이와 같은 분할의 방식은 공간에만 머물러 있지 않습니다. 시간 역시 공간처럼 이해됩니다. 바늘 시계를 떠올려 보세요. 바

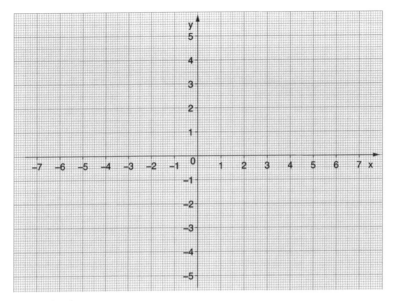

그림 4〉 좌표계

늘 시계는 크게 열두 개의 큰 칸으로 나누어져 있고, 그 각각은 또한 다섯 개의 작은 칸으로 나누어져 있습니다. 물론 더 작은 칸으로 계속해서 나눌 수는 있지만, 대개 우리가 갖고 있는 바늘 시계들은 이러한 식입니다. 이렇게 시간을 공간화하는 것은 시간을 정확히 읽어내기 위함이며, 우리는 시계 바늘이 그렇게 나뉜 칸의 어느 위치를 가리키는가에 따라 시간 읽기를 달리합니다.

그런데 여기서 주목할 것은 공간과 시간이 그저 단순한 대상이 아니라는 점입니다. 공간과 시간은 어떤 것이 존재할 수 있는 조건이기 때문입니다. 사물이 존재하기 위해서는 공간이 전제되어야 하며, 시간 없이 변화도 가능할 수 없습니다. 그러니 공간과 시간의 이해는 사실 존재하는 것 모두에 대한 이해의 조건이기도 합니다. 예를 들어보겠습니다. 길을 가다가 흔히 볼 수 있는 과속 단속 카메라를 생각해봅시다. 이 단속 카메라의 감시 대상은 길을 지나는 자동차들입니다. 자동차들이 천천히 이동하는 곳이라면, 그와 같은 단속 장비를 설치하지는 않을 것입니다. 그러니 그런 장치들이 설치되어 있는 곳에서 자동차들은 비교적 빠르게 움직인다고 보아야 합니다. 그런데 이 자동차들은 속도 측정을 위해 가던 길을 멈추거나하지 않습니다. 그냥 가던 길을 가면서 단속 지점을 지나치게 됩니다. 그렇다면 이렇게 계속 움직이고 있는 자동차의 속도를 어떻게 측정할 수 있을까요? 여기에 로고스의 공간과 시간에 대한 이해가 적용됩니다.

속도는 움직인 거리와 시간의 관계에서 측정됩니다. 예를 들어 1시간에 100킬로미터를 이동하였다면, 움직인 거리는 100킬로미터이고, 걸린시간은 1시간이니, 시간당 100킬로미터의 속도로 이동한 것입니다. 과속단속 카메라의 속도 측정도 마찬가지입니다. 단, 과속 단속 카메라의 경우 그 대상이 계속 움직이고 있다는 것이 문제입니다. 거리와 시간이 정해지지 않는다면, 속도는 측정될 수 없습니다. 사실 문제는 간단히 해결됩니다. 운동 과정의 일부를 잘라내는 것입니다. 과속 단속 카메라가 설치된 부근의 도로에는 두 줄의 센서가 장착되어 있습니다. 앞줄과 뒷줄은 출발점과 종착점의 역할을 합니다. 이렇게 되면 우선 두 줄 간의 거리가 확보되며, 이 두 줄을 지날 때의 시간을 측정할 수 있게 됩니다. 그러니 자동차는 계속 운행을 유지하더라도, 그것과 무관하게 자동차의 속도는 측정될 수 있는 것입니다. 운동하는 것 역시 공간과 시간처럼 분할할 수 있는 것이죠.

운동의 분할은 공간과 시간과의 관계 외에 신화(미토스)와는 다른 로고스만의 또 다른 특성을 잘 보여줍니다. 이 차이를 논하기 전에, 로고스와 미토스의 공통점부터 잠깐 언급해야 하겠습니다. 로고스와 미토스가 서로 다른 사유방식이라는 점은 분명합니다만, 그래도 이 둘 모두에 공통적인 사고가 있습니다. 그것은 바로 운동의 시원(arche)이 있다는 것입니다. 끊긴 데 없는 생명의 흐름도 그 시원은 존재합니다. 다만 그 흐름이 지속되어 온 까닭에 그 시원이 희미한 것일 뿐입니다. 그래서 그 시원이 무엇인가에 대해 미토스는 굳이 파악하려 하지 않습니다. 그 시원은 지금의 운동과 변화 속에서 계속 반복되고 있기 때문입니다. 이에 반하여 로고스는 '끝'을 정합니다. 끝을 정하게 되면, 운동은 어떻게 이해될까요? 신화는 그 끝을 정하지 않습니다. 사실 끝이라는 개념이 없으니 모든 것을 흐름으로 이해하는 것입니다. 그런데 로고스는 그 운동의 끝을 정하게 됩니다. 이 둘의 공통점은 운동의 시원이 있다는 것이니, 로고스의 경우 운동의 시작과 끝이 정해지는 셈입니다. 운동을 변화로 바꾸어 읽어봅시다. 그렇게 되면, 변화 역시 시초와 끝이 정해집니다. 변화의 끝은 결과입니다. 그러면 시초는 무엇일까요? 그 변화를 촉발한 것, 즉 원인이 될 것입니다. 이렇게 되면, 이른바 원인과 결과의 관계 속에서 운동과 변화를 고찰할 수 있게 됩니다. 더욱이 로고스는 시원을 이 끝에서 파악하기도 합니다. 결과를 정하면, 그것을 산출한 원인을 역(逆)추적하는 셈이죠. 사실 분할의 근원을 이것으로 보는 것이 더 합당할 것입니다.

신화와는 다른 로고스의 이와 같은 특성은 서양 철학을 시작하게 해줍니다. 혹시 이런 말 들어보셨나요? "철학은 놀라움(taumazein)에서 시작되었다." 놀라움을 해명하는 데서 철학이 시작되었다는 것이죠. 놀라움의 대상은 자연이었습니다. 각종 자연 현상들에 놀라던 인간들이 그 경이로움을 어떻게든 해명하려던 시도 속에서 철학 고유의 시각과 방법이 생겨났던 것입니다. 이러한 이유로 서양 철학의 역사를 소개한 책들의 앞부분은 대개 자연철학자들로부터 시작하기 마련입니다.

그렇지만 하나 더 생각해보아야 할 것은 이와 같은 놀라움이 그리고 그 놀라움에 대한 해명의 시도가 자연철학자들에게만 고유한 것인가 하는 것입니다. 사실 신화 역시 자연의 놀라움을 해명하려던 시도였습니다. 신화가 죽음을 극복 가능한 것으로 해석하는 것 역시 자연 현상에 대한 하나의 해명이었습니다. 이 점에서는 신화와 로고스가 구분되지 못합니다. 그러나 그 해명의 방식은 분명히 다릅니다. 앞서 이야기했듯, 신화는 시원을 일일이 따지지 않습니다. 끝을 정하지 않기 때문입니다. 그러나 로고스는 끝을 정하는 사유방식입니다. 이렇게 끝이 정해지면, 그 끝을 이르게 한 시원이 명확해져야 합니다. 놀라움을 자아내는 어떤 현상이 있다면, 그것은 끝으로서의 하나의 결과이며, 그 결과를 산출한 원인으로서의 시원을 밝히는 것이 해명의 초점이 되는 것입니다. 자연철학자들이 시원을 따져 물었던 것도, 신화가 철학이 될 수 없던 것도 이러한 연유에서였습니다.

신화가 철학이 될 수 없었다는 점에서, 철학의 시작은 신화와 로고스의 분리를 의미하기도 합니다. 그래서인지 로고스가 신화의 문지방을 넘어서면서 철학이 시작되었다는 말이 있기도 합니다. 그 철학이 전개되면 될수록, 철학은 신화와의 거리를 계속해서 넓혀갑니다. 아리스토텔레스가 인간을 이성(로고스)적 존재라고 규정하듯이, 로고스는 다른 존재와 구별되는 인간만의 고유 특성으로 간주됩니다. 이러한 점에서 보면, 로고스야말로 가장 인간적인 것입니다.

3. 문화로서의 신화와 로고스

우리는 앞서 공간을 중심으로 신화와 로고스의 차이를 개략적으로 살펴보았습니다. 이제 우리는 신화와 로고스의 결별 이후를 좀 더 살펴보고자 합니다. 이 둘의 만남이 갖는 의미를 좀 더 분명하게 파악하기 위함입니다. 앞서 잠깐 언급한 아리스토텔레스의 '인간은 이성적 동물'이라는 정의를 다시 살펴보겠습니다. 이 정의는 인간이 어떤 존재인지를 규정하는 사전적 정의입니다. 잘 알려져 있듯, 사전적 정의는 종차와 유개념으로 이루어집니다. 어려운 말이긴 한데요, 간단히 설명하자면, 유개념이란 정의해야 할 것이 포함된 좀 더 큰 개념이고요, 종차란 그 유개념에 속한 것들과는 다른, 정의해야 할 것만의 고유한 특성이라 이해하면 됩니다. '인간은 이성적 동물이다'라는 정의를 이러한 개념적 의미에 따라 해석해보면, 인간은 크게는 동물의 범주에 속하는 것이지만, 다른 동물과는 전혀 다른 인간만의 고유한 특성인 '이성'을 갖고 있는 존재입니다.

인간이 이성적 동물이라는 정의에 있어 강조의 방점(傍點)은 동물이 아니라 이성에 있습니다. 이 정의가 말하고자 하는 것은 동물로서의 인간이 아니라, 이성적 능력을 소유한 존재로서의 인간입니다. 다른 동물들은 결코 갖고 있지 못한, 오로지 인간만이 갖고 있는 특성이 바로 이성인 것입니다. 다른 것에서는 찾을 수 없는 인간만의 고유한 특성이 이성이라면, 그 이성은 가장 인간적인 것으로 보는 것이 응당할 것입니다. 그런데 여기서 하나를 더 생각해보아야 할 것이 있는데요, 문화가 바로 그것입니다. 문화는 인간을 중심으로 이성과 단단히 고리로 묶여 있습니다. 문화의 중요성을 강조한 E. 카시러는 문화를 통해 인간은 비로소 인간으로 성장한다고 주장한 바도 있습니다. 일반적으로 문화란 인간 정신의 소산 모두를 일컫는 말입니다. 문화는 한 개인에 의해서 만들어지거나 개인 혼자 독차지할 수 없는 그리고 어느 특정 시기에만 제한되는 것이 아니라, 인간의 전 역사에 걸쳐 축적되어 온 그리고 축적되어 가고 있는 소산(所産)입니다. 이른바 인간 정신의 역사적 무늬가 곧 문화인 것입니다.

문화를 인간 정신의 역사로서 볼 때, 이성적 동물로서의 인간 정의는 매우 중요합니다. 앞서 이야기했던 인간의 정신사를 잠깐 떠올려 보도록 하죠. 로고스가 신화의 문지방을 넘어서면서 철학이 시작되었다는 점과 그 이후 로고스는 하나의 정신적 전통이 되었다는 점 말입니다. 이 상황을 이렇게 표현해도 될 것 같습니다. 신화는 문지방 안에 머물러 있고요, 그 너머는 로고스가 펼쳐 놓은 세상인 것이죠. 문지방을 넘어선 이래로 로고스는 인간 정신의 역사를 끌어 오고 있는 주인공이자 동력인 셈입니다. 인간 정신의 역사적 무늬를 문화라 한다면, 이와 같은 정신문화의 특성을 반영하여, 문화 역시 로고스의 특성 하에서 이해할 수 있게 됩니다. 인간의 문화는 로고스, 곧 이성적인 것이라고 말이죠. 이와 같은 이해 속에서 보면, 서양 철학의 시작은 신화와 이성의 결별을 의미하기도 하며, 그 결별 지점은 인간 문화의 출발점이기도 합니다.

신화와 결별한 이성은 그 뒤를 돌아보지 않았습니다. 이성은 그 특유의 날카로움을 벼려나갔으며, 이로써 점차 신화와의 간극은 벌어지게 되었습니다. 이성적으로 이해되는 인간의 문화 속에는 신화가 들어설 자리가 없어지게 된 것입니다. 물론 플라톤의 대화편에서 신화가 발견되기는 합니다. 예를 들어 우주의 발생을 설명하는 플라톤의 후기 대화편에서도 창조 신화가 사용되고 있습니다. 하지만 이러한 신화들은 철학을 설명하기 위해 도구로서 이용된 철학적 신화이지 본래의 신화라고 볼 수는 없습니다. 이성적 전통 속에서 인간 사고의 기초는 이성입니다. 현대 주류 경제학에서 합리적 존재로서의 인간을 상정하고 있는 것처럼, 인간을 합리적 존재로 합리적으로 사고하고 효율성을 따지는 것은 당연한 것이 되었습니다.

인간의 문화를 이성적인 것으로 이해하는 관점에서 볼 때, 신화는 사실 부정적인 것으로 간주됩니다. 신화를 포함시키게 되면, 인간의 문화를 이성적으로 규정할 수도 없으며, 그와 같은 인간상의 보편화를 부정하는 꼴이 될 수도 있기 때문입니다. 신화에서 벗어나 시작된 이성의 역사에서 문화는 출발하였으며, 문화를 통해 인간이 인간으로 성장하는 것이라면, 인간 역시 이성적이어야 합니다. 이러한 태도에서는 신화적인 것은 어떻게든 털어내야 하는 것이 됩니다. 예를 들어 이성적 태도에서 신화를 설명했던 초기 신화 연구자들은 신화를 언어의 병이라 칭하기도 하였습니다. 신화는 어리석은 원시인들이 언어의 의미를 혼동하여 만들어 낸 허구적 이야기일 따름이라는 것입니다. 신화는 이성과 양립될 수 없는 것이었긴 하지만, 이렇게라도 신화가 언급되고 다루어졌던 것은 20세기에 거의 다 이르러서였습니다. 결별 이후 무척이나 오랜 시간이 흐른 뒤였습니다.[7]

이쯤에서 다시 신화와 게임의 이야기로 돌아가 봅시다. 우리의 이야기는 신화와 게임의 만남을 융합의 차원에서 이해하는 것이었습니다. 사고의 차원에서 보자면, 현재의 온라인 게임은 로고스의 극단에 서 있는 것이며, 신화는 그와 전혀 반대의 극에 서 있기 때문이었죠. 지금까지의 대부분의 이야기는 이 반대의 두 극이 형성되는 과정에 관한 것이었습니다. 이러한 이념적이고 역사적인 배경을 감안한다면, 이 두 극이 하나의 게임에서 교차하는 것은 기대하기 어려운 일입니다. 순서상으로 보면, 이제 우리는 이 둘이 왜 교차하게 되었는지를 이야기해야 합니다. 하지만 잠깐 이 둘의 교차 현상을 조금 다른 용어를 사용하여 설명해보고자 합니다. 같은 용어는 아니더라도, 신화와 게임의 교차를 다른 측면에서 유사하게 설명할 수 있기 때문입니다.

프랑스의 철학자 앙리 베르그손(Henry Bergson)은 운동을 이해하고 인식하는 두 가지 방법을 이야기합니다. 지성과 직관이 그것이죠. 사실 어려운 말들인데요, 간단하게 이야기해 보겠습니다. 자동차가 움직일 때를 생각해봅시다. 우리는 자동차 밖에서 자동차의 움직임을 볼 때도 있으며, 자동차 안에서 자동차의 움직임을 볼 때도 있습니다. 베르그손에 따르면, 전자의 시각이 지성(intelligence)이고, 후자의 시각이 직관(intuition)입니다. 지성은 운동의 관찰자가 운동의 외부에서 자신의 시각으로 운동을 인식합니다. 이 경우 관찰자가 갖고 있는 기존의 운동을 이해하는 방식이 관찰하고 있는 운동에 투영되는 것입니다. 시간과 거리의 상관성을 운동에 투영하면, 자동차의 운동은 속도로 설명되고 표현됩니다. 반면 운동의 안에서는 그러한 관찰자의 시선을 갖기 어렵습니다. 운동에 동참하여 함께 움직이고 있기 때문입니다. 이 경우 그 운동의 관찰자는 운동과 함께 하기에 운동을 그 자체로 이해해야 합니다. 자동차와 몇 킬로미터의 속도로 움직이고 있는 것이 아니라, 나와 자동차는 한 몸으로 움직이고 있는 것이죠. 그런데 이 둘의 차이가 그리 단순한 것은 아닙니다.

운동이라 함은 지속되고 있는 과정입니다. 달리기를 한다고 해보죠. 달리는 동안 우리는 운동을 지속하게 됩니다. 물론 달리기를 무한정할 수는 없습니다. 그러면 지구의 자전은 어떨까요? 지구의 자전 속도는 시속 1,669킬로미터라고 합니다. 이 계산은 어떻게 나올 수 있을까요? 이 계산이 가능하려면, 거리와 시간이 정해져야 합니다. 지구가 한 바퀴를 도는 것이 24시간이니 적도의 둘레를 계산하여 시간으로 나누면 지구의 자전 속도를 계산할 수 있습니다. 그런데 여기서 주목해야 할 점은 그 24개의 시간은 지속되고 있는 지구의 운동을 인위적으로 나눈 것이라는 점입

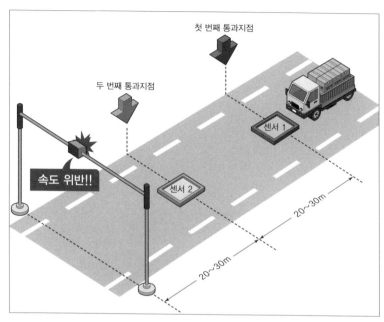

첫 번째 통과지점

두 번째 통과지점

센서 1

센서 2

속도 위반!!

20~30m

20~30m

그림 5〉 과속 단속 카메라의 작동원리

니다. 이렇게 보면, 지구의 자전 속도는 운동을 인위적으로 나누어 처음과 끝을 상정하여, 이를 시간과 거리의 상관관계 속에서 계산한 결과가 됩니다. 과속 위반을 단속하는 장치도 마찬가지의 원리가 적용됩니다. 자동차는 운동 중에 있지만, 그 운동을 인위적으로 잘라냅니다. 그림 5〉에서 센서1과 센서2는 운동의 처음과 끝이 되고요, 이 둘 간의 거리를 지난 시간을 카메라가 측정하여 대입하게 되면, 자동차의 속도는 계산되는 것입니다. 그런데 이 내용이 익숙하지 않으신가요? 네, 그렇습니다. 우리는 동일한 내용을 로고스의 공간적 특성을 설명하면서 이미 다루었습니다. 공간과 시간에 대하여 로고스와 지성은 사실 거의 같은 개념으로 이해해도 큰 무리는 없습니다.

그렇지만 베르그손은 이 같은 지성의 시각이 왜곡라고 주장합니다. 운동을 그 자체로서가 아니라 외부의 관찰자의 시선을 반영한 것일 뿐이라는 것이지요. 운동은 근본적으로 끊임 없는 흐름이어서 나눌 수 없는 것인데요, 지성은 이 운동에 외부자의 시선을 개입시키는 것입니다. 물론 이를 통해 우리는 계산이라는 특권을 얻게 되기도 하지만, 이 같은 특권은 운동 자체를 이해하려는 것이 아니며, 이러한 점에서 지성의 시각에서의 운동의 이해가 왜곡된 것이라 하는 것입니다. 운동을 그 자체로, 즉 지속으로 이해하는 것은 이러한 지성의 눈으로는 불가능합니다. 그것을 인식하는 것은 직관의 몫입니다. 베르그손에 따르면, 지속하는 것에는 현재와 과거와 미래가 구분되지 않습니다. 시계의 눈금처럼 공간화된 시간과는 달리 본래의 시간, 즉 지속하는 시간 속에는 과거와 현재와 미래가 개방되어 있을 뿐입니다.[8]

신화적 사고 내에서 공간은 분할된 것이 아니라 연속적으로 이어져 있으며, 그 나뉨 없는 연속적 공간에 생명은 끊긴 데 없는 흐름을 보입니다. 이것이 신화적 사고의 공간과 시간입니다. 이러한 특성은 베르그손의 직관에 대한 설명에서도 확인됩니다. 물론 베르그손의 직관이 신화적 사고라고 말할 수는 결코 없습니다. 베르그손은 그러한 언급을 한 바도 없습니다. 하지만 공간과 시간에 있어서 이 두 개념이 그려내는 인간 사고의 특성은 매우 유사한 것으로 볼 수 있습니다.

4. 신화와 로고스는 왜 교차하는가?

우리가 여기서 다루고 있는 온라인 게임들은 분명 이성과 신화가, 베르그손의 개념을 사용한다면, 지성과 직관이 교차된 것이기도 합니다.[9] 서로 간의 상이성과 이질성의 측면에서 본다면, 이 결합 자체는 사실 매우 놀라운 일입니다. 교차되고 있는 두 세계관의 차이가 너무도 크기 때문입니다. 어떻게 이 둘은 교차되어 하나의 게임으로 융합될 수 있었을까요?

　음식의 궁합에 대해 얘기했던 우리 논의의 처음을 잠깐 떠올려봅시다. 음식을 만들기 위해서는 여러 재료가 사용됩니다. 여러 재료가 사용된 음식이 맛의 궁합을 이루기 위해서는 그 재료의 맛이 다 같아서는 안 됩니다. 맛과 풍미 그리고 식감 등이 다 달라야 합니다. 그런데 그것이 다 다르다고 해서 음식 맛의 궁합이 이루어지는 것도 아닙니다. 달라서 섞일 수 없는, 이른바 궁합이 맞지 않는 재료들도 있습니다. 그러니 음식의 맛은 그저 같음만으로도, 다름만으로도 이루어지는 것이 아닙니다. 오히려 그 다름과 같음의 내밀한 혼융 속에서 음식의 맛은 비로소 빚어지게 됩니다. 이 같음과 다름의 혼융을 하나의 원리로 본다면, 이 원리에 기초해 우리는 신화와 게임의 결합을 이해해 볼 수 있습니다.

　기술적 뒷받침 없이는 온라인 게임을 할 수도 없고, 심지어 그것이 있을 수도 없습니다. 그러니 온라인 게임에 대해 이야기하고자 한다면, 기술에 대한 이야기를 빼놓을 수 없죠. 특히 디지털 기술이 그러합니다. 사회에 대한 기술의 영향이 단순한 사용이나 수용 차원을 넘어가고 있습니다.

인간의 역사를 시대를 특징짓는 기술로 정의하는 것은 일반적인 일이 되었죠. 특히 현대 사회에서는 기술이 사회의 특성을 결정하는 매우 중요한 요인 중 하나가 되었습니다. 산업혁명을 추동했던 기술들이 그 사회의 구조와 인간의 삶에 미쳤던 영향을 생각해보면, 이 점은 쉽게 이해할 수 있을 것입니다.

하지만 기술도 세상의 일처럼, 밝은 면과 어두운 면을 모두 갖고 있습니다. 현대 기술 역시 어두운 면을 갖고 있고요, 인간소외는 그 대표 격에 해당하는 사회적 병리 현상입니다. 이 증상은 디지털 기술의 특성과도 매우 긴밀히 연관됩니다. 디지털 기술 덕분에 우리는 대용량의 정보를 쉽고 빠르게 전송할 수 있게 되었습니다. 그런데 이렇게 되기 위해서는 사고의 전환이 필요했습니다.

> 디지털 혹은 디지털화는 단순히 현상적인 기술적 의미, 특히 획기적인 대용량의 전송 기술과 같은 의미와 방식만을 뜻하는 것은 아니다. 이러한 기술적 의미가 가능하기 위해서라도 디지털 혹은 디지털화는 일종의 사고방식을 견지해야만 했다. 즉 어떠한 것도 맥락과 무관하게 분리되고 고립될 수 있다는 사고가 전제될 때에만 최소한 기술적 의미도 가능해 질 수 있다.[10]

이 같은 사고가 사회적으로 적용되면서, 사회는 효율성 측면에서 큰 성과를 거두었습니다. 사회는 공동체라기보다는 효율적 기능 공간으로 변모되고, 인간의 삶도 이 효율적 공간에 적합하도록 변경되기 시작하였습니다. 전체로서의 공동체가 점차 사라지면서, 개인(individual)의 삶 역시 분열(divide)되기 시작하였습니다. 전체에 비추어 자기 자신을 이해하던 사회적 정체성의 터전이 사라지고, 이로 인해 자신의 사회적 정체성의 상실뿐 아니라 그 스스로 그 상실을 회복시킬 가능성 역시 사라지게 된 것입니다. 이러한 상황 속에서 신화는 오래된 미래였습니다. 로고스의 극단에서 도래된 현실의 문제에 마주하여 우리는 그것과 가장 다른 신화에 해결의 손짓을 보낼 수밖에 없었는데요, 그것은 신화가 갖고 있는 사회적 기능 때문이었습니다. 신화의 사회적 기능이 어떠한 것이었는지는 언어 속에 잘 간직되어 있습니다.

> 성(聖)을 뜻하는 'holy'는 앵글로색슨어의 'hal-'이 어근인데, 이 말은 '건강한', '온전한' 혹은 '전체의' 의미를 지니고 있다. 동일한 어근에서 나온 'hale'이란 단어도 '강건한'이란 의미를 지닌 것으로 짐작된다. 또 온전함 혹은 전체성을 뜻하는 영어의 'whole'이란 단어가 그리스어 'heil'과 친족관계를 가지고 있으며, 독일어의 'heilen'이란 동사로 남아 병을 치료한다는 의미가 되었다. 이렇게 보면, 'healthy', 'heal', 'hale', 'holy', 'whole' 등은 모두 동일한 의미를 내포하고 있음을 알 수 있다. 즉 고대의 인간들은 병이나 재난의 원인을 성 혹은 완전성(전체성)에서 분리된 결과라고 보고 있다.[11]

앞서 생명의 공동체라는 신화적 사고를 기억하시나요? 고대인들에게 위기(crisis)는 이와 같은 공동체에서의 분리(crisis)로 인해 맞게 되는 것이었습니다. 그래서 이 위기의 극복은 전체로의 귀의에 의해 해결될 수밖에 없는 것이었으며, 이러한 연유로 치유와 건강이 전체와 성스러움이라는 말들과 친족관계일 수밖에 없던 것입니다. 고대인들이 느꼈던 그 위기감의 근원. 사실 이 근원이 현대인들에게 그리 낯선 것은 아닙니다. 사회 내에 존재하면서도 그 사회의 일원으로 인정받을 수 없는 사회적 정체성의 상실은 과거 공동체로부터의 분리와 근본적으로 다르지 않습니다. 물론 공동체의 상태가 굳건하지 못하다는 점에서 상황은 과거보다 좋지 않다는 점을 무시할 수는 없지만, 하여튼 이와 같은 시대적 상황이 신화를 적극적으로 요청하게 됩니다. 로고스와는 다르기에 로고스의 극단에서 그 로고스가 오래전 떠나 온 미토스가 소환될 수 있었던 것입니다.

그런데 미토스의 소환을 좀 더 들여다보면, 그 소환이 단지 다름에만 기초해 있지 않다는 것을 발견할 수 있습니다. 특히 게임 속 신화의 경우가 그렇습니다. 신화의 시대에 있어 공동체로의 귀환은 제의(ritual)를 통해 이루어졌습니다. 예를 들어 병에 걸려 공동체에서 격리된 일족의 귀환은 병의 회복으로 이루어지는 것은 아니었습니다. 병이 나았다고 공동체 복귀 조건을 충족시킬 수는 없었습니다. 그 조건의 충족 기준은 그와 같은 물리적 상태가 아니라 제의에 놓여 있었습니다. 병에 의한 공동체에서의 일시적 이탈은 제의를 통해 해소될 수 있었던 것입니다. 제의를 통해 분리를 야기한 질병의 치유가 이루어질 수 있었기 때문입니다. 치유의 방식은

그림 6〉 제의의 신성함과 놀이의 특성(http://upload.wikimedia.org/wikipedia/com-mons/1/10/A_Hindu_ritual_dance_in_Bali_Indonesia.jpg)

물론 지금과 달랐습니다. 제의는 축제처럼 펼쳐졌습니다. 춤과 노래 등이 제의에서 펼쳐졌습니다. 이 행위에는 즐거움과 성스러움이 동반되었고, 이를 통해 공동체로의 합일과 통일을 이룸으로써, 위기로서의 분리를 극복해 낼 수 있었던 것입니다. 지금의 용어로서 표현하자면, 일종의 집단놀이치료입니다.

놀이의 역사를 따지자면, 그 기원은 아마도 제의가 아닐까 합니다. 동물적 본능이 아닌 의식적 차원에서 이루어지는 놀이의 최초 형태는 성스러움과 동반된 제의의 축제적 성격에서 마련되었다고 볼 수 있기 때문입니다. 여기서 주목해야 할 것은 이 놀이의 역사에 우리가 논의 중인 온라인 게임도 포함되어 있다는 점입니다. 놀이의 역사 속에서 제의는 온라인 게임과 연장선상에 놓여 있는 것이죠. 스토리텔링 전문가인 캐롤린 핸들러 밀러는 고대의 디오니소스 축제의식과 다중접속 온라인 게임 간의 유사성을 지적한 바도 있습니다.[12] 그녀의 설명에 따르면, 온라인 게임 속에서 참여자들은 원래의 모습과는 다른 모습으로 삶과 죽음에 관련된 타인과의 상호작용을 이루는데요, 이것은 사실 앞서 언급한 제의의 특징과도 유사한 점이 매우 많습니다. 물론 모든 것이 긍정적으로 이해될 수는 없겠지만, 길드 등의 형태는 온라인 게임을 통해 맺을 수 있는 일종의 공동체라 볼 수 있고요, 때로는 게임 상에서 그 공동체를 위한 개인의 희생이 자발적으로 이루어지기도 합니다.

여기서 게임과 신화가 결합하는 또 하나의 같음을 발견할 수 있습니다. 온라인 게임이 펼쳐지는 디지털 공간의 특성이 그러합니다. 이 공간에서 벌어지고 있는 여러 가지 일들을 생각해보면, 이 공간의 특징을 우리는 금세 파악할 수 있습니다. 예를 들어 물리적으로 먼 거리를 두고 있다 하더라도, 이 공간 내에서는 그 거리가 무시될 수 있습니다. 국내외를 막론하고 동시적으로 메일을 주고받을 수 있는 것은 흔하지만, 이 공간의 네트워크적 특징을 잘 보여줍니다. 그리하여 우리는 물리적 공간의 거리를 뛰어넘으면서 하나의 공동체로서 놀이를 즐길 수 있습니다. 그것도 동시에 말이죠. 이렇게 보면, 우리는 게임이 이루어지는 공간을 통해 물리적 거리의 한계를 극복하고 있습니다. 이것은 앞에서 언급되었던 신화적 공간의 특징과 매우 유사합니다. 아프로디테의 탄생이나 다프네의 변신의 경우를 떠올려보세요. 생명의 종결이 아니라 새로운 형태로의 변신(metamorphosis)

이 가능한 것은 공간이 분할된 것이 아닌, 하나의 전체로서 연속되어 있기 때문입니다. 게임 속 캐릭터나 역할들도 마찬가지입니다. 캐롤린 핸들러 밀러의 말처럼, 게임을 하고 있는 내가 지금과는 다른 모습의 나로 변신할 수 있는 것도 이러한 공간적 특성 때문에 가능한 것입니다.

게임과 신화의 결합은 이렇게 다름과 같음의 혼융이라는 원리 하에서 이루어집니다. 이 혼융 속에서는 혼융되는 것 간의 묘한 긴장 관계가 숨겨져 있습니다. 어느 하나가 다른 하나로 귀속되거나 예속되는 것이 아니라, 서로의 다름에 의한 긴장과 더불어 서로의 같음에 의한 이끌림이 동시에 성립함으로써, 비로소 융합은 가능해질 수 있는 것입니다.

5. 앞으로 어떻게 만날 것인가?

같음과 다름의 묘한 공존이 이루어진다는 점에서, 융합은 사람들과의 만남과 매우 닮아 있기도 합니다. 친구들끼리 혹은 연인들끼리 서로 비슷한 점과 다른 점들이 있기 마련입니다. 닮기만 해도 혹은 다르기만 해서는 만남을 지속하는 힘이 커지긴 어렵습니다. 서로 간에 밀고 당기기가 계속해서 일어나는 것은 이 때문입니다. 하지만 이러한 밀고 당기기는 둘 사이의 관계가 건강하다는 것을 방증하는 것이기도 합니다. 만일 어느 한쪽의 힘이 훨씬 강해진다면, 그러한 밀고 당기기는 가능하지 않게 되고, 하나의 색깔만 남게 될 것입니다. 이 경우 만남이 유지될 가능성은 매우 낮아집니다.

헤어짐이 나쁜 것만은 아닙니다. 헤어짐을 통해 더 좋은 만남도 가능하니까요. 그런데 좋은 만남이라면, 그 만남이 계속될 수 있도록 유지의 노력이 곁들여져야 할 겁니다. 쉽게 생각하면, 융합도 이와 별반 다르지 않습니다. 융합이 성립되었다고 하더라도, 그 융합이 영원한 것은 아닙니다. 그래서 융합은 복잡하고 다양하게 이루어집니다. 하지만 그 융합의 유용성과 효과가 좋고 크다면, 우리는 그 융합이 유지될 수 있도록 하는 방안을 지속하여 모색해야 합니다.

게임과 신화의 융합은 어떠할까요? 앞서 우리는 이 융합을 치유의 측면에서 생각해보았습니다. 인간소외와 같은 현대 사회의 병리적 현상에 대한 이 융합의 치유 기능에 대해서 말이죠. 실제로 신화는 그 자체로 치료의 수단으로 사용되고 있기도 하고, 게임 역시 실제로 질병의 치료에 사용되고 있습니다. 이것은 게임과 신화 간 융합의 여러 버전이라 볼 수 있습니다.

하지만 정품과 유사한 짝퉁이 있는 것처럼, 게임과 신화 간 융합의 짝퉁도 가능할 수 있습니다. 짝퉁의 가능성은 게임과 신화의 의미에 대한 왜곡에서 비롯됩니다. 게임을 즐기는 사람들은 매우 많습니다. 하지만 게임을 하는 이유는 대개 뻔합니다. 재미나 즐거움이 그것이죠. 그것이 잘못된 대답은 결코 아닙니다. 재미나 즐거움 없는 놀이는 생각하기도 싫습니다. 하지만 재미나 즐거움만으로 놀이를 규정할 수는 없습니다. 재미와 즐거움은 놀이의 요소임에는 분명하지만, 그것이 오로지 놀이의 목적일 수는 없습니다. 그런데 많은 경우 신화는 재미와 즐거움의 요소로만 게임에 끌어들여지고 있습니다. 신화는 그저 이야기의 집합이며, 그것을 여러 모티브로 나누어 활용하기 좋은 대상일 뿐입니다.

물론 신화가 재미와 즐거움을 위해 사용되는 것 자체를 문제 삼고 싶지는 않습니다. 하지만 그것만이 전부여서는 안 된다는 것을 마지막으로 함께 얘기하고 싶은 것입니다. 게임의 근본인 놀이는 그 시원을 제의에서 갖습니다. 제의는 신화적 사고의 표현 형식 중 하나이고요. 그러니 놀이로서의 게임은 본질적으로 신화와의 연장선에 놓여 있습니다. 역할 놀이 등과 같이 우리는 현실의 물리적 제약을 놀이를 통해 끊임없이 넘나들면서 상상력과 같은 창의력을 키워냈으며, 이 상상력과 창의력을 통해 현실을 확장해오고 있습니다. 그래서 게임과 신화의 융합에 있어 게임은 놀이여야 하며, 신화는 그 놀이의 터가 되어야 합니다. 단순한 재미와 즐거움의 요소만이 아니라 말이죠.

이것은 우리의 놀이 문화 상황과도 매우 비슷합니다. 우리의 놀이 문화는 참으로 발달하지 못하였습니다. 놀이는 어린이의 전유물처럼 생각되고 있습니다. 놀이터를 생각해보죠. 놀이터는 마치 어린이들만의 전용공간입니다. 그런데 그 놀이터 역시 어린이들의 놀이에 대한 고려는 전혀 이루어지고 있지 않습니다. 현실의 벽이 높고 단단한 것이 아니라 그것을 쉽게 넘나들 수 있다는 것을 스스로 깨닫게 되는 놀이터는 사회적 프로젝트로 어렵게 몇몇 곳에서 실험되고 있을 뿐입니다. 게다가 청소년의 놀이터와 어른의 놀이터는 생각의 대상이 아닌 듯합니다. 어쩌면 게임방이 놀이

그림 7〉 플랫폼으로서의 놀이터 – 놀이기구 없는 순천의 '기적의 놀이터(조감도)'ⓒ순천시

터의 역할을 대신하고 있는 게 당연해 보이기도 합니다. 하지만 가상의 전투 능력 경쟁이 주가 되고 있는 게임방이 놀이의 의미를 실현하는 터라고 보기는 어려운 일입니다.

　게임 산업이 융성 중에 있습니다. 제4차 산업혁명이라 불리는 시대를 대비하기 위해 게임 산업에 대한 투자도 심도 있게 논의되고 있습니다. 그렇지만 그것이 우리의 놀이 문화의 성장과 밀접한 것으로 보이지는 않습니다. 놀이의 의미를 방기하고 그것을 구현하려는 시도가 낮을수록, 게임과 신화의 융합은 왜곡되기 시작할 것이고, 이 속에서 신화는 그저 파괴적 요소들 중 하나로 전락되어 이용될 뿐일 것입니다. 게임 산업의 융성은 물론 중요하지만, 그보다 중요한 것은 놀이 문화의 성장입니다.

　놀이 문화가 성장하려면, 놀이는 즐기는 사람의 몫이 되게끔 해주어야 합니다. 그러니 놀이를 제공하는 것이 아니라 터(platform)를 제공해야 하고, 그 터에서 다양한 놀이를 만들고 즐길 수 있어야 할 것입니다. 그 속에서 게임의 융합은 다양하고 다층적인 차원에서 이루어질 수 있을 것입니다. 더욱이 그 다양하고 다층적인 융합 속에서 공동체의 싹도 함께 틀 수 있을 것입니다.

주석

1 이 '망각'으로부터 우리는 '진리'를 이해해 볼 수 있다. 고대 그리스어에서 진리를 이르는
  말은 aletheia(a+lethe)인데, 말 그대로 옮기면, 망각에서 벗어난다는 뜻이 된다. 철학자
  M, 하이데거는 이와 같은 말의 구성 속에서 진리의 특성을 설명해 낸다. 만일 망각이 완
  전한 무화(無化)라면, 망각에서 벗어날 길은 없을 것이다. 완전히 사라진 것을 되살릴
  길이 없기 때문이다. 그런데 회상의 도리가 없던 어떤 것이, 완전히 잊힌 것이라 생각했
  던 어떤 것이 갑자기 떠오를 때가 있다. 이처럼 망각은 무화가 아니라 무언가를 덮어 감
  추는 것(은폐)과 같은 것이며, 그 망각에서 벗어난다는 것(비은폐)은 무언가를 감추기
  위해 덮고 있는 것을 걷어내는 것(탈은폐)이다. 그래서 하이데거는 진리(aletheia)를 은
  폐의 상태에서 비은폐의 상태로 끌어가는 탈은폐로서 이해하고 설명하기도 한다.(M 하
  이데거, 「기술에 대한 물음」, 『강연과 논문』, 이기상 외 옮김, 이학사, 2008, 16~18쪽 참조)
  하이데거에게 있어 예술과 기술 그리고 건축 등도 각각 이와 같은 탈은폐의 방식으로 이
  해된다.
2 문화철학자 카시러는 신화의 사회적 기능을 중요하게 생각하였는데, 특히 이와 같은 죽
  음에 대한 신화의 역할에 주목한다. 신화는 죽음을 끝이 아닌 삶과의 연속성으로 이해
  하고, 이를 통해 죽음을 극복 가능한 것으로 설명해주기 때문이다. 이와 같은 의미에서
  카시러는 신화를 죽음에 대한 최초의 교사로 설명하기도 한다.(E. Cassirer, *The Myth
  of the State*, New Haven:Yale University Press, 1946, p. 59. 참조)
3 그들은 분리를 매우 낯설어 하였다. 그들의 생각에 있어 가장 근원적인 것은 이들에
  게 있어 분할이나 분리는 매우 낯선 개념이었다. 예를 들어, 병이나 과오로 인해 부
  족과 격리되는 것은 이들에게 있어 엄청난 위기의 상황이었다. 이 위기는 제의(ritual)
  를 통해 전체로 회귀함으로써 극복될 수 있었다. 이들에게 있어 전체는 부분들로 나
  누어진 것이 아니었다. 이들은 전체를 전체로서 보고자 하였다. (E. Cassirer, *An
  Essay on Man*, New Haven:Yale University Press, 1947. p. 25./E. Cassirer,
  Philosophie der symbolischen Formen. Zweiter Teil: Das mythische Denken,
  Darmstadt:Wissenschaftliche Buchgesellschaft, 1977. S. 94, 137 참조)
4 현재의 인과법칙과는 다른 원인에 대한 사고가 있었다는 점을 기술할 것. 그러니 원인
  과 결과에 대한 생각 역시 우리와 다르다. 이들 역시 원인에 대한 관념이 분명히 있지만,
  현재 우리가 생각하는 인과와는 그 성격이 전혀 다르다.
5 적을 본뜬 인형에 위해를 가함으로써 적을 공격할 수 있다는 부두교의 의식들 역시 이
  와 같은 신화적 사고의 공간적 특성이 반영된 것이다.

6 이러한 의미에서 카시러는 운동과 변화를 그 자체로 설명할 수 있는 가장 탁월한 형식
이 바로 신화라고 이야기한다.

7 낭만주의와 민족주의 그리고 세계대전으로 이어지는 역사 속에서 신화에 대한 언급
은 꽤나 늘어났다. 여기서는 이 점에 대해서 다루지 않겠지만, 이 과정에서 신화 본래
의 의미와 기능과는 전혀 무관한 이해와 사용이 이루어졌다. 아마도 신화에 대한 부정
적 시각은 이로 인해 더 심화되었을 수도 있다. 그 사용 속에서 이성의 마비가 이루어지
기도 하였기 때문이다. 이 점에 대해서는 앞서 인용한 E. Cassirer의 *The Myth of the
State*(번역본은 『국가의 신화』)를 참조.

8 앙리 베르그손, 『의식에 직접 주어진 것에 관한 시론』(최화 옮김, 아카넷, 2006.)을 참조.
다 읽기 어렵다면, 308~319쪽 옮긴이의 해제를 읽자.

9 직관의 교차를 앙리 베르그손은 말한 바 없다. 이것은 저 개인의 독자적인 표현일 따름
이다. 이 교차의 표현은 베르그손의 철학적 개념어를 이용한 차원이라는 점을 분명히
알아두자. 지성과 직관의 교차는 이 둘 중 어느 것을 왜곡이라고 보려는 입장은 아니다.
사실 이 글을 쓰고 있는 저자는 카시러의 철학적 입장을 반영하여 이 둘의 관계를 이해
하고자 한다. 이 입장에서 지성과 직관의 교차에서 지성과 직관은 서로 간에 대립적 평
형을 이루는 것으로, 겉으로는 평온해 보이지만 그 안에서는 부단히 서로 간의 긴장과
대립이 이루어지고 있는 관계를 맺는다. 이러한 의미에서 이 교차를 '지성과 직관의 역
동적 교차'라 표현하는 것이 더 정확할 수 있다.

10 이종관 외, 『디지털철학』, 성균관대학교출판부, 2013, 103쪽.

11 이은봉, 「성과 속은 무엇인가? M. 엘리아데의 『성과 속』」, 『성과 속』(M. 엘리아데 지음,
이은봉 역), 한길사, 1988, 22쪽.

12 캐롤린 핸들러 밀러, 『디지털미디어 스토리텔링』, 이연숙 외 역, 커뮤니케이션북스,
2006, 6쪽.

참고문헌 및 읽어볼 만한 책

• 이종관, 박승억, 김종규(2013), 『디지털철학』, 성균관대학교출판부

• H. 베르그손(2006), 『의식에 직접 주어진 것에 관한 시론』, 최화 역, 아카넷

• M. 엘리아데(1988), 『성과 속』, 이은봉 역, 한길사

• M. 하이데거(2008), 「기술에 대한 물음」, 『강연과 논문』, 이기상 외 역, 이학사

• 캐롤린 핸들러 밀러(2006), 『디지털미디어 스토리텔링』, 이연숙 외 역, 커뮤니케이션 북스

• 에른스트 카시러(2008), 『인간이란 무엇인가』, 최명관 역, 창

• 이종관(2007), 『포스트휴먼이 온다』, 사월의 책

• Cassirer, E., *The Myth of the State*, New Haven:Yale University Press, 1946.

• _____, *An Essay on Man*, New Haven:Yale University Press, 1947.

• _____, *Philosophie der symbolischen Formen. Zweiter Teil: Das mythische Denken*, Darmstadt:Iissenschaftliche Buchgesellschaft, 1977.

저자 소개
(본문 수록 순)

최재천

하버드대학교에서 The Evolutionary Biology of the Zoraptera(「민벌레의 진화생물학」)으로 박사학위를 받았으며 현재 이화여자대학교 에코과학부 석좌교수로 재직 중이다. 국립생태원 초대 원장과 Encyclopedia of Animal Behavior(「동물행동학 백과사전」)의 Editor-in-Chief(총괄 편집장)을 역임하였다. 주요 저술로는 Secret Lives of Ants(Johns Hopkins University Press, 2012), 『거품예찬』(문학과지성사, 2016), 『숲에서 경영을 가꾸다』(메디치미디어, 2017) 등이 있다.

한기호

성균관대학교에서 『심적속성의 존재론적 지위와 환원 가능성』으로 박사학위를 받았으며 현재 성균관대학교 학부대학 대우전임교수로 재직 중이다. 한국철학교육연구원 원장과 한국철학올림피아드 조직위원회 연구위원을 맡고 있다. 주요 저술로는 『생각이 크는 인문학, 마음』(을파소, 2014), 『과학기술글쓰기 이론과 실재』(공저, 성균관대학교출판부, 2018), "융합, 통섭, 또는 융복합, 그 의미와 환원가능성"(「인문논총」, 2016) 등이 있다.

박민관

성균관대학교에서 『흄의 인격개념과 도덕적 책임』으로 석사학위를 받았으며 같은 곳에서 박사과정을 수료하였다. 현재 한국연구재단의 인문학대중화사무국 팀장을 맡고 있으며, 관악구 인문학자문위원회 위원을 지냈으며 인문학진흥 발전의 공로를 인정받아 부총리 표창(2017년)을 받았다. 주요 저술로는 『중학생 토론학교 교육과 청소년』(공저, 우리학교, 2012), 『생각이 크는 인문학:부』(을파소, 2013), 『생각이 크는 인문학:도덕』(우리학교, 2014) 등이 있다.

최훈

서울대학교에서 『정신 속성의 인과적 힘 : 비환원적 물리주의의 부수현상론적 해석』으로 박사학위를 받았으며 현재 강원대학교 교양학부 교수로 재직 중이다. 강원대학교 삼척평 생교육원장을 역임하였으며 미국 마이애미대학교과 유타대학교에서 방문학자로 있었다. 주요 저술로는 『불편하면 따져봐』(창비, 2014), 『논리는 나의 힘』(우리학교, 2015), 『라플라스의 악마, 철학을 묻다』(뿌리와이파리, 2016) 등이 있다.

지혜인

이화여자대학교에서 「도덕 · 윤리 교육 정체성으로서의 도덕적 합리성에 대한 연구」로 석 사학위를 받았으며 같은 곳에서 박사과정을 수료하였다. 민족사관고등학교에서 교사 생 활을 하였으며, 현재 중동고등학교 교사로 재직 중이다. 주요 저술로는 『중학교 철학교과 서』(경기도교육청, 2012), 『고등학교 철학교과서』(경기도교육청, 2017), 『고등학교 통합 사회 교과서』(동아출판, 2018) 등이 있다.

이지언

이화여자대학교에서 『디지털 아트 미학 연구-퍼스의 기호학을 중심으로』으로 박사학 위를 받았으며 현재 조선대학교 초빙교수로 재직 중이다. 이화여자대학교와 한국외국 어대학교에서 강의하였으며 주요 저술로는 Practising Aesthetics(Institute of Philosophy of Jagiellonian University, 2015), Retracing the Past:Historical Continuity in Aesthetics from a Global Perspective(International Association for Aesthetics, 2017), 『도나 해러웨이』(커뮤니케 이션북스, 2017) 등이 있다.

임병갑

고려대학교에서 『과학탐구와 윤리탐구의 통합프로그램을 위한 철학적 기초』로 박사학위를 받았으며 현재 메타철학교육연구소 소장으로 재직 중이다. 고려대학교와 서울교육대학교 등에서 강의하였다. 주요 저술로는 『생각의 높이를 키우는 초등철학교과서:논리ㆍ지식 편』(동녘, 2009), 『중학생 토론학교 과학과 기술』(공저, 우리학교, 2013) 등이 있다.

홍지호

성균관대학교에서 『물리주의와 자유의지의 양립가능성』으로 박사학위를 받았으며 현재 성균관대학교 학부대학 대우전임교수로 재직 중이다. 중앙인사위원회 PSAT 전문관을 지냈다. 주요 저술로는 『비판적 사고』(공저, 성균관대학교출판부, 2015), "창발현상과 자유의지"(『철학』, 2016) 등이 있다.

김효은

이화여자대학교에서 「현상적 의식과 비환원적 자연주의」로 박사학위를 받았으며 현재 한밭대학교 인문교양학부 교수로 재직 중이다. 뉴욕대학교 객원학자, 국제전기전자협회 인공지능윤리지침위원을 역임하였다. 주요 저술로는 "도덕적 판단의 본성: 신경윤리학적 접근"(『과학철학』, 2009), "의식의 방법론적 퍼즐 : 현상적 의식과 접근적 의식의 관계"(『철학연구』, 2014), 등이 있으며, 마이클 가자니가의 『윤리적 뇌』(바다출판사, 2009)를 번역하였다.

김종규

성균관대학교에서『상징형식과 문화의 위기』로 박사학위를 받았으며 현재 성균관대학교 학부대학 초빙교수 겸 하이브리드미래문화연구소 책임연구원으로 재직 중이다. 성균관대학교 의사소통교육센터 연구원과 삼성전자 디자인경영연구회 연구위원을 역임하였다. 주요 저술로는『하이브리드 스펙트럼』(공저, 성균관대학교출판부, 2012),『디지털철학』(공저, 성균관대학교출판부, 2013),『제4차 산업혁명 하이브리드 패러다임』(공저, 산과글, 2017) 등이 있다.

청소년을 위한
융복합 특강

1판 1쇄 발행 2018년 5월 10일
1판 2쇄 발행 2019년 5월 17일

지은이   최재천 · 한기호 · 박민관 · 최훈 · 지혜인 ·
           이지언 · 임병갑 · 홍지호 · 김효은 · 김종규
펴낸이   신동렬
책임편집   구남희
편집   현상철 · 신철호
디자인   디자인창
마케팅   박정수 · 김지현

펴낸곳   성균관대학교 출판부
등록   1975년 5월 21일 제1975-9호
주소   03063 서울특별시 종로구 성균관로 25-2
전화   02)760-1252~4
팩스   02)760-7452
홈페이지   press.skku.edu

ISBN 979-11-5550-281-5 03170

잘못된 책은 구입한 곳에서 교환해 드립니다.